新工科·普通高等教育汽车类系列教材

汽车自动变速器结构原理与检测

主　编　刘　果　杨俊伟
副主编　刘义清　李秋燕
参　编　蔡明权　亏加勤　滕其满　王　华
　　　　覃桂蕊　刘　琪　黄俊综

机械工业出版社

本书以01M和A341E自动变速器为基础，全面系统地介绍了自动变速器的结构、工作原理及检测等。本书采用了项目化任务驱动的编写模式，内容理论与实际操作结合度高、条理清晰、通俗易懂，每个知识点设置了明确的任务帮助学生完成学习。

本书的主要内容包括自动变速器概述、液力变矩器、行星齿轮变速机构、液压控制系统、电子控制系统、液力自动变速器的故障诊断维修、其他类型的自动变速器等，每部分内容结合当前技术进行拓展。

本书立足实际，注重实践能力的提高，既可作为高等院校汽车及交通类专业、各类高职高专院校汽车相关专业的教学用书，也可作为汽车维修从业人员的培训用书，还可供汽车爱好者阅读。

本书配有PPT课件，免费赠送给采用本书作为教材的教师，可登录www.cmpedu.com注册下载。本书配有部分知识点视频，读者可扫二维码进行观看。

图书在版编目（CIP）数据

汽车自动变速器结构原理与检测/刘果，杨俊伟主编．—北京：机械工业出版社，2022.6

新工科·普通高等教育汽车类系列教材

ISBN 978-7-111-70407-2

Ⅰ.①汽⋯ Ⅱ.①刘⋯ ②杨⋯ Ⅲ.①汽车-自动变速装置-构造-高等学校-教材②汽车-自动变速装置-车辆检修-高等学校-教材 Ⅳ.①U472.41

中国版本图书馆CIP数据核字（2022）第047577号

机械工业出版社（北京市百万庄大街22号 邮政编码100037）
策划编辑：宋学敏　　　　　　责任编辑：宋学敏
责任校对：张晓蓉　刘雅娜　　封面设计：张　静
责任印制：任维东
北京圣夫亚美印刷有限公司印刷
2022年8月第1版第1次印刷
184mm×260mm·14印张·4插页·343千字
标准书号：ISBN 978-7-111-70407-2
定价：49.80元

电话服务	网络服务
客服电话：010-88361066	机 工 官 网：www.cmpbook.com
010-88379833	机 工 官 博：weibo.com/cmp1952
010-68326294	金 书 网：www.golden-book.com
封底无防伪标均为盗版	机工教育服务网：www.cmpedu.com

前　言

自动变速器是集机、电、液一体化的关键传动系统，对整车性能的影响较大。近年来，随着人们对汽车操作性能的重视，自动变速器的配置率越来越高。因此，汽车从业人员需要深入学习汽车自动变速器的结构、工作原理及检测诊断方法。本书是在编者积累的丰富教学经验基础上，进行校企合作、产教融合的教学模式改革成果，旨在提高教学过程的理论与实际操作的结合度，提高学生的学习兴趣，培养"懂理论、有技术"的高级技能型人才。本书理论体系完整，难度适中，既能满足本科教学设计需求，又能满足职业教育需求。

本书的编写特点有：

1. 校企合作、理论与实践相结合。对于比较复杂或者抽象的知识点配有视频进行讲解。
2. 注重理论联系实际，强调实践能力的提高。书中多处设置了实践任务，学习过程结合自动变速器实物、自动变速器实训台架或整车完成。
3. 符合教学的认知规律。将学习内容进行分解，形成具有逻辑体系的碎片化知识点，注重知识的内在联系，条理清晰，便于学习。
4. 基于"项目化任务驱动"的教学模式编写。
5. 任务实施过程有机植入思考题，引导学习者进行思考和学习。
6. 每个项目设置了整个项目的设计思路以及逻辑安排。
7. 将重点难点内容进行类比，和通俗易懂的例子衔接，将抽象知识直观化、晦涩知识形象化、复杂知识简单化，便于理解。此部分内容也可作为"汽车自动变速器"专业课思政元素的融入点。
8. 对中国自动变速器的产业现状及技术现状进行客观分析，让学习者既能正确看待中国汽车自动变速器技术存在的问题以及和国际先进水平的差距，也能认识到中国企业的努力及成果。
9. 注重知识的时效性，教材内容融入了当代自动变速器技术，包括无级自动变速器、双离合自动变速器、混合动力汽车专用自动变速器以及福特的6速自动变速器等。
10. 注重理论知识的深度和广度，书中多处设置拓展内容，供学有余力的学习者进行学习。

本书由昆明理工大学刘果和深圳风向标教育资源有限公司杨俊伟担任主编，昆明理工大学的刘义清和李秋燕担任副主编，参编人员有蔡明权、亏加勤、滕其满、王华、覃桂蕊、刘琪、黄俊综。此外，还有很多同志为本书的编写提供了方便和大力支持，在此表示衷心的感谢。

在本书的编写过程中，编者参考了很多国内外的著作、公司的技术资料，其中01M、A341E、6F35等自动变速器的电路图采用了原厂资料，未按新标准进行修改，请读者参考使用。

由于编者水平有限，书中难免有疏漏、错误及不妥之处，敬请广大读者批评指正。

编　者

目 录

前言
项目1　自动变速器概述
　任务1　自动变速器的基础认知 …………… 1
　　1.1.1　自动变速器的分类 …………… 2
　　1.1.2　自动变速器的优缺点 …………… 4
　　1.1.3　液力自动变速器的组成 …………… 4
　任务2　装有自动变速器的汽车的操控 …… 6
　　1.2.1　装有自动变速器的汽车的变速杆 … 6
　　1.2.2　自动变速器的操作开关 …………… 8
　　1.2.3　不同工况下自动档汽车的操作及
　　　　　注意事项 ………………………… 11
　任务3　自动变速器的综合分析 …………… 14
　　1.3.1　自动变速器的中国市场分析 …… 14
　　1.3.2　中国自动变速器的产业现状 …… 14
　拓展任务4　自动变速器的型号识别 …… 15

项目2　液力变矩器 …………………………… 17
　任务1　带有锁止离合器的三元件液力
　　　　　变矩器的结构认识 ………………… 18
　　2.1.1　液力变矩器的作用 ………………… 18
　　2.1.2　带锁止离合器的三元件液力
　　　　　变矩器的结构 ……………………… 19
　任务2　液力偶合器 ……………………… 21
　　2.2.1　液力偶合器的结构和工作过程 …… 22
　　2.2.2　液力偶合器的特性分析 …………… 23
　任务3　带锁止离合器的三元件液力变矩器的
　　　　　工作过程及特性
　　2.3.1　带锁止离合器的三元件液力
　　　　　变矩器的工作过程 ………………… 25
　　2.3.2　带锁止离合器的三元件液力
　　　　　变矩器的特性分析 ………………… 27
　拓展任务4　四元件液力变矩器及液力
　　　　　变矩器检测 ………………………… 29
　　2.4.1　四元件液力变矩器 ………………… 29
　　2.4.2　液力变矩器的检测 ………………… 29
　任务5　液力变矩器的综合分析 …………… 30

项目3　行星齿轮变速机构 ………………… 32
　任务1　单排行星齿轮机构的认识 ………… 33
　　3.1.1　单排行星齿轮机构的组成及
　　　　　分类 ………………………………… 33
　　3.1.2　单排单行星轮行星齿轮机构的
　　　　　传动特性分析 ……………………… 34
　　3.1.3　单排双行星轮行星齿轮机构的
　　　　　传动特性分析 ……………………… 36
　拓展任务2　单排单行星轮行星齿轮机构的
　　　　　一般运动规律特性方程推导 …… 37
　任务3　换档执行元件的认识 ……………… 38
　　3.3.1　离合器 …………………………… 39
　　3.3.2　制动器 …………………………… 41
　　3.3.3　单向离合器 ……………………… 43
　任务4　3档变速器的行星齿轮变速机构
　　　　　分析 ………………………………… 44
　　3.4.1　液力自动变速器行星齿轮变速
　　　　　机构分析的思路 …………………… 44
　　3.4.2　3档变速器行星齿轮变速机构的
　　　　　结构分析 …………………………… 44
　　3.4.3　3档变速器动力传递路径分析及
　　　　　传动比计算 ………………………… 45
　任务5　01M的拆解及零部件识别 ………… 48
　任务6　01M行星齿轮变速机构的结构
　　　　　分析 ………………………………… 48
　　3.6.1　01M行星齿轮变速机构的组成及
　　　　　连接关系 …………………………… 48
　　3.6.2　01M换档执行元件的作用 ……… 49
　任务7　01M各档动力传递路径分析及
　　　　　传动比计算 ………………………… 49
　　3.7.1　倒档（R位） …………………… 50
　　3.7.2　1档（D位和L位） ……………… 50
　　3.7.3　2档 ……………………………… 51
　　3.7.4　3档 ……………………………… 52
　　3.7.5　4档 ……………………………… 53

任务8　01M 的检测组装 …………………… 54
　3.8.1　离合器、制动器的检测 …………… 54
　3.8.2　行星齿轮排、单向离合器的
　　　　 检测 ……………………………… 55
拓展任务9　丰田 A341E 自动变速器的
　　　　　　拆解及零部件识别 …………… 56
拓展任务10　A341E 行星齿轮机构的结构
　　　　　　 分析 ……………………………… 56
　3.10.1　A341E 行星齿轮变速机构的
　　　　　组成及连接关系 ……………… 56
　3.10.2　A341E 换档执行元件的作用及
　　　　　工作情况 ……………………… 57
拓展任务11　A341E 各档动力传递路径
　　　　　　 分析及传动比计算 …………… 58
　3.11.1　1 档（D 位/2 位/L 位） ………… 58
　3.11.2　2 档（D 位/2 位） ……………… 59
　3.11.3　3 档（D 位） …………………… 60
　3.11.4　4 档（D 位） …………………… 61
　3.11.5　倒档（R 位） …………………… 61
拓展任务12　A341E 的检测组装 ………… 63
拓展任务13　福特翼虎6F35 变速器的行星
　　　　　　 齿轮变速机构分析 …………… 64

项目 4　液压控制系统　65

任务1　自动变速器电液控制系统的认识 … 66
　4.1.1　自动变速器电液控制系统的
　　　　 功能 ……………………………… 66
　4.1.2　自动变速器电液控制系统的
　　　　 组成 ……………………………… 67
任务2　油液供给系统 ……………………… 68
　4.2.1　油箱 …………………………… 68
　4.2.2　滤清器 ………………………… 68
　4.2.3　油泵 …………………………… 68
　4.2.4　冷却系统 ……………………… 70
任务3　油压调节系统 ……………………… 71
　4.3.1　油压调节系统的组成和调压
　　　　 原理 ……………………………… 72
　4.3.2　01M 和 A341E 的油压调节系统
　　　　 分析 ……………………………… 73
任务4　换档控制系统（手动阀和
　　　 换档阀） …………………………… 76
　4.4.1　手动阀 ………………………… 76
　4.4.2　换档阀 ………………………… 76
任务5　换档平顺性控制系统——缓冲安全
　　　 装置 ………………………………… 82
　4.5.1　自动变速器常用的缓冲安全
　　　　 装置 ……………………………… 83
　4.5.2　01M 和 A341E 的缓冲安全系统 … 84
任务6　01M 的油路分析 …………………… 86
　4.6.1　液力自动变速器油路分析的基本
　　　　 原则 ……………………………… 86
　4.6.2　01M 各档位及锁止离合器的油路
　　　　 分析 ……………………………… 86
拓展任务7　A341E 的油路分析 …………… 92
拓展任务8　6F35 的液压控制系统分析 …… 99
拓展任务9　阀板的拆解及检修 …………… 99

项目 5　电子控制系统　101

任务1　液力自动变速器电控系统的
　　　 认识 ………………………………… 102
　5.1.1　自动变速器电控系统的组成 … 102
　5.1.2　01M 和 A341E 电控系统的
　　　　 认识 ……………………………… 103
任务2　自动变速器电控系统的输入信号及
　　　 检测（1）——节气门位置
　　　 传感器 ……………………………… 106
　5.2.1　节气门位置传感器的作用 …… 106
　5.2.2　节气门位置传感器的结构原理 … 107
　5.2.3　滑动变阻器式节气门位置传感器
　　　　 的检测 …………………………… 108
任务3　自动变速器电控系统的输入信号及
　　　 检测（2）——转速传感器 ………… 109
　5.3.1　转速传感器的作用 …………… 109
　5.3.2　转速传感器的结构原理 ……… 110
　5.3.3　转速传感器的检测 …………… 112
任务4　自动变速器电控系统的输入信号及
　　　 检测（3）——空档起动开关 ……… 114
任务5　自动变速器电控系统的输入信号及
　　　 检测（4）——温度传感器 ………… 117
　5.5.1　温度传感器的作用 …………… 117
　5.5.2　温度传感器的结构、工作原理及
　　　　 检测 ……………………………… 117
任务6　自动变速器电控系统的执行器及
　　　 检测——电磁阀 …………………… 120
　5.6.1　电磁阀的结构原理 …………… 120
　5.6.2　01M 和 A341E 的电磁阀及
　　　　 作用 ……………………………… 121
　5.6.3　电磁阀的检测 ………………… 124

拓展任务7	6F35电控系统分析 ……………	125		传递路径及变速原理 …………… 149

拓展任务7　6F35电控系统分析 …………… 125
任务8　自动变速器电控系统的控制
　　　　内容 ………………………………… 126
　5.8.1　换档控制 ……………………… 126
　5.8.2　液力变矩器的锁止控制 ……… 129
　5.8.3　主油压控制和换档平顺性控制 … 131
拓展任务9　自动变速器电控系统的失效
　　　　保护功能 …………………… 131
　5.9.1　传感器故障 …………………… 132
　5.9.2　执行器故障 …………………… 132

项目6　液力自动变速器的故障诊断维修 ……………………………………… 134

任务1　自动变速器的基本检查及常规
　　　　试验 ………………………………… 135
　6.1.1　自动变速器的基本检查 ……… 135
　6.1.2　自动变速器的常规试验 ……… 136
任务2　自动变速器的故障诊断维修 …… 139
　6.2.1　自动变速器的故障诊断维修
　　　　　流程（针对疑难故障） ……… 139
　6.2.2　液力自动变速器打滑的故障
　　　　　分析 ………………………… 140

项目7　其他类型的自动变速器 ………… 143

任务1　纯燃油汽车用自动变速器——无级
　　　　自动变速器 ……………………… 144
　7.1.1　本田飞度无级自动变速器机械
　　　　　传动系统的组成 …………… 144
　7.1.2　本田飞度无级自动变速器的动力

传递路径及变速原理 …………… 149
任务2　纯燃油汽车用自动变速器——
　　　　双离合自动变速器 …………… 152
　7.2.1　双离合自动变速器的基础认知 … 152
　7.2.2　DQ250双离合自动变速器 …… 153
任务3　混合动力汽车自动变速器 ……… 161
　7.3.1　混合动力汽车自动变速器概述 … 161
　7.3.2　丰田THS系统专用变速器 …… 164
　7.3.3　通用的Voltec混动系统专用
　　　　　变速器 ……………………… 167
　7.3.4　中国自主品牌混合动力专用
　　　　　变速器 ……………………… 171
拓展任务4　纯电动汽车自动变速器 …… 174

附录 ………………………………………… 175

附录A　自动变速器的拆解与组装 ……… 175
　A.1　自动变速器拆解和组装的注意
　　　　事项 ………………………………… 175
　A.2　01M的拆解组装步骤 …………… 175
　A.3　A341E的拆解组装步骤 ………… 178
附录B　福特翼虎6F35自动变速器 …… 182
　B.1　6F35行星齿轮变速机构的组成 … 182
　B.2　6F35各档位的动力传递路径 …… 184
　B.3　6F35电子控制系统的组成 ……… 189
　B.4　6F35液压控制系统的组成 ……… 195
　B.5　6F35的油路分析 ………………… 196
　B.6　6F35电液控制系统的控制内容 … 207

参考文献 …………………………………… 216

项目1　自动变速器概述

> **学习目标**

1. 掌握变速器的安装位置及作用。
2. 了解自动变速器的分类、优缺点及市场现状。
3. 掌握装有自动变速器的汽车操作及相关注意事项。
4. 掌握液力自动变速器的组成。

> **参考学时**

5学时。

> **学习引导**

1. 如果你需要选购一台车，你会选择手动档、自动档还是手自一体？
2. 如果选择自动档或手自一体，你会选择哪种类型的变速器？
3. 自动档和手动档在操作上有什么区别？

> **学习思路**

项目1是自动变速器的入门课程，旨在了解自动变速器的基本分类、优缺点及组成（任务1）；掌握装有自动变速器汽车的操作方法（任务2）；并通过综合分析任务，对我国的自动变速器市场有一定的了解，对我国的自动变速器技术现状以及存在的问题有较深刻的认识（任务3）。

整个项目的设计理论与实际操作结合度高，除了习得知识、技能，还注重分析解决问题能力的培养。

> **任务实施**

任务1　自动变速器的基础认知

自动变速器（AT，Automatic Transmission）是一种根据汽车车速和发动机转速进行自动换档的变速装置。自动变速器又称为电子自动变速器（EAT，Electronic Automatic Transmission）、电子控制自动变速器（ECAT，Electronic Control Automatic Transmission）、电子控制变速器（ECT，Electronic Control Transmission）等。

常见的汽车自动变速器有四种，分别是液力自动变速器（AT，Automatic Transmission）、无级自动变速器（CVT，Continuously Variable Transmission）、电控机械自动变速器（AMT，Automatic Mechanical Transmission）和双离合自动变速器（DCT，Dual Clutch Transmission）。

变速器属于汽车动力传动系统的一部分，安装在发动机和分动器（四轮驱动）或差速器（两轮驱动）之间，如图1-1所示。发动机和变速器之间装有离合器或液力变矩器，在换档和制动时切断发动机和变速器之间的机械连接。

发动机输出的转矩变化范围较小，而汽车在起步、上坡、加速时需要较大的转矩，高速行驶时需要较小的转矩。如果直接用发动机驱动汽车，很难满足各种工况下的转矩要求，因此需要在汽车上安装变速器。同时汽车需要变速器实现行驶方向的切换（倒档）。

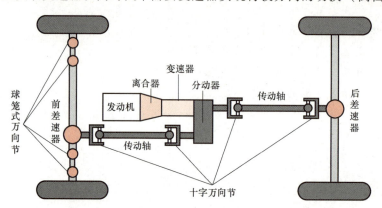

图1-1 变速器在汽车动力传动系统中的安装位置

安装自动变速器的汽车在行驶过程中，通过收集加速踏板的位置（节气门位置）和汽车行驶速度等信号，实现离合器和变速器操作的自动化，完成自动换档。

1.1.1 自动变速器的分类

1. 按传动比变化是否连续分类

自动变速器按传动比变化是否连续可分为有级式自动变速器和无级式自动变速器。

（1）有级式自动变速器　各档位的传动比是固定值，在进行档位切换时传动比是间断的。一般采用齿轮变速机构进行动力传递，包括定轴齿轮式和行星齿轮式。

（2）无级式自动变速器　传动比在一定范围内连续、无间断地变化。一般采用钢带或链传动，主、从动带轮的槽宽（即带轮的工作直径）改变，从而改变传动比⊖。

2. 按汽车的驱动方式分类

自动变速器按汽车的驱动方式可分为前驱自动变速器和后驱自动变速器。

（1）前驱自动变速器　前驱自动变速器用于发动机前置前轮驱动的汽车。由于集成了

⊖　传动比（主动轮转速与从动轮转速之比）。

主减速器和差速器，又称为自动变速驱动桥（Automatic Transaxle），如图 1-2 所示。

（2）**后驱自动变速器**　用于发动机前置后轮驱动的汽车，如图 1-3 所示。

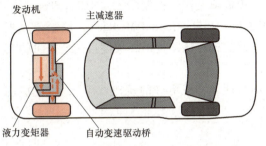

图 1-2　发动机前置前轮驱动的自动变速器

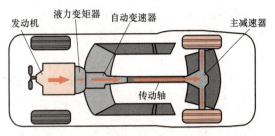

图 1-3　发动机前置后轮驱动的自动变速器

3. 按前进档的档位数分类

自动变速器按前进档的档位数可分为 4 档、5 档、6 档自动变速器等。目前轿车用的自动变速器基本为 5 档或 6 档，并设有超速档。

高配置的车型安装了 7 档甚至 8 档自动变速器。档位越多，换档平顺性越好，汽车的燃油经济性也有所改善，但是会导致自动变速器结构复杂，成本增加。

采埃孚生产的 9 速自动变速器（ZF9HP，用于横置发动机）已经量产装车，应用车型包括吉普自由光、路虎、奔驰、宝马等。该变速器各档传动比见表 1-1，各档位（尤其超速档部分）的传动比变化很小，换档平顺性更好。

表 1-1　ZF9HP 自动变速器各档的传动比

档位	1 档	2 档	3 档	4 档	5 档	6 档	7 档	8 档	9 档	倒档	齿比范围
传动比	4.70	2.84	1.90	1.38	1.00	0.80	0.70	0.58	0.48	3.80	9.81

福特和通用已经联合开发出 10 速自动变速器（F150），换档速度比保时捷的 PDK 双离合自动变速器快 26%～36%，能快速而平顺地从 10 档直接降到 5 档或者从 9 档降到 4 档（阶跃跳档）。

4. 按齿轮变速机构的类型分类

自动变速器按齿轮变速机构的类型可分为定轴齿轮变速机构和行星齿轮变速机构。

定轴齿轮变速机构在电控机械自动变速器和双离合自动变速器上用得比较多。行星齿轮式变速机构在液力自动变速器上应用较多。

注：液力自动变速器为目前应用最广、技术最成熟的自动变速器，也是本书介绍的重点，后面章节提到的自动变速器，如不特别说明，均为液力自动变速器。

5. 按控制方式分类

自动变速器按控制方式可分为液压控制自动变速器和电液控制自动变速器。

（1）**液压控制自动变速器**　从自动变速器诞生到 20 世纪 60 年代，大多数自动变速器是液压控制自动变速器。其原理是将汽车节气门开度和车速的变化转换成液压控制信号，按照设定的换档规律，控制齿轮变速机构实现自动换档。目前该类型自动变速器已经被淘汰。

(2) 电液控制自动变速器 1969 年法国雷诺汽车公司首先在轿车上装备了电液控制自动变速器。电液控制自动变速器的原理是通过各种传感器，把节气门开度、汽车车速、发动机转速、发动机冷却液温度等参数转换成电信号，传输给变速器控制单元（TCM，Transmission Control Module）或动力系统控制单元（PCM，Powertrain Control Module）。控制单元根据这些信号，按照设定的换档规律，调节液压系统的油压和油路走向，控制齿轮变速机构实现自动换档。

该类型自动变速器可以获得更好的经济性和动力性，实现更好的换档规律[⊖]，因此应用比较广泛。

1.1.2 自动变速器的优缺点

1. 自动变速器的优点

(1) 汽车具备更好的驾驶性能 自动变速器自动进行换档控制，并优化换档规律，消除或降低动力传动系统的冲击和动载，提高了汽车的乘坐舒适性，同时延长了发动机和传动系统零部件的使用寿命。

汽车的驾驶性能和驾驶员的技术水平没有太大关系，特别适合非职业驾驶员。

(2) 提高行车安全性 采用自动变速器，降低了驾驶员的劳动强度，改善了驾驶员在操作中注意力分散的问题。

(3) 降低废气排放 发动机在怠速和高速运转时，排放的一氧化碳和碳氢化合物浓度较高。采用自动变速器，可以保证发动机在经济转速区运转，降低废气排放量。

2. 自动变速器的缺点

1) 结构复杂导致生产成本较高，维修技术要求高。
2) 传动效率较低导致油耗增加，加速性能较差。

1.1.3 液力自动变速器的组成

液力自动变速器（AT）的组成如图 1-4 所示。包括四个部分：液力变矩器及冷却补偿

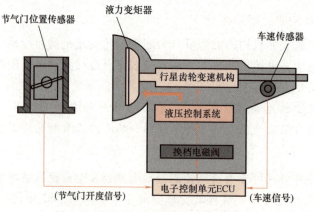

图 1-4 液力自动变速器（AT）的组成

⊖ 换档规律：换档（升档或降档）车速与节气门开度的关系。

系统、行星齿轮变速机构、液压控制系统和电子控制系统。

1. 液力变矩器及冷却补偿系统

液力变矩器安装在发动机飞轮上,连接发动机和行星齿轮变速机构。液力变矩器的工作过程采用液压传动,油液摩擦会产生大量热量,需要相应的冷却和补偿系统,以保证油温正常。液力变矩器将在项目 2 进行详细介绍。

2. 行星齿轮变速机构

液力变矩器只能在较小范围内改变转矩比和转速比,不能满足要求。液力变矩器和行星齿轮变速机构串联,可以获得满足要求的转矩比和转速比,并实现倒档和空档。行星齿轮变速机构将在项目 3 进行详细介绍。

3. 液压控制系统

液压控制系统接收电子控制系统指令,通过调节系统油压和改变油液走向,对液力变矩器和行星齿轮变速机构的工作过程进行控制。液压控制系统将在项目 4 进行详细介绍。

4. 电子控制系统

电子控制系统由传感器(Sensor)、电子控制单元(ECU,Electronic Control Unit)和执行元件(Actuator)组成。

传感器收集汽车各类参数,如车速、油温和发动机转速等,并将这些参数转换为电信号。ECU 将传感器收集的信号进行处理并与存储在其存储器中的换档规律进行比较,向执行元件发出工作指令。电子控制系统将在项目 5 进行详细介绍。

【自主学习】

查阅相关资料,讨论回答以下问题。
1. 动力传动系统由哪几个部分组成?
2. 汽车上为什么需要安装变速器?
3. 某变速器各档位的传动比见表 1-2。

表 1-2 某变速器各档位的传动比

档 位	传 动 比	档 位	传 动 比
1 档	4.15	5 档	0.86
2 档	2.37	6 档	0.69
3 档	1.56	倒档	3.39
4 档	1		

该变速器为_____档变速器。其中,
减速档:_____
超速档:_____
直接档:_____

4. 试分析不同类型变速器的优缺点(手动变速器、CVT、AT、DCT、AMT)。
5. 试用框图画出液力自动变速器四个组成部分之间的逻辑关系。

任务 2　装有自动变速器的汽车的操控

1.2.1　装有自动变速器的汽车的变速杆

【思考】

1. 装有手动变速器的汽车变速杆有哪些位置？

图1-5所示是装有5档手动变速器的汽车的变速杆。变速杆共有7个位置，分别是1、2、3、4、5、R和中间位置，当汽车前进时，变速杆分别置于1/2/3/4/5，变速器分别工作在1档/2档/3档/4档/5档；当倒车时，变速杆置于R位，变速器工作在倒档；当变速杆置于中间位置时，变速器工作在空档。

图1-5　装有5档手动变速器的汽车的变速杆

2. 装有手动变速器的汽车如何操控？

(1) 汽车起步　起动发动机，左脚踩下离合器踏板让离合器分离，右脚踩下制动踏板，将变速杆从空档切换到1档，解除驻车制动，右脚松开制动踏板、轻踩加速踏板的同时，左脚缓慢松开离合器踏板，完成汽车起步。

(2) 升档和降档　踩下离合器踏板，将变速杆拨到对应的档位，松开离合器踏板。档位的选择和换档点的选择需要由驾驶人决定。

装有自动变速器的汽车（也称为自动档汽车）的变速杆位置和装有手动变速器的汽车的变速杆位置不同，一般有四个位置，分别是P、R、N、D，一些变速杆增加两个低速档位置（2位和1位），如图1-6所示。

为了增加自动变速器车辆的驾驶乐趣，一些装备自动变速器的汽车设置了手动换档模式，这种类型自动变速器称为手自一体自动变速器。装有手自一体自动变速器的汽车增加了一个手动档位置及手动加减档位置，如图1-7所示的"M"（手动档模式）、"+"（加档）、"-"（减档）。

(1) P位（Park 驻车档）　用于停车工况，汽车长期停车必须将变速杆置于该位置。汽车停稳后方可挂入P位；对一般自动变速器，变速杆移出P位前需接通点火开关、踩下制

项目1 自动变速器概述

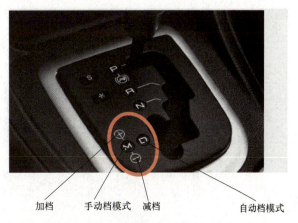

图1-6 自动变速器变速杆的位置示意图　　图1-7 手自一体自动变速器的变速杆位置

动踏板、按下变速杆锁止开关。另外，在P位或N位时允许起动发动机。

变速杆置于P位时，变速器工作在空档。

（2）R位（Reverse 倒档）　用于汽车倒车工况。只有在车辆静止或车速低于一定车速时，才可将变速杆移入R位。

（3）N位（Neutral 空档）　用于交通堵塞、等红绿灯的临时停车工况，可将变速杆置于N位，同时实施脚制动。在N位时允许起动发动机，汽车被牵引时也应使用N位。

变速杆置于N位时，变速器工作在空档。

（4）D位（Drive 前进档）　用于所有正常行驶状态，自动变速器会在1档至最高档之间自动切换。

（5）2位或S（Second/Sport）位　变速杆置于2位或S位时，变速器只能在低档间变换，不能升入更高档，用于需要大转矩输出的上坡工况和需要发动机制动⊖的下坡工况。

（6）1位或L（Low）位　变速杆置于1位或L位时，自动变速器锁定在1档，不能升入更高档，用于上陡坡需要大转矩输出的工况或下陡坡需要发动机制动的工况。

（7）M位　手动换档模式，如图1-7所示。变速杆拨至底部右侧是自动换档模式，变速杆置于底部左侧是手动换档模式。

（8）"+" "-"位　加/减档位置。拨入对应位置，完成手动加/减档操作。

【思考】

1. 自动档汽车变速杆的N位和P位有什么区别？

变速杆置于N位和P位时，变速器都工作在空档，不同的是，当变速杆置于P位时，变速器的输出轴被锁止。

变速器输出轴的锁止是靠安装在输出轴上的驻车锁止机构完成的。驻车锁止机构的结构如图1-8a所示，由继动杆、棘爪、支架、楔子、作动销、锁止棘爪、驻车锁止齿轮和

⊖　发动机制动：汽车下坡时，利用发动机怠速运转阻力使汽车减速，也称为发动机倒拖。

调整弹簧等组成。继动杆通过棘爪连接变速杆,调整弹簧可调整锁止棘爪相对于驻车锁止齿轮的位置。当变速杆置于 P 位时,变速杆带动继动杆移动,作动销下移,推动锁止棘爪向驻车锁止齿轮移动,锁住输出轴,如图 1-8b 所示。

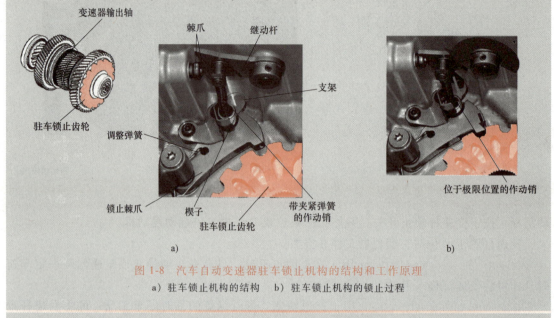

图 1-8　汽车自动变速器驻车锁止机构的结构和工作原理
a) 驻车锁止机构的结构　b) 驻车锁止机构的锁止过程

2. 下坡是否能将变速杆置于 N 位滑行?

下坡不能将变速杆置于 N 位滑行。下坡时变速器输出轴转速很高,润滑冷却状况恶化,变速器油泵由发动机驱动,此时发动机怠速运转,油泵供油不足,导致润滑冷却不足会造成自动变速器损坏。

1.2.2　自动变速器的操作开关

自动变速器的操作开关主要包括变速杆锁止开关、超速档(O/D OFF)开关、模式选择开关、强制降档开关、保持开关、手动加/减档开关和制动灯开关等。

(1) 变速杆锁止开关　变速杆锁止开关一般装在变速杆上,如图 1-9 所示,目的是防止不正确的操作造成自动变速器损坏。

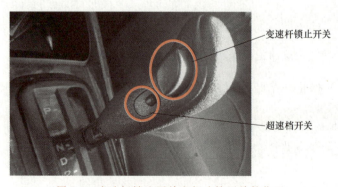

图 1-9　变速杆锁止开关和超速档开关的位置

【思考】

1. 按下变速杆锁止开关解除变速杆锁止的原理是什么?

变速杆的锁止包括两种,分别是机械锁止和电磁锁止。机械锁止的结构和原理如图 1-10 所示,锁止是由变速杆位置限制器和止动爪实现的,止动爪装在变速空心杆上,和中间推杆以及变速杆锁止开关连接。当止动爪处于变速杆位置限制器的凹槽中,止动爪无法移动,变速空心杆被锁止,变速杆无法移动,如图 1-10a 的 P 位。

当按下变速杆锁止开关,锁止开关带动中间推杆向下移动,如图 1-10b 所示,止动爪也随着向下移动,移出限位凹槽,变速杆的锁止解除。因此,变速杆锁止开关解除的是机械锁止。电磁锁止将在项目 5 进行详细介绍。

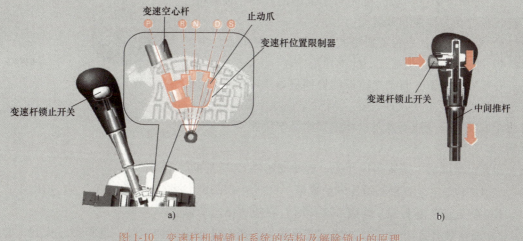

图 1-10 变速杆机械锁止系统的结构及解除锁止的原理
a) 机械锁止系统的结构 b) 解除锁止的原理

2. 图 1-10 中,变速杆在哪些位置切换时需要按下变速杆锁止开关?

从图 1-10 中可以看出,以下情况需要按下锁止开关:
1) 变速杆从 P 位移出和从其他位置移动到 P 位。
2) 变速杆从 R 位移到 P 位。
3) 变速杆从 N 位移到 R 位。
4) 变速杆从 D 位移到 S 位。

3. 如果只按下变速杆锁止开关,变速杆是否可以从 P 位移出?

不可以。踩下制动踏板和按下变速杆锁止开关是变速杆从 P 位移出的必要条件,缺一不可。变速杆的锁止包括两种,分别是机械锁止和电磁锁止,P 位两种锁止方式都有使用,按下变速杆锁止开关只解除机械锁止,踩下制动踏板才能解除电磁锁止。

4. 为什么从 D 位到 S 位也需要按下锁止开关?

S 位主要考虑汽车的动力性,不考虑燃油经济性,按下变速杆锁止开关的目的是提醒驾驶人即将进入 S 位,汽车油耗变差。

（2）超速档开关（O/D OFF 开关） 超速档开关安装在变速杆或仪表板上，如果安装在变速杆上，一般安装在如图 1-9 所示的位置。超速档开关用于控制变速器是否可以进入超速档（传动比<1 的档位）行驶。当开关处于 OFF 位置时，触点闭合，仪表板上 O/D OFF 指示灯亮，此时变速器不能进入超速档。当开关处于 ON 位置时，触点断开，仪表板上 O/D OFF 指示灯灭，此时变速器在条件允许时进入超速档行驶。目前大部分车型已经取消该开关。

（3）模式选择开关 多数汽车都有模式选择开关，又称为行驶模式选择开关、换档规律开关或程序开关。模式选择开关安装在变速杆附近或仪表板上。图 1-11 所示是汽车几种常见模式。

1）经济模式：汽车燃油经济性较好，节油性能佳。

2）运动模式：发动机在大功率范围内运转，使汽车具有较高的动力性能和爬坡能力。

3）标准模式：也称普通模式，兼顾经济性和动力性。

4）雪地模式：保证汽车的操控稳定性。

在不同模式下，自动变速器的换档规律不同，性能会有所差异。需要特别说明的是，当汽车选择不同模式后，对汽车发动机、变速器及车身稳定控制系统等都有一定的影响。

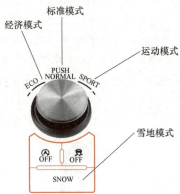

图 1-11 汽车的模式选择开关及对应的模式

很多汽车取消了模式选择开关，自动变速器 ECU 主要参考变速杆位置和加速踏板被踩下的速率，自动选择采用经济模式、标准模式或运动模式。

1）在变速杆置于 S/L 位或 2/1 位时，只能选择运动模式。

2）在变速杆置于 D 位时，加速踏板踩下的速率低于设定速率时，选择经济模式，超过设定速率时，选择运动模式。一般车速较低或节气门开度较大时，选择运动模式。

3）在变速杆置于 D 位，选择运动模式之后，一旦节气门开度低于 1/8，变速器从运动模式切换到经济模式。

（4）强制降档开关 强制降档开关用来检测加速踏板打开的程度，安装在加速踏板后方或节气门体上。当加速踏板的位置超过一定位置（一般为全开的 95% 以上）时，此开关接通，变速器自动下降一个档位，以提高汽车的加速性能。一些变速器取消了强制降档开关，用加速踏板位置信号或节气门位置信号代替。

（5）保持开关（Hold 开关） 保持开关的安装位置如图 1-12 所示。保持开关也称档位锁定开关，部分装有自动变速器的汽车有此开关。按下该开关后，变速器保持在一个特定的档位范围，在颠簸路面上行驶时可有效防止变速器频繁换档，在超车时起到强制降档作用。

图 1-12 保持开关的安装位置

(6) 手动加/减档开关 手动加/减档开关用于手自一体自动变速器,布置形式如图 1-7 所示。当变速杆置于 M 位时,通过前后拨动变速杆完成加/减档。往"+"的方向是加档,反方向是减档。一些加/减档开关采用按钮式,如图 1-13a 所示,还有一些变速器的加/减档开关采用拨片式(赛车应用较多),布置在转向盘侧面,如图 1-13b 所示。

按钮式加/减档开关　　　　　　　拨片式加/减档开关

a)　　　　　　　　　　　　　　b)

图 1-13　加/减档开关的其他布置形式

a) 按钮式加/减档开关　b) 拨片式加/减档开关

【思考】

手自一体自动变速器的手动换档模式和手动变速器的换档操作是否相同?

手自一体自动变速器的手动换档和手动变速器的换档操作完全不同。手动加/减档开关只是给变速器控制单元一个换档信号,控制单元根据当前车辆的运行状态,向自动变速器发出适当的换档指令。为避免不当操作损坏车辆,当驾驶人向自动变速器控制单元发出不恰当的手动换档信号时,控制单元可以拒绝执行,以保护动力系统。

(7) 制动灯开关(制动开关,Brake Switch) 制动灯开关安装在制动踏板支架上,用于判断制动踏板是否被踩下。当制动踏板被踩下时,变速器 ECU 将根据变速器的工作状态,解除变速杆锁止和液力变矩器锁止。解除变速杆锁止,变速杆可移出 P 位;解除液力变矩器锁止,可防止发动机熄火,保证车辆稳定行驶。

在采用模糊逻辑控制的电控自动变速器中,当制动开关闭合时,变速器 ECU 会控制变速器降档或延迟变速器升档,即变速器 ECU 起动下坡控制程序。

1.2.3　不同工况下自动档汽车的操作及注意事项

1. 自动档汽车的操作

装有自动变速器的汽车通过变速杆和操作开关完成自动变速器操控。

(1) 发动机起动 正常起动发动机时,应拉紧驻车制动器或踩下制动踏板,将变速杆置于 P 位或 N 位,此时将点火开关转至起动档,起动机带动发动机运转。

注意:自动变速器变速杆位于 P 位、N 位以外的任何位置,起动机都不工作。

（2）**汽车起步** 起步时应先踩下制动踏板，按下变速杆锁止开关，将变速杆从 P 位或 N 位拨到 D 位，松开驻车制动器，抬起制动踏板，缓慢踩下加速踏板，完成汽车起步。

（3）**一般道路行驶** 在一般道路行驶时，只要将变速杆置于 D 位并打开超速档（O/D OFF）开关，自动变速器会根据车速和节气门开度等信号完成自动升档或降档。

（4）**坡道行驶** 在较长且陡的坡道上行驶时，应视坡度将变速杆置于 2（S）位或 1（L）位，以防因高速档动力不足，变速器内部循环跳档，造成内部执行元件磨损及单向离合器损坏。

（5）**雪地或泥泞路面行驶** 汽车在雪地或泥泞路面行驶时，当变速杆置于 D 位时，驱动轮打滑，可按下雪地（SNOW）模式开关或按下保持（HOLD）开关，并将变速杆置于合适的档位。在此模式下，变速器一般会在 2 档或 3 档起步，可有效防止驱动轮打滑。

（6）**倒车** 倒车时，先让汽车停止后，再将变速杆移至 R 位。目前，有部分自动变速器有倒档保护功能，在前进过程中将变速杆移至 R 位，当车速高于一定值时，变速器 ECU 禁止倒档齿轮啮合。

（7）**停车** 汽车因遇红绿灯等原因短暂停车时，可让变速杆保持在 D 位，通过制动踏板保持停车，起步时放松制动踏板即可。

停车时间稍长时，最好将变速杆移至 N 位或 P 位，以节约燃油并避免自动变速器油温升高。如果在 N 位，应拉紧驻车制动器或使用制动踏板，以防止溜车。

驻车停留时应先将汽车停稳，再将变速杆移至 P 位，然后拉紧驻车制动器，关闭点火开关。

2. 自动档汽车的操作注意事项

自动档汽车的操作注意事项包括：

1）自动档的车严禁使用空档滑行。
2）车辆被牵引时，变速杆需置于 N 位。
3）牵引时车速不可超过 50km/h，牵引距离不能超过 50km。
4）若牵引距离更长，需将驱动轮升离地面。
5）在寒冷的冬季，行车前先起动发动机预热 1min 后再挂档行驶。

【做中学】

装有自动变速器的汽车的操作

设备准备： 装有自动变速器的整车。

一、根据选择的实车，查阅相关资料，讨论并完成以下问题

1. 将所选车型及自动变速器类型填入表 1-3。

表 1-3 所选车型及自动变速器类型

所选车型	自动变速器类型（对应打"√"）
	AT/CVT/DCT/AMT
	自动变速器/手自一体自动变速器

2. 变速杆分析。

根据所选车型，分析自动变速器变速杆各位置的名称及作用

P：_____

R：_____

N：_____

D：_____

S：_____

M：_____

+、-：_____

其他：_____

3. 操作开关分析。

根据所选车型，列出和自动变速器操作相关的开关安装位置和作用，填入表1-4中。

表1-4 所选车型操作开关的安装位置及作用

开关名称	在车上的安装位置	作　用
锁止开关		
超速档(O/D)开关		
模式选择开关		
保持开关		
强制降档开关		

二、装有自动变速器的汽车的操作

结合所学知识和实车操作，判断下列说法是否正确（正确打"√"，错误打"×"）。

1. 在发动机起动时，必须将自动变速器的变速杆置于P位或N位。（　　）

2. 汽车停车时，变速杆没有必要拨入P位。（　　）

3. N位相当于空档，可在发动机起动或拖车时使用。（　　）

4. 汽车在上陡坡时，只能将变速杆置于D位，用加速踏板和制动踏板控制车速。（　　）

5. 在汽车下陡坡时，可以将变速杆置于N位滑行，用制动踏板来控制车速。（　　）

6. 在水平道路上行驶时，可将变速杆置于D位，汽车根据加速踏板的状态和车辆行驶速度自动变换档位。（　　）

三、总结安装自动变速器的车和安装手动变速器的车操作上的区别

任务3　自动变速器的综合分析

1.3.1　自动变速器的中国市场分析

【自主学习】

<u>查阅资料，分析以下问题，以小组形式汇报。</u>

1. 如果你选购一台车，你会选择手动变速器、自动变速器还是手自一体自动变速器？并说明原因。
2. 如果选择自动变速器或手自一体自动变速器，你会选择哪种类型？AT、DCT、CVT、AMT？请说明原因。
3. 不同类型自动变速器的中国市场分析。

1.3.2　中国自动变速器的产业现状

自动变速器由于技术较复杂、研发费用高、研发周期长、性能稳定性难保证等问题，曾经是我国汽车工业发展的瓶颈。虽然自动变速器的研发困难，但中国企业在自动变速器领域持续研发，不断投入，取得一定成就。自 2004 年奇瑞自主无级自动变速器正式立项开始，中国自动变速器产业历经 16 年的艰苦发展，实现了核心技术和产业化的双重初步突破，并经受住了市场和客户的严苛考验，从总体上看已基本达到国际同类产品的平均水平。中国自动变速器产业形成 AT、CVT、DCT 三分天下的并行发展格局，DCT 和 CVT 分别作为主机厂和零部件企业的主攻领域得到更快发展。

1. 无级自动变速器（CVT）

2003 年奇瑞成立奇瑞精机，中国 CVT 之路正式开启。奇瑞对 AT、DCT 和 CVT 变速器都进行了预研。DCT 看似简单，但双离合器控制模块开发十分困难，且处于技术垄断状态。AT 的阀体和换档机构也受到国外制约，虽然 CVT 的核心部件——钢带被博世垄断，但是其申请的专利技术对全世界开放，因此奇瑞最终了确定 CVT 的研发路线。

奇瑞精机经过 8 年的研发下线了 CVT19，并开始匹配奇瑞的各个车型。同时奇瑞精机也开始第二代 CVT 的开发，下一代 CVT 的预研用了 5 年多的时间。2016 年，奇瑞精机被万里扬收购，2018 年万里扬发布的 CVT25 便是奇瑞 CVT 的第二代产品，从样机到量产用时 2 年，这台 CVT 的转矩达到 250N·m，速比范围相比上一代 CVT 扩大了 30%，达到 7.07。

2. 双离合自动变速器（DCT）

2008 年，发改委和上汽、一汽、长安、吉利、江淮、长城等 11 家车企成立中发联投资公司，该公司与美国博格华纳成立了博格华纳联合传动系统有限公司，进行双离合变速器的研发。

2008 年后，中国的双离合变速器在美国技术输出下发展，基本默认了美国的湿式双离合变速器的技术发展道路。2015 年江淮推出自主研发的 6 速湿式 DCT，同年，长城开发出 7 速湿式 DCT。2017 年吉利展示自主研发的 7 速湿式 DCT，并应用在领克等相关车型上。

双离合器控制模块是双离合自动变速器的核心部件。全世界范围内有两家公司具有研发生产双离合控制模块的能力——欧洲的舍弗勒集团（干式双离合控制模块）和美国的博格华纳（湿式双离合控制模块）。江淮的 6 速湿式 DCT 和长城的 7 速湿式 DCT 的双离合器模块均由博格华纳提供。

3. 液力自动变速器（AT）

液力自动变速器研发方面走在前面的是山东盛瑞。2003 年盛瑞开始进行 AT 变速器的研究，经过十年的研发，2013 年推出第一代 8AT 自动变速器，首次搭载在陆风 X5 上，并于 2017 年推出第二代盛瑞 8AT。盛瑞 8AT 填补了国内空白，已批量投放市场，形成了年产 55 万台的生产能力，并获得 2016 年国家科技进步一等奖。

2020 年汽车评价研究院公布的"世界十佳变速器"获奖名单，包括盛瑞 8AT、广汽 7DCT（7WDCT）、蜂巢易创 7DCT 以及吉利混动 7DCT（7DCT390H）。

除了较为主流的 8AT 变速器之外，盛瑞目前还研发出了 13AT 变速器，目前合资品牌搭载的档位最多的变速器也不过是 10AT，而盛瑞则直接跳过 10AT，研发出了 13AT 的变速器。

关键零部件企业和装备企业在汽车自动变速器总成技术攻关上也起了至关重要作用。2019 年，重庆红宇的液力变矩器战胜了法雷奥、舍弗勒等老牌外资对手，获得上汽大众汽车有限公司独家定点权。汽车自动变速器及其关键零部件制造对设备的要求很高，武汉华工的 AUTOGEAR（奥凯）全自动齿轮激光焊接生产线性能不低于国际上同类先进生产线，价格却只有竞争对手的一半，技术成熟，先进可靠，实际产能高于发达国家同行 10%～20%。

【自主学习】

查阅资料，分析中国汽车自动变速器产业存在的问题。

拓展任务 4　自动变速器的型号识别

自动变速器型号可通过位于变速器壳体的铭牌、冲压在变速器壳体/油底壳上的符号以及汽车铭牌进行识别。不同公司自动变速器的型号不一样，图 1-14a、b、c 所示分别是日本爱信、日本丰田、德国采埃孚自动变速器编号，其中有些省略了"E"，均为电控自动变速器；带锁止离合器的变速器，有些省略了"L"，如 A241H、A440F、45DF 等。

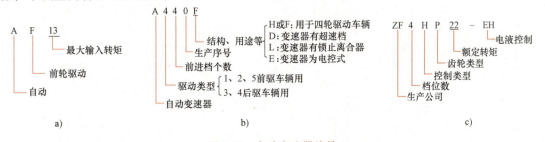

图 1-14　自动变速器编号

a）日本爱信 AW 公司自动变速器编号含义　b）丰田自动变速器编号含义　c）采埃孚（ZF）自动变速器编号含义

改进后的自动变速器，若只增加锁止离合器或驱动轮的个数，其余未作改动，只需在原型号后加注说明。自动变速器型号代表的内容见表1-5。

表1-5 自动变速器型号代表的内容

代表内容	具体含义
变速器性质	一般用字母"A"表示自动变速器,用字母"M"表示手动变速器
变速器的生产公司	德国ZF公司生产的变速器,其型号前面大多为"ZF"字样
驱动方式	一般用字母"F"表示前驱,字母"R"表示后驱；但也有特别情况,如丰田公司则用数字表示驱动方式(前驱:1、2、5,后驱:3、4),一部分四轮驱动车辆在型号后面附加字母"H"或"F"
前进档的档位数	变速器前进档的个数,用数字表示
控制类型	电控一般用字母"E"表示,液控一般用"H"表示,电液控制用"EH"表示
改进序号	变速器是否在原变速器的基础上做过改进
额定驱动转矩	通用、宝马等公司自动变速器型号中有此参数

项目2　液力变矩器

学习目标

1. 掌握液力变矩器的结构和工作过程。
2. 能够画出液力变矩器的特性曲线，并标注失速点、耦合点。
3. 掌握锁止离合器的作用、结构和工作原理。
4. 能够根据故障现象对液力变矩器进行故障分析。

参考学时

7 学时。

学习引导

1. 装有自动变速器的汽车，发动机和齿轮变速机构之间如何连接？
2. 在进行档位切换时，装有自动变速器的车如何切断发动机和齿轮变速机构之间的机械连接？

学习思路

液力变矩器是 AT 自动变速器的重要组成，是学习的重点，本项目有两个学习难点，分别是液力变矩器的变矩原理和工作过程。

本项目从液力变矩器的结构入手，结合实物对整体结构进行认知（任务 1）。液力变矩器工作过程及变矩原理的学习秉承"从简单到复杂"以及"问题导向"的原则，首先从液力偶合器入手，分析液压传动的基本原理，并分析液力偶合器存在的问题（任务 2）；然后比较液力变矩器和液力偶合器结构的不同点，并将结构的不同和液力偶合器存在的问题进行关联，分析如何通过液力偶合器的结构改进、解决其存在的问题（任务 3）。接下来对液力变矩器的结构进行拓展，引入检测知识（拓展任务 4）。

项目的最后是所学知识的运用，通过对汽车不同工况下液力变矩器的工作情况分析及液力变矩器的故障分析，达到知识内化、理论联系实际的目的（任务 5）。

整个项目的设计除了习得知识、技能，还注重分析解决问题能力的培养，在较难知识点

处设置讲解视频，方便学习。

在学习过程中，可将液力变矩器知识和人与人之间的沟通方式类比，将抽象知识直观化。将液力变矩器的动力传递过程类比为人与人之间的沟通问题，泵轮和涡轮类比为两个沟通对象，液力变矩器的液压传动过程类比为间接沟通（通过发邮件、发信息或者中间人传达），自动变速器油液类比为沟通的介质（邮件、信息等），而导轮类比为促进间接沟通的工具，比如邮件和信息增加图表说明，中间人的传达由口头改为书面传达等。间接沟通方式存在沟通效率不高、理解有偏差、应答有延迟的情况，因此需要改进沟通方式（电话或者面对面沟通）以提高沟通效率，由此引出液力变矩器的机械传动（锁止离合器把泵轮和涡轮刚性连接）。

但是沟通过程不仅要考虑沟通效率，还需要考虑沟通成本（面对面沟通的出差成本等），间接沟通需要根据沟通内容确定邮件和信息是简单的文字说明还是需要复杂的图表及动画视频（液压传动是否需要导轮工作），因此应该根据实际情况选择合适的沟通方式，引出液力变矩器的三种工况：变矩工况（液压传动，导轮锁止）、耦合工况（液压传动，导轮自由旋转）以及锁止工况（机械传动）。

任务实施

任务1　带有锁止离合器的三元件液力变矩器的结构认识

2.1.1　液力变矩器的作用

> 【思考】
>
> 装有手动变速器的汽车，发动机和齿轮变速机构之间如何连接？
>
> 装有手动变速器的汽车，发动机和齿轮变速机构之间通过离合器进行机械连接。离合器的接合和分离通过离合器踏板控制，离合器踏板未踩下，离合器接合，发动机动力传递到齿轮变速机构；离合器踏板踩下，离合器分离，切断发动机到齿轮变速机构的动力传递路径。

对于液力自动变速器来说，发动机和齿轮变速机构之间是采用液力变矩器连接。不同于手动档汽车上使用的离合器，液力变矩器不能切断发动机和齿轮变速机构之间的动力传递，只能将发动机和变速器之间的连接从机械连接变为液压连接。其作用包括：

1）传递并增大发动机转矩。
2）有一定的无级变速功能。
3）缓冲发动机与传动系统之间的冲击。
4）起飞轮的作用。
5）驱动液压控制系统的油泵。

2.1.2 带锁止离合器的三元件液力变矩器的结构

自动变速器上用得比较多的液力变矩器是带锁止离合器的三元件[一]液力变矩器,结构如图 2-1 所示。由壳体、泵轮(和壳体连为一体)、涡轮、导轮(通过单向离合器固定于壳体上)和锁止离合器组成。该液力变矩器有三个工作轮(泵轮、涡轮和导轮),故称为三元件液力变矩器,各工作轮用铝合金精密制造,或用钢板冲压焊接而成。

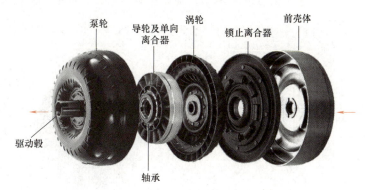

液力变矩器认知

图 2-1 带锁止离合器的液力变矩器结构

1. 泵轮(Pump)和壳体(Shell)

泵轮与变矩器壳体连成一体作为液力变矩器的主动件。变矩器壳体用螺栓固定在飞轮上,因此泵轮总是和曲轴一起转动。泵轮结构如图 2-2 所示,内部沿径向装有许多曲线形状的叶片,叶片内缘装有让变速器油平滑流过的导环。

当发动机运转时,泵轮内的工作液在离心力作用下,从泵轮内缘向外流出进入涡轮。随着发动机转速升高,工作液所受离心力增大,从泵轮向外流出的工作液速度也随之升高。自动变速器的油泵也由泵轮驱动。

2. 涡轮(Turbine)

涡轮与变矩器输入轴用花键联结,是液力变矩器的从动件。涡轮的结构与泵轮类似,也装有许多叶片,如图 2-3 所示,叶片呈曲线形状,方向与泵轮叶片的弯曲方向相反。涡轮和泵轮相对安装不接触,相对端面之间有 2~4mm 间隙。

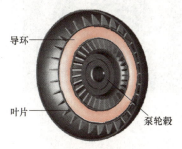

图 2-2 泵轮的结构

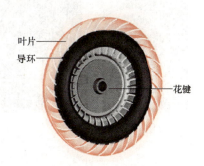

图 2-3 涡轮的结构

[一] 三元件是指工作轮的数量。

3. 导轮（Stator）

导轮位于泵轮与涡轮之间，且和涡轮与泵轮都不接触，通过单向离合器安装在导轮固定套管上，三个工作轮的相对安装位置如图 2-4 所示，导轮结构如图 2-5 所示。由于单向离合器作用，导轮只能单方向旋转。

单向离合器将在项目 3 的换档执行元件处进行详细介绍。

油液从泵轮流出，经过导轮后进入涡轮，实现转矩传递，此时的动力传动是液压传动。

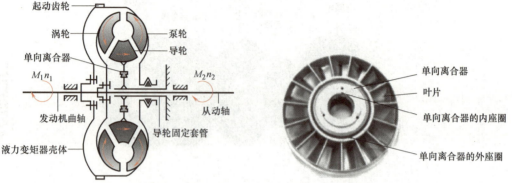

图 2-4　泵轮、涡轮和导轮的相对安装位置示意图　　图 2-5　导轮的结构

4. 锁止离合器（TCC，Torque Converter Clutch）

为了提高传动效率，液力变矩器中装有锁止离合器，在需要的情况下将泵轮与涡轮机械连接。将液压传动变为机械传动，使变矩器传动效率达到 100%，提高了汽车的燃油经济性，减少了变矩器中产生的热量，降低了对散热系统的要求。

锁止离合器的结构如图 2-6 所示，包括主动部分和从动部分。主动部分是液力变矩器的泵轮/壳体，与输入轴相连，从动部分为可做轴向移动的压盘，通过花键与涡轮相连。

锁止离合器的压盘前端有一环状摩擦片，在锁止离合器接合时，稳定地传递发动机动力。压盘上设置有弹簧式扭转减振器，吸收离合器接合时的冲击，并在锁止后衰减发动机输出动力的波动。

图 2-6　锁止离合器的结构

这种锁止离合器压盘结构在传递的转矩较大时容易出现打滑现象，现代自动变速器的锁止离合器多采用湿式多片离合器结构，如采埃孚的 8AT，如图 2-7 所示。湿式多片离合器将在项目 3 换档执行元件部分进行详细介绍。

图 2-7 ZF 8AT 的液力变矩器结构

【做中学】

认识液力变矩器

设备准备： 自动变速器解剖实训台、分解的液力变矩器实物。

一、结合学习资料和自动变速器解剖实训台，完成以下问题

1. 液力变矩器安装在_____和_____之间。
2. 发动机动力通过（　　）传递到液力变矩器。
   A. 泵轮　　　　　B. 涡轮　　　　　C. 导轮　　　　　D. 壳体

二、结合学习资料和分解的液力变矩器实物，完成以下问题

1. 指出泵轮、涡轮、导轮、锁止离合器、导轮轴、涡轮轴。
2. 指出发动机动力输入点、和齿轮变速机构的连接点及驱动油泵的位置。
3. 液力变矩器通过（　　）将动力传递到行星齿轮机构。自动变速器的油泵由（　　）驱动。
   A. 泵轮　　　　　B. 涡轮　　　　　C. 导轮　　　　　D. 壳体
4. 液力变矩器的导轮通过_____固定于变速器壳体上。
5. 指出实物上的锁止离合器的主动部件以及从动部件的摩擦片、扭转减振器。
6. 锁止离合器的从动部件和_____连接到一起，主动部件是_____。
7. 锁止离合器把（　　）机械连在一起，将液压传动变为机械传动。
   A. 泵轮和导轮　　B. 涡轮和导轮　　C. 泵轮和涡轮　　D. 导轮和壳体

任务 2　液力偶合器

汽车上最早安装的是液力偶合器，由于其存在传动效率低、只能传递转矩不能改变转矩等问题,因此被液力变矩器取代。

液力变矩器是在液力偶合器的基础上改进的,为了便于学习,介绍液力变矩器的工作过程之前,先介绍液力偶合器。

2.2.1 液力偶合器的结构和工作过程

1. 液力偶合器的结构

液力偶合器的结构如图 2-8 所示,由壳体、泵轮、涡轮三部分组成。壳体固定在发动机曲轴的凸缘上,和发动机一起旋转;泵轮为液力偶合器的主动件,与壳体制成一体与发动机一起旋转;涡轮与从动轴用花键联结,是液力偶合器的从动件,作为动力输出。

2. 液力偶合器的工作过程

液力偶合器的工作原理可以形象地用图 2-9 所示说明。对置的两台电风扇,风扇 A 为主动风扇(泵轮),风扇 B 为从动风扇(涡轮)。给风扇 A 以动力(通电)旋转。如果 A、B 风扇之间的距离比较大,风扇 A 运转产生的空气动能衰减严重,不足以驱动风扇 B 运转。将风扇 B 逐渐靠近风扇 A,风扇 B 随之旋转。两风扇之间并无机械连接,风扇 A 叶片带动空气流动,冲击风扇 B 叶片与风扇 A 同向旋转。

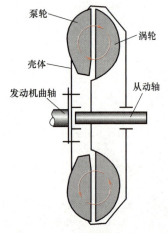

图 2-8 液力偶合器的结构

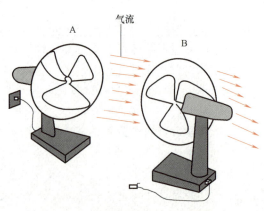

图 2-9 液力偶合器的工作原理模拟

同理,发动机运转时,曲轴带动液力偶合器的壳体和泵轮一同转动,泵轮叶片内的液压油在泵轮的带动下随之一起旋转。

在离心力的作用下,液压油从泵轮靠近旋转轴线的内缘,沿泵轮叶片向远离旋转轴线的外缘流动,并在叶片外缘处冲击涡轮叶片,使涡轮在液压冲击力的作用下旋转。冲击涡轮叶片的液压油沿涡轮叶片向内缘流动,并返回泵轮内缘。返回到泵轮内缘的油液,又被泵轮再次甩向外缘,如此循环。

液力偶合器在不考虑机械损失的情况下,输出力矩与输入力矩相等,又称为液力联轴器。

液压油从泵轮流向涡轮,又从涡轮返回泵轮,在两者表面形成循环的液流,称为涡流(Vortex Flow)。除了涡流外,油液在液力偶合器中,还发生沿另一条路径的流动,即环流

（Rotary Flow）。所谓环流是油液在泵轮转动时，被其带动沿发动机曲轴和变速器输入轴轴线的流动，如图 2-10a 所示。

上述两种油流合成，形成一条首尾相接的螺旋流（Spiral Flow），如图 2-10b 所示，实现液力偶合器的转矩传递。

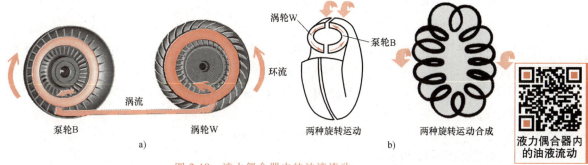

图 2-10 液力偶合器内的油液流动
a）涡流和环流的产生 b）螺旋流的产生

环流只有在泵轮与涡轮之间有转速差的情况下才能产生，因此当涡轮转速接近于泵轮转速时，液力偶合器不能传递转矩。

当液力偶合器的泵轮和涡轮之间有较大的转速差时，将产生阻碍油液循环流动的紊流，如图 2-11a 所示。为有效地引导泵轮与涡轮之间油液的流动，减少因无规则的紊流而产生的损失，通常在泵轮和涡轮上增加如图 2-2 和图 2-3 所示的导环，增加导环后液力偶合器的油液流动情况如图 2-11b 所示。

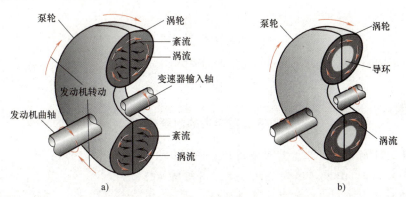

图 2-11 液力偶合器内油液的流动情况
a）无导环时 b）有导环时

2.2.2 液力偶合器的特性分析

1. 液力偶合器的特性

液力偶合器的特性是指转矩比和传动效率随转速比的变化曲线。

转速比是涡轮转速 n_W 与泵轮转速 n_B 之比，用 i 表示，有

$$i = n_W / n_B \leq 1$$

转矩比是指涡轮输出转矩 M_W 与泵轮输入转矩 M_B 之比，用 K 表示，有

$$K = M_W / M_B$$

传动效率是指泵轮产生的能量传递至涡轮的效率，用 η 表示，有

$$\eta = M_W n_W / M_B n_B = Ki$$

传动效率与转矩比和转速比的乘积成正比。

2. 液力偶合器的特性分析

液力偶合器只能传递转矩，不能改变转矩。只有存在转速差（$n_W < n_B$）时才能传递动力，所以当 $n_W < n_B$ 时：

$$M_W = M_B; \quad K = 1; \quad \eta = Ki = i$$

当 $n_W = n_B$ 时：

$$M_W = 0; \quad K = 0; \quad \eta = 0$$

特性曲线如图 2-12 所示。

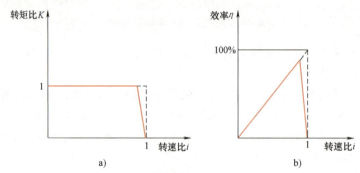

图 2-12 液力偶合器的特性曲线

a）转矩比曲线　b）效率曲线

【思考】

液力偶合器存在的问题是什么？

根据图 2-11 所示的特性曲线可以看出，液力偶合器存在三个问题：
1. 转矩比为 1。只能传递发动机转矩，不能增加转矩。
2. 动力传递中断。当涡轮转速接近泵轮转速时，因为没有环流，不能传递转矩。
3. 低速传递效率低。传递效率和转速比成正比，当涡轮转速较低时，传递效率低。

任务 3　带锁止离合器的三元件液力变矩器的工作过程及特性

带锁止离合器的三元件液力变矩器在液力偶合器的基础上增加了两个元件：导轮（通过单向离合器固定在变速器壳体上）和锁止离合器，以解决液力偶合器存在的三个问题。其中导轮解决了液力偶合器只能传递转矩，不能改变转矩的问题以及低速传递效率低的问题；锁止离合器解决了动力传递中断的问题，同时提高了高速传递效率。

2.3.1 带锁止离合器的三元件液力变矩器的工作过程

1. 导轮的变矩原理

发动机运转时带动液力变矩器的壳体和泵轮一同旋转,泵轮内的工作油液在离心力的作用下,由泵轮叶片外缘冲向涡轮,并沿涡轮叶片流向导轮,再经导轮叶片流回泵轮叶片内缘,形成循环的工作油液。

在液体循环流动过程中,导轮给涡轮一个反作用力矩,使涡轮输出力矩不同于泵轮输入力矩,具有"变矩"功能。

为了便于受力分析,按照油液的流动方向,将泵轮、涡轮和导轮依次展开,如图 2-13 所示。

导轮的变矩原理如图 2-14 所示。泵轮旋转,带动油液沿着箭头 1 的方向冲击涡轮,由于此时油液的动能不足以克服整车阻力让车辆运动,涡轮转速 $n_W=0$。冲击涡轮的油液沿着涡轮叶片的切线方向冲击导轮叶片的凹面(如图 2-14 中所示箭头 2 的方向),力图推动导轮转动。由于单向离合器的锁止作用,导轮不能沿着油液的冲击方向转动,迫使油液沿导轮叶片的切线方向流出,冲击泵轮叶片的凹面(如图 2-14 中所示箭头 3 的方向),这相当于有一附加力矩 M_D 与泵轮所传递的发动机转矩 M_B 相叠加,增大泵轮的输出转矩,相当于增加了涡轮的输出转矩。

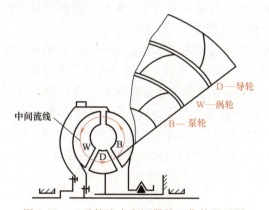

图 2-13 三元件液力变矩器的工作轮展开图

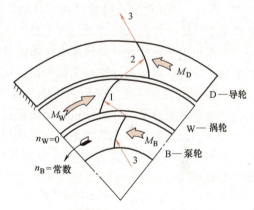

图 2-14 导轮的变矩原理图(涡轮转速为 0)

经液力耦合作用后,涡轮所获得的输出转矩增大,即

$$M_W = M_B + M_D$$

单向离合器锁止,导轮起增矩作用的工况称为液力变矩器的变矩工况。

当涡轮转速为零,而发动机处于全负荷的工况称为失速工况,对应液力变矩器的工作点称为失速点,此时的发动机转速称为失速转速。

2. 液力变矩器的工作过程

带锁止离合器的三元件液力变矩器共有三个工况:变矩工况、耦合工况和锁止工况。其中变矩工况和耦合工况属于液压传动,工作过程如图 2-15 所示,锁止工况属于机械传动。

(1) **变矩工况** 当涡轮转速为 0 时,从涡轮流出的油液沿着 w 方向冲击导轮,此时由于冲击导轮叶片的油液速度方向和导轮叶片的夹角最大,产生的反作用力矩 M_D 也最大。随着发动机输出转矩增加,泵轮输出转矩增加,泵轮的输出转矩足以克服汽车运动阻力让车辆运动,涡轮的转速开始逐渐升高,从涡轮流出的油液速度除了沿着涡轮叶片切线方向的速度 w 之外,还有一个因涡轮旋转产生的牵连速度 u_1,两个速度产生的合速度相较于 w 向左偏转,如图 2-15 所示的 v_1,v_1 和导轮叶片的夹角减小,冲击导轮叶片凹面产生的附加力矩 M_D 减小。

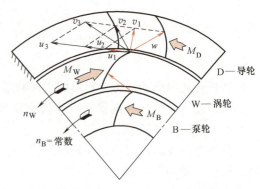

图 2-15 三元件液力变矩器的变矩工况和耦合工况实现工作过程

随着涡轮转速逐渐升高,涡轮旋转产生的牵连速度增大,合速度逐渐向左偏转,和叶片的夹角逐渐减小,产生的附加力矩 M_D 也在减小。

液力变矩器的工作过程分析

(2) **耦合工况** 导轮自由旋转的工况称为液力变矩器的耦合工况。当涡轮转速升高到某一数值(一般为 0.85 倍的泵轮转速)时,涡轮流出的工作油液流向与导轮叶片相切,如图 2-15 中所示的 v_2,此时 $M_D=0$,即 $M_W=M_B$,涡轮转矩等于泵轮转矩。

当涡轮与泵轮的转速比达到某一数值时,转矩比几乎为 1,这一点称为液力变矩器的耦合点。

当涡轮转速继续升高,自涡轮向导轮流动的油液方向继续偏转,最终油液冲击并作用于导轮叶片凸起的背面,而不是凹入的前面,如图 2-15 所示的 v_3。

当作用于导轮叶片背面的油液作用力足以推动导轮逆时针旋转时,单向离合器的锁止作用解除,泵轮、涡轮及导轮以大致相同的速度同方向转动,液力变矩器变为液力偶合器。

(3) **锁止工况** 将泵轮和涡轮机械连接的工况称为液力变矩器的锁止工况。锁止离合器在条件满足时将泵轮和涡轮进行机械连接,使发动机动力几乎 100% 传递至变速器。

锁止离合器是液力变矩器里唯一需要控制的部件,以大众 01M 自动变速器[⊖]为例,锁止离合器的接合和分离是通过锁止电磁阀 N91 和锁止中继阀控制其左右两侧的油压完成的,如图 2-16 所示。

锁止离合器的工作过程

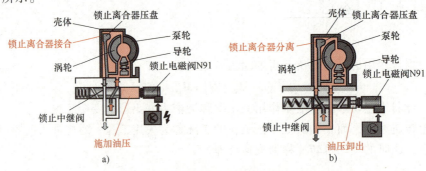

图 2-16 01M 锁止离合器的工作过程
a) 离合器接合 b) 离合器分离

1) 锁止离合器接合。电磁阀 N91 通电,打开作用在锁止中继阀右侧的油路,油压作用

⊖ 大众 01M 自动变速器,本书中均简称为 01M。

在锁止中继阀上,克服弹簧作用力将锁止中继阀往左推,锁止离合器左侧油室和泄油通道相通,油室内的油压减小,右侧油室和进油通道相通,油压升高,推动锁止离合器压盘压向壳体,使锁止离合器接合,壳体和泵轮连为一体,发动机的动力通过锁止离合器直接传递到涡轮,如图 2-16a 所示。

2)锁止离合器分离。电磁阀 N91 断电,作用在锁止中继阀右侧的油液泄出,锁止中继阀在弹簧力的作用下右移,锁止离合器左侧油室和进油通道相通,油压升高,右侧油室和泄油通道相通,油压降低,左侧油室油压推动压盘远离壳体,锁止离合器分离。液力变矩器采用液压方式传递,如图 2-16b 所示。

带锁止离合器的三元件液力变矩器有一个涡轮、三个工作轮(泵轮、涡轮、导轮)、三种工况(变矩工况、耦合工况、锁止工况),所以全称是单级三相三元件液力变矩器。其中,"级"是指安装在泵轮与导轮、导轮与导轮间的涡轮数;"相"是指液力变矩器可能有的工况数。

【思考】

1. 如果液力变矩器导轮的单向离合器装反,液力变矩器可能出现的故障现象是什么?

液力变矩器导轮的单向离合器如果装反,低速时导轮自由旋转,液力变矩器是液力偶合器,不具有增矩效果;高速时单向离合器锁止,产生反作用力矩,导致泵轮传递到涡轮的力矩减小。

2. 带锁止离合器的三元件液力变矩器如何解决传递效率低的问题?

当涡轮转速较低时,增加的导轮具有增矩效果。$K>1$,根据 $\eta=Ki$,低速时效率升高。高速时,锁止离合器将泵轮和涡轮机械连接,也能提高传动效率。

2.3.2 带锁止离合器的三元件液力变矩器的特性分析

注:下述液力变矩器的特性分析过程中,锁止离合器处于分离状态。

1. 转矩比

在失速点,泵轮与涡轮之间的转速差达到最大,转矩比达到最大,通常在 1.75~2.5 之间。

涡轮转速继续升高,为了防止导轮产生的转矩方向与泵轮转矩方向相反,单向离合器解除锁止,导轮与泵轮同向转动。

液力变矩器从耦合点开始变为液力偶合器。因此液力变矩器的工作可分为两个区,即变矩区和耦合区,如图 2-17a 所示。

2. 效率

在失速点,泵轮转动而涡轮静止,传动比为零,传动效率为零。

当涡轮开始转动时,随着转速比增大,传动效率急剧上升,传动效率在传动比达到耦合点前达到最大,随后开始下降。在耦合点之后,从涡轮流出的大部分油液冲向导轮背面,导轮解除锁止开始转动,液力变矩器变成液力偶合器,传动效率与转速比成正比直线上升,如

图 2-17b 所示。

由于摩擦和冲击，液流循环造成能量损失，所以液力变矩器液压传动的传动效率不能达到 100%，通常为 95% 左右。

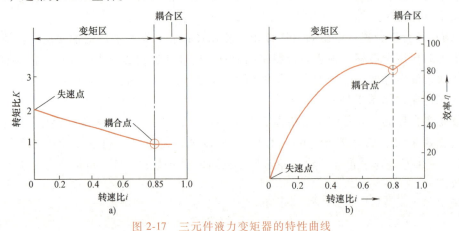

图 2-17　三元件液力变矩器的特性曲线
a) 转矩比　b) 效率

【自主学习】

查阅资料，完成以下问题。
1. 画出三元件液力变矩器的特性曲线，需要标注特性曲线上的失速点和耦合点。
2. 带有锁止离合器的三元件液力变矩器的元件分别是＿＿＿＿＿。
3. 带有锁止离合器的三元件液力变矩器有＿＿＿＿相，分别是：＿＿＿＿＿。
4. 试分析液力变矩器的变矩原理。
5. 图 2-18 所示为锁止离合器的油路走向图，将图中的部件进行翻译，并分析锁止离合器的接合油液和分离油液分别是如何供给的。

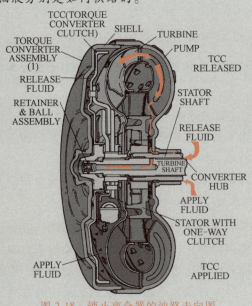

图 2-18　锁止离合器的油路走向图

拓展任务4　四元件液力变矩器及液力变矩器检测

2.4.1　四元件液力变矩器

四元件液力变矩器在泵轮和涡轮之间装了两个导轮，结构如图 2-19a 所示。

当涡轮转速较低时，涡轮出口处工作油液冲击在两导轮正面，两导轮的单向离合器锁止，导轮固定，此时为变矩工况，如图 2-19b 所示 V_1。

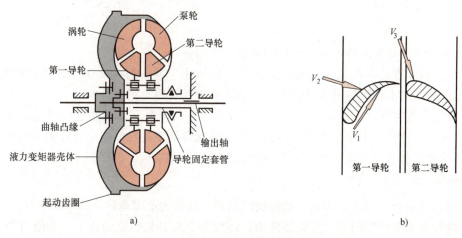

图 2-19　四元件液力变矩器的结构及变矩原理

a）结构　b）变矩原理

当涡轮转速增加，工作油液对第一导轮的冲击力反向，第一导轮因单向离合器松脱而与涡轮同向旋转，此时只有第二导轮仍起变矩作用，如图 2-19b 所示 V_2。

当涡轮转速继续升高到接近泵轮转速时，第二导轮也受到工作油液的反向冲击力而与涡轮及第一导轮同向转动，液力变矩器进入耦合工况，如图 2-19b 所示 V_3。

其特性曲线如图 2-20 所示。在转速比 $0 \sim i_1$ 区段，两个导轮固定不动，二者的叶片组成一个弯曲程度更大的叶片，以保证低转速比下获得大的转矩比；在转速比 $i_1 \sim i_{K=1}$ 区段，第一导轮脱开，变矩器带动一个叶片弯曲程度较小的导轮工作，可得到较高的效率；当转速比大于 $i_{K=1}$ 区段时，变矩器进入耦合工况，转矩比为 1，效率按线性规律变化。

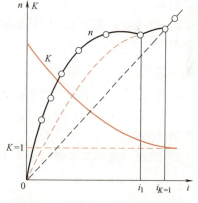

图 2-20　四元件液力变矩器特性曲线

因此，上述四元件液力变矩器的全称为单级三相四元件液力变矩器。

2.4.2　液力变矩器的检测

液力变矩器外壳采用焊接式的整体结构，不可分解。液力变矩器内部除了安装导轮的单向离合器和锁止离合器压盘之外，没有互相接触的零件，因此在使用中基本不会出现故障，液力变矩器的维修工作主要是检查和清洗。

1. 目视检查

检查液力变矩器外部有无损坏和裂纹,轴套外径有无磨损,驱动油泵的轴套缺口是否有损伤。如有异常,应更换液力变矩器。

2. 单向离合器检查

将专用工具插入液力变矩器缺口和单向离合器的外座圈中,检查单向离合器工作是否正常。在逆时针转动时应锁住,而顺时针方向应能自由转动。如有异常,说明单向离合器损坏,应更换液力变矩器。

3. 锁止离合器检查

锁止离合器在变矩器的内部,常用的检查方法如下:

1)锁止离合器的功能试验。模仿锁止离合器锁止工况,通入气压让锁止离合器锁止,利用扭力扳手测试不打滑的最大扭转力矩。此试验需要使用专用工具。

2)经验分析判断法。在没有上述专用设备及工具的情况下,可通过一些基本现象及状况来分析锁止离合器是否存在故障。包括:①查看在自动变速器油中是否有大量的摩擦材料磨屑或其他金属磨屑与杂质;②变矩器外壳是否因过热而发蓝。

4. 间隙检查

1)测量驱动盘(飞轮后端面)的端面圆跳动,其最大值不超过0.20mm。

2)测量液力变矩器轴套的径向圆跳动。将液力变矩器装在驱动盘上,安装百分表测量径向圆跳动,最大值不超过0.30mm。如测量值不符合要求,可通过重新调整液力变矩器的安装方位进行校正,并在校正后的位置上做记号,以保证安装正确。若无法校正,应更换液力变矩器。

3)检查液力变矩器的安装情况。用游标卡尺和钢直尺测量液力变矩器安装面至自动变速器壳体正面的距离,若距离小于标准值,则应检查是否由于安装不当所致。

5. 液力变矩器清洗

1)倒出液力变矩器中残余的工作油液。

2)向液力变矩器内加入2L干净的工作油液,摇动液力变矩器以清洗其内部,然后将工作油液倒出。

3)再次向液力变矩器内加入2L干净的工作油液,清洗后倒出。

任务5 液力变矩器的综合分析

【自主学习】

一、查阅相关学习资料,完成以下问题

1. 分析不同工况下锁止离合器是接合、分离还是不确定,将结果填入表2-1,并说明理由。

表2-1　不同工况下锁止离合器的工作情况分析

工况	锁止离合器 接合/分离/不确定	理由
起步		
急加速		
汽车高速行驶		
自动变速器油温或发动机冷却液温度未达到正常温度		
换档		
制动		
变速杆处于R位		

2. 液力变矩器进入锁止工况后，轻踩制动踏板，发动机转速会（　　）。
A. 提高　　B. 降低　　C. 不变　　D. 不一定

3. 根据表2-2中第一列的液力变矩器故障，在第二列中选择可能产生的故障现象（单选或多选），并分析。

表2-2　液力变矩器故障对应的故障现象分析

故障	故障现象	分析
单向离合器打滑	(1)汽车高速行驶时动力不足，加速性能不良 (2)汽车在起步或低速行驶时加速性能不良	
单向离合器卡死	(1)汽车高速行驶时动力不足，加速性能不良 (2)汽车在起步或低速行驶时加速性能不良	
锁止离合器摩擦片磨损打滑	(1)变矩器有异响或者窜动感 (2)汽车加速动力不足 (3)汽车紧急制动熄火 (4)汽车高速动力不足 (5)变速器油温过高	
锁止离合器不能解除锁止	(1)变矩器有异响或者窜动感 (2)汽车加速动力不足 (3)汽车紧急制动熄火 (4)汽车高速动力不足	

二、试从液力变矩器入手分析以下故障，列出所有可能的原因

发动机工作正常，整车油耗增加，变速器油温很高。

项目3　行星齿轮变速机构

📌 学习目标

1. 掌握单排行星齿轮机构的组成、分类和动力传递方案。
2. 掌握换档执行元件的分类、作用、结构和工作原理。
3. 能够完成自动变速器的拆解、检测和组装。
4. 能够分析行星齿轮变速机构的动力传递路径。
5. 能够计算行星齿轮变速机构的传动比。

📌 参考学时

18 学时。

📌 学习引导

1. 手动变速器使用平行轴式齿轮变速机构（Parallel Shaft Gears），AT 自动变速器使用什么类型的变速机构？
2. AT 自动变速器如何进行档位切换？

📌 学习思路

行星齿轮变速机构是 AT 自动变速器的重要组成，是学习的重点，本项目的学习难点是齿轮变速机构的动力传递路径分析和传动比的计算。

本项目的学习从行星齿轮变速机构的基本单元——单排行星齿轮机构入手，结合实物对其结构及运动特性进行认知（任务1），并引入单排行星齿轮机构的特性方程推导（拓展任务2）。根据单排行星齿轮机构"需要约束才能传递动力"的特性，引入约束——换档执行元件，结合实物对其结构和工作原理进行分析（任务3）；接下来以3档行星齿轮变速机构为例，分析动力传递路径和传动比（任务4）。该任务起到承前启后的作用，是对前边所学知识的总结和运用，也为后续4档和6档自动变速器的学习奠定基础。在已有理论基础的前提下，4档自动变速器的行星齿轮机构的学习，摒弃先学习结构后拆装检测的模式，采用拆解→结构学习→检测组装的模式。首先结合自动变速器的拆解步骤完成变速器的拆解任务（任务5、拓展任务9），然后对拆解的齿轮变速机构的结构进行分析（任务6、拓展任务10），再

项目3 行星齿轮变速机构

对各档位动力传递路径进行分析,并学习传动比的计算(任务7、拓展任务11),最后根据行星齿轮变速机构的检测要点及组装步骤完成检测、组装(任务8、拓展任务12)。

项目的最后利用所学知识进行6档自动变速器的行星齿轮机构分析,达到触类旁通的目的(拓展任务13)。

整个项目的设计保证理论和实践的有机融合,除了习得知识、技能,还注重分析解决问题能力的培养,在较难知识点处设置讲解视频,方便学习。

在学习过程中可将行星齿轮变速机构的学习与团队协作类比,将复杂知识简单化。在单排行星齿轮机构的学习过程中,可以把单排行星齿轮排当作个体,而换档执行元件当作对个体的压力,"有压力才有动力",引出单排行星齿轮机构需要有约束才能传递动力;压力的施加方式不同,产生的效果也不一样,引出单排行星齿轮机构的不同动力传递方案。

在学习变速器的行星齿轮变速机构时,可以把变速机构当作由单排行星齿轮排组成的团队,个体的能力是有限的,一个项目的完成需要团队协作。为了避免出现"3个和尚没水喝"的窘境,团队需要管理章程,引出行星齿轮变速机构的"管理章程"——不同的档位需要不同的换档执行元件工作。

任务实施

液力变矩器只能在较小范围内改变转矩比和转速比,不能满足要求。液力式自动变速器需要液力变矩器和行星齿轮变速机构串联,才能获得满足要求的转矩比和转速比,并实现倒档和空档。液力式自动变速器的齿轮变速机构由多排行星齿轮机构和多个换档执行元件构成。换档执行元件包括离合器(Clutch)、制动器(Brake)和单向离合器(One-way Clutch)。01M包括两排行星齿轮机构和六个换档执行元件(三个离合器、两个制动器和一个单向离合器),实现四个前进档和一个倒档,每个档位只需要两个换档执行元件工作;采埃孚的8AT自动变速器采用四排行星齿轮机构和五个换档执行元件(三个离合器和两个制动器),可实现8个前进档和一个倒档,每个档位也只需要两个换档执行元件工作。

单排行星齿轮机构和换档执行元件是行星齿轮变速机构的基础。

任务1 单排行星齿轮机构的认识

3.1.1 单排行星齿轮机构的组成及分类

1. 单排行星齿轮机构的组成

AT自动变速器上使用行星齿轮变速机构(Planetary Gears)。单排行星齿轮机构是行星齿轮变速机构的基础,包括一个太阳轮(Sun Gear,简称S)、若干个行星齿轮(Planetary Gear)、一个行星支架(Carrier,简称C)和一个齿圈(Internal Gear,简称I)。行星齿轮由行星支架的固定轴支撑,均布在太阳轮外围,行星齿轮在支撑轴上自转,也随着行星支架公转。行星齿轮和相邻的太阳轮、齿圈处于常啮合状态,通常采用斜齿轮以提高工作的平稳性。

2. 单排行星齿轮机构的分类

单排行星齿轮机构根据太阳轮和齿圈之间行星齿轮的组数不同,可分为单行星轮行星齿轮机构和双行星轮行星齿轮机构。单行星轮行星齿轮机构在太阳轮和齿圈之间有一组行星齿轮，行星齿轮既和太阳轮啮合，也和齿圈啮合，如图3-1所示。

双行星轮行星齿轮机构在太阳轮和齿圈之间有两组相互啮合的行星齿轮，其中外面一组行星齿轮和齿圈啮合，里面一组行星齿轮和太阳轮啮合，如图3-2所示。

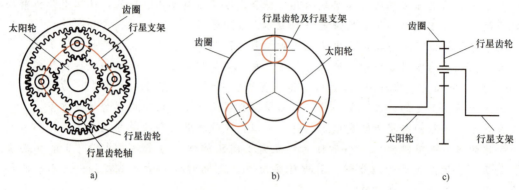

图3-1 单排单行星轮行星齿轮机构的结构
a）结构图 b）结构简图 c）传动简图

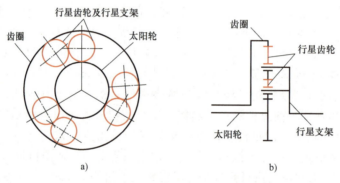

图3-2 单排双行星轮行星齿轮机构的结构
a）结构简图 b）传动简图

3.1.2 单排单行星轮行星齿轮机构的传动特性分析

行星齿轮机构的传动分析可以用以下两种方法：特性方程和当量齿数。

1. 特性方程分析方法

单排单行星轮行星齿轮机构的一般运动规律特性方程为

$$n_1 + \alpha n_2 - (1+\alpha) n_3 = 0$$
$$\alpha = Z_2 / Z_1$$

式中，n_1为太阳轮转速；n_2为齿圈转速；n_3为行星支架转速；α为行星齿轮机构的固有特性，固定行星支架，太阳轮和齿圈转速比的绝对值，即齿圈和太阳轮齿数比；Z_2为齿圈齿数；Z_1为太阳轮齿数。

单排单行星轮行星齿轮机构有两个自由度，需要固定其中一个元件或者将某两个元件连为一体，才能得到固定的传动比。起固定连接作用的元件就是自动变速器的换档执行元件。

单排单行星轮行星齿轮机构的运动方案可通过对特性方程分析得到,见表3-1。

表3-1 单排单行星轮行星齿轮机构的传动特性

序号	固定件	主动件	从动件	传动比	增速/减速	同向/反向
1	齿圈	太阳轮	行星支架	$1+\alpha$	减速	同向
2		行星支架	太阳轮	$1/(1+\alpha)$	增速	同向
3	太阳轮	齿圈	行星支架	$(1+\alpha)/\alpha$	减速	同向
4		行星支架	齿圈	$\alpha/(1+\alpha)$	增速	同向
5	行星支架	太阳轮	齿圈	$-\alpha$	减速	反向
6		齿圈	太阳轮	$-1/\alpha$	增速	反向
7	任意两个元件连成一体			1	相等	同向
8	所有元件不受约束			自由转动,机构失去传力作用		

特性方程分析方法适用于所有的工况,且计算的传动比已经具有方向性,不需要判断方向。缺点是采用多排行星齿轮机构,需要联立多个特性方程进行求解,求解难度较高。

2. 当量齿数分析方法

依据转速比等于齿数的反比计算传动比。将行星支架视作一个齿轮,其齿数称作行星支架的当量齿数,单排单行星轮行星齿轮机构的行星支架当量齿数为

$$Z_3 = Z_1 + Z_2$$

下面对单排单行星轮行星齿轮机构的三种运动方案进行分析。

(1) 齿圈固定,太阳轮为主动件,行星支架为从动件 太阳轮顺时针转动,行星齿轮逆时针自转,给齿圈施加逆时针力矩,意图带动齿圈逆时针转动。由于齿圈固定,给行星支架一个顺时针力矩,行星支架和行星齿轮绕太阳轮顺时针公转,同向传动。传动比为

$$\frac{n_1}{n_3} = \frac{Z_3}{Z_1} = 1+\alpha$$

传动比>1,减速传动。

(2) 太阳轮固定,齿圈为主动件,行星支架为从动件 齿圈顺时针转动,带动行星齿轮顺时针自转,行星齿轮给太阳轮施加逆时针力矩,意图带动太阳轮逆时针转动。太阳轮固定,给行星支架顺时针反作用力矩,行星支架和行星齿轮绕太阳轮顺时针公转,同向传动。传动比为

$$\frac{n_2}{n_3} = \frac{Z_3}{Z_2} = \frac{1+\alpha}{\alpha}$$

传动比>1,减速传动。

(3) 行星支架固定,太阳轮为主动件,齿圈为从动件 行星支架固定,机构属于定轴传动,太阳轮顺时针转动,行星齿轮逆时针自转,行星齿轮带动齿圈同向旋转,齿圈的旋转方向和太阳轮相反。传动比为

$$\frac{n_1}{n_2} = \frac{-Z_2}{Z_1} = -\alpha$$

传动比>1,减速反向传动。

当量齿数法计算简单,但是应用有一定局限性,只适用于单排行星齿轮机构中其中一个元件固定的情况,且在计算过程中需要判断旋转方向。

单排单行星齿轮机构旋转方向总结:行星支架固定,齿圈和太阳轮反向传动;其他情况均为同向传动。

【思考】

如果使用单排单行星轮行星齿轮机构实现变速器的各档位,应该如何选择传动方案?

分析:变速器的档位包括倒档、低速档、直接档和超速档。

1. 倒档。实现倒档应选用"行星支架固定,太阳轮输入,齿圈输出"的动力传递方案,此时为减速反向传动。

2. 低速档。实现低速档有两个方案可选:"太阳轮固定,齿圈输入,行星支架输出",或"齿圈固定,太阳轮输入,行星支架输出",此时实现减速同向传动。

3. 直接档。实现直接档需要把行星齿轮机构的太阳轮、行星支架和齿圈中的任意两个元件连为一体,此时传动比为1。

4. 超速档。实现超速档应选用"太阳轮固定,行星支架输入,齿圈输出"的动力传递方案,此时为增速同向传动。

注:上述方案在实际中是不可能的,对于自动变速器来说,动力输入点和输出点是确定的,无法随意切换,但是本方案可以为自动变器的控制研究提供一些思路。

【做中学】

认识单排单行星轮行星齿轮机构

设备准备:单排单行星轮行星齿轮排

1. 指出实物上的太阳轮、行星齿轮、齿圈和行星支架。
2. 模拟表3-1的动力传递方案,观察行星齿轮机构的运动特性。

3.1.3 单排双行星轮行星齿轮机构的传动特性分析

单排双行星轮行星齿轮机构的一般运动规律特性方程为

$$n_1 - \alpha n_2 + (\alpha - 1)n_3 = 0$$

$$\alpha = \frac{Z_2}{Z_1}$$

式中,n_1 为太阳轮转速;n_2 为齿圈转速;n_3 为行星支架转速;Z_2 为齿圈齿数;Z_1 为太阳轮齿数。

单排双行星轮行星齿轮机构的行星支架当量齿数为

$$Z_3 = Z_2 - Z_1$$

【自主学习】

试分析单排双行星轮行星齿轮机构的传动特性（假设行星齿轮机构的固有特性为α，可利用特性方程或当量齿数进行分析），并将分析结果填入表3-2。

表3-2 单排双行星轮行星齿轮机构的传动特性分析

序号	固定件	主动件	从动件	传动比	增速/减速	同向/反向
1	太阳轮	行星支架	齿圈			
2	太阳轮	齿圈	行星支架			
3	行星支架	太阳轮	齿圈			
4	行星支架	齿圈	太阳轮			
5	齿圈	太阳轮	行星支架			
6	齿圈	行星支架	太阳轮			
7	任意两个元件连成一体					
8	所有元件不受约束					

【做中学】

认识单排双行星轮行星齿轮机构

设备准备：单排双行星轮行星齿轮排
根据实物完成以下问题。
1. 指出实物上的太阳轮、行星齿轮、齿圈和行星支架。
2. 模拟表3-2的动力传递方案，观察行星齿轮机构的运动特性。

单排双行星轮行星齿轮机构旋转方向总结：齿圈固定，行星支架和太阳轮反向；其他情况均为同向传动。

【思考】

单排双行星轮行星齿轮机构是否能够实现变速器的各档位？
如果可以，应如何选择传动方案？

拓展任务2　单排单行星轮行星齿轮机构的一般运动规律特性方程推导

单排单行星轮行星齿轮机构的结构和受力图如图3-3所示。
作用于太阳轮上的力矩为

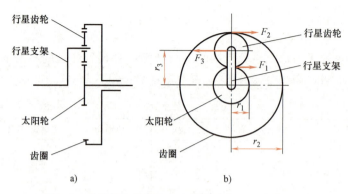

图 3-3 单排单行星轮行星齿轮机构的结构和受力图
a) 结构 b) 受力图

$$M_1 = F_1 r_1$$

作用于齿圈上的力矩为

$$M_2 = F_2 r_2$$

作用于行星支架上的力矩为

$$M_3 = F_3 r_3$$

式中，r_1、r_2 分别为太阳轮和齿圈的节圆半径；r_3 为行星齿轮到太阳轮的中心距，$r_3 = (r_1 + r_2)/2$。

由行星齿轮的力平衡可知

$$F_1 = F_2 ; \quad F_3 = -2F_1$$

设齿圈齿数和太阳轮齿数之比为

$$\alpha = \frac{Z_2}{Z_1}$$

则

$$M_1 = F_1 r_1$$
$$M_2 = \alpha F_1 r_1$$
$$M_3 = -(1+\alpha) F_1 r_1$$

根据能量守恒定律，太阳轮、齿圈和行星支架三个元件上输入和输出功率的代数和应等于零，即

$$M_1 n_1 + M_2 n_2 + M_3 n_3 = 0$$

式中，n_1 为太阳轮转速；n_2 为齿圈转速；n_3 为行星支架转速。

得到单排单行星轮行星齿轮机构的一般运动规律特性方程为

$$n_1 + \alpha n_2 - (1+\alpha) n_3 = 0$$

式中，$\alpha = Z_2 / Z_1$，其中，Z_2 为齿圈齿数，Z_1 为太阳轮齿数。

任务 3 换档执行元件的认识

换档执行元件包括离合器、制动器和单向离合器。

3.3.1 离合器

离合器的作用是将行星齿轮机构中某一元件与输入部分相连，使该元件成为主动元件，或者将行星齿轮机构中某两个元件连为一体，一般用 C 或 K 表示。自动变速器常用的离合器为湿式多片离合器。

1. 湿式多片离合器的结构

湿式多片离合器的结构如图 3-4a 所示，由离合器毂（内鼓）和摩擦片、离合器鼓（外鼓）和钢片、压紧机构［包括活塞腔（图上未标注）、活塞］、回位弹簧（分离机构）组成。钢片和摩擦片统称离合器片，钢片比摩擦片多一片。

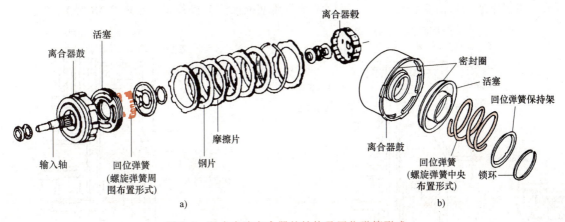

图 3-4 湿式多片离合器的结构及回位弹簧形式
a）湿式多片离合器的结构 b）中央布置式螺旋弹簧

（1）离合器毂（内鼓）和摩擦片　离合器毂有外花键齿圈，与离合器摩擦片的内花键齿相啮合。

摩擦片一般用纸质或合成纤维材料浸树脂或铜基烧结粉末冶金做成，内圈带齿，新的摩擦片没有安装方向的要求。

（2）离合器鼓（外鼓）和钢片　离合器鼓为离合器的外壳，其上有内花键齿圈，与离合器钢片的外花键齿相啮合。

钢片一般用特殊钢制成，形状为圆盘形，外圆带齿。分为普通钢片、调整钢片和碟形钢片。

1）普通钢片厚度相同无正反。

2）调整钢片位于最外侧，用于调整钢片和摩擦片之间的分离间隙，较为光滑的一面朝向摩擦片，较粗糙的一面朝向卡簧。

3）碟形钢片装在活塞侧，内面凸缘朝向活塞，当离合器接合时起缓冲作用，防止换档冲击。

（3）压紧机构　离合器的压紧机构包括离合器活塞和活塞腔。离合器活塞安装在离合器鼓内，随离合器鼓一起旋转，一般用铝合金制成，表面镀有软金属，形状为环状圆柱形，活塞上装有密封圈。活塞和离合器鼓构成的空间就是活塞腔，通过控制活塞腔的油压来改变活塞的位置，实现离合器的接合和分离。

（4）回位弹簧　回位弹簧的作用是保证离合器快速分离。回位弹簧的类型包括螺旋弹簧、膜片弹簧、波形弹簧等，螺旋弹簧的布置形式有周围布置形式（如图3-4a所示）和中央布置形式（如图3-4b所示）两种。

离合器总分离间隙为0.5~2.0mm，间隙过大，回位弹簧被完全压缩，离合器仍未完全接合，造成离合器严重打滑；间隙过小，离合器分离不彻底，增加离合器片的磨损。间隙的大小可用挡圈或钢片进行调整。

2. 湿式多片离合器的工作原理

湿式多片离合器的圆轴颈中心有进油孔和控制油路相通，实现活塞腔油液的供给，如图3-5所示。

当工作油液流入活塞腔时，推动活塞把钢片和摩擦片压紧，离合器接合，如图3-5a所示；当工作油液从活塞腔排出时，回位弹簧将活塞推回到分离位置，如图3-5b所示。

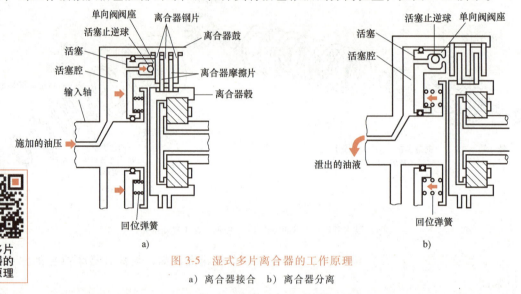

图3-5 湿式多片离合器的工作原理
a）离合器接合 b）离合器分离

【思考】

离合器的活塞上为什么需要单向阀？

离合器处于分离状态时，活塞腔内残留有少量变速器油。当离合器鼓随变速器输入轴或行星齿轮排的某一元件旋转时，残留的变速器油在离心力作用下被甩向活塞腔的外侧，并产生一定的油压。

若离合器鼓转速较高，残余油液产生的油压较高，该油压将推动活塞压向离合器片，使离合器异常接合，导致钢片和摩擦片出现异常磨损，影响离合器片的使用寿命。

为了防止出现这种情况，在离合器活塞或离合器鼓壁面上设计一个由活塞止逆球和阀座组成的单向阀。

当工作油液进入液压缸时，单向阀在油压的作用下处于关闭状态，如图3-5a所示；当工作油液流出液压缸时，液压缸内压力下降，单向阀的活塞止逆球在离心力作用下离开阀座，阀开启，残余工作油液从单向阀流出，离合器彻底分离，如图3-5b所示。

项目3 行星齿轮变速机构

【做中学】

认识湿式多片离合器

设备准备：湿式多片离合器实物。

根据实物完成以下问题。

1. 指出实物上的离合器鼓（外鼓）和钢片、离合器毂（内鼓）和摩擦片、活塞、回位弹簧。
2. 指出离合器上的普通钢片、调整钢片和碟形钢片，记录安装位置，并分析其作用，填入表3-3中。
3. 观察离合器的摩擦片是否和钢片一样有不同类型。
4. 观察实物的钢片比摩擦片多/少____片。
5. 测量离合器钢片和摩擦片的总分离间隙，并判断是否符合标准值。

表3-3 湿式多片离合器钢片的作用及安装位置

钢片类型	作　　用	安装位置
普通钢片		
调整钢片		
碟形钢片		

6. 根据实物分析湿式多片离合器的工作过程。
7. 实物上找到湿式多片离合器单向阀，并分析其作用（从下列四个选项中选择正确答案）。（　　）
   A. 为离合器提供润滑　　　　　　B. 给离合器液压缸排气
   C. 泄掉离合器液压缸中的残余油液　D. 为离合器液压缸供油

3.3.2 制动器

制动器将行星齿轮机构中某一元件与变速器壳体相连，使该元件受约束而固定，一般用B表示。自动变速器常用的制动器有两种，分别是湿式多片制动器和带式制动器。

1. 湿式多片制动器

湿式多片制动器的结构与湿式多片离合器基本相同，但制动器用于制动某个元件，制动器鼓不能旋转，有些制动器直接把变速器壳体作为制动器鼓。

【思考】

1. 湿式多片制动器是否需要类似湿式多片离合器的单向阀？

湿式多片制动器因为制动器鼓不旋转，活塞腔也不旋转，不会出现残余油液甩到外缘产生油压导致制动器异常接合的问题，所以不需要单向阀。

2. 湿式多片制动器的油液供给是否和湿式多片离合器一样？

湿式多片制动器因为制动器鼓不旋转，因此油液供给位置除了制动器鼓中间位置，还可以从制动器鼓的外缘进油（多采用这种油液供给方式）。

2. 带式制动器

带式制动器由制动带、转鼓、活塞、推杆和回位弹簧等组成，如图 3-6a 所示。

当工作油液从活塞右端进入时，作用在活塞上的油压克服弹簧力，将活塞推向左端，活塞通过推杆使制动带抱紧转鼓，起制动作用，如图 3-6b 所示。当需要解除制动时，活塞的右端卸压，活塞在弹簧力作用下右移，制动带释放。

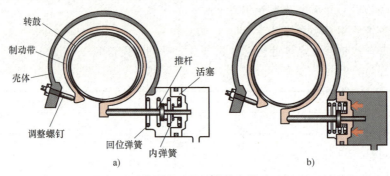

图 3-6 带式制动器的结构和制动过程

a）带式制动器的结构　b）带式制动器的制动过程

【思考】

带式制动器的推杆和活塞之间连接的内弹簧起什么作用？

当转鼓高速旋转时，制动过程会在推杆上产生一个反作用力，若活塞与推杆制成一体，该反作用力导致活塞振动。采用内弹簧将活塞与推杆相连，可以吸收反作用力。

【做中学】

认识制动器

一、根据多片湿式制动器实物完成以下问题

1. 指出实物上的制动器鼓（外鼓）和钢片、制动器毂（内鼓）和摩擦片、活塞及回位弹簧。
2. 分析湿式多片制动器和湿式多片离合器的区别。

二、根据带式制动器实物完成以下问题

1. 指出带式制动器的制动带、转鼓、活塞、推杆和回位弹簧。
2. 根据实物分析带式制动器的制动过程。

3.3.3 单向离合器

单向离合器可阻止行星齿轮机构的某一元件相对另一元件发生某方向的运动,俗称单向轴承,一般用 F 表示。自动变速器常用的单向离合器包括滚柱斜槽式单向离合器和楔块式单向离合器两种。

1. 滚柱斜槽式单向离合器

滚柱斜槽式单向离合器的结构和锁止过程如图 3-7 所示。由于外环的内表面有若干偏心的弧形滚道,由光滑的内环和外环构成的滚道宽度不均匀。当外环相对于内环逆时针转动时,滚柱压缩弹簧,落入滚道大端,单向离合器处于自由状态,如图 3-7a 所示。若外环相对于内环顺时针转动时,滚柱被压向滚道小端,单向离合器锁止,如图 3-7b 所示。

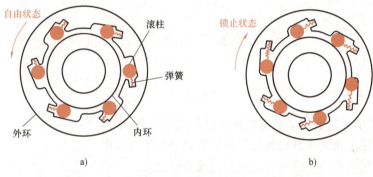

图 3-7 滚柱斜槽式单向离合器的结构和锁止过程

a) 结构　b) 锁止原理

2. 楔块式单向离合器

楔块式单向离合器的结构如图 3-8a 所示,由内环、外环和楔块组成。锁止原理如图 3-8b 所示,和滚柱斜槽式单向离合器比较相似。要实现单向锁止,楔块的尺寸和内外环间隙的设计是关键,如图 3-8c 所示。

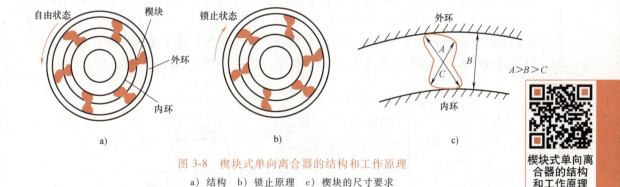

图 3-8 楔块式单向离合器的结构和工作原理

a) 结构　b) 锁止原理　c) 楔块的尺寸要求

单向离合器在自动变速器上主要用作换档执行元件并用于液力变矩器中导轮和壳体的连接,安装有方向性,不能装反。

注:单向离合器的锁止是由结构本身决定的,不需要对其施加控制。

【做中学】

认识单向离合器

设备准备： 单向离合器。

根据实物，完成以下问题。
1. 单向离合器实物属于（   ）结构形式。
   A. 滚柱斜槽   B. 楔块
2. 根据实物指出单向离合器的外环、内环和楔块（或滚柱、弹簧）。
3. 根据实物分析其锁止原理。

任务4 3档变速器的行星齿轮变速机构分析

3.4.1 液力自动变速器行星齿轮变速机构分析的思路

分析液力自动变速器行星齿轮变速机构时遵循以下思路：
1）分析行星齿轮变速机构各行星齿轮排之间的连接关系。
2）分析行星齿轮机构的动力输入点和动力输出点。
3）分析各换档执行元件的作用。
4）根据当前档位换档执行元件的工作情况和单排行星齿轮机构的传动特性分析各档位的动力传递路径及传动比。

3.4.2 3档变速器行星齿轮变速机构的结构分析

1. 行星齿轮变速机构的连接关系

图3-9所示为3档变速器的行星齿轮变速机构。该行星齿轮变速机构由两排单行星轮的行星齿轮排构成，即前排行星齿轮机构和后排行星齿轮机构。两排行星齿轮共用太阳轮（公共太阳轮），前排行星支架和后排齿圈连接在一起。行星齿轮变速机构共有四个独立元件，分别是前排齿圈、前排行星支架和后排齿圈、公共太阳轮、后排行星支架。

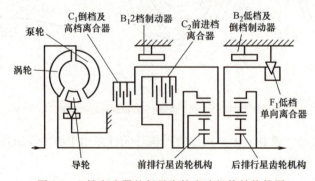

图3-9 3档变速器的行星齿轮变速机构结构简图

该行星齿轮变速机构共有五个换档执行元件,包括两个离合器(C_1 和 C_2)、两个制动器(B_1 和 B_2)以及一个单向离合器 F_1。

涡轮动力通过 C_1 离合器和 C_2 离合器分别传递到前排齿圈和公共太阳轮,动力从前排行星支架和后排齿圈输出到车轮。

2. 换档执行元件的作用

从图 3-9 可以看出,各换档执行元件的作用为:

(1) C_1 倒档及高档离合器　连接液力变矩器的涡轮轴和公共太阳轮,离合器接合,动力从涡轮传递到公共太阳轮。变速器工作在 3 档和倒档时起作用。

(2) C_2 前进档离合器　连接液力变矩器的涡轮轴和前排齿圈,离合器接合,动力从涡轮传递到前排齿圈。变速器工作在 1 档、2 档和 3 档时起作用。

(3) B_1 2 档制动器　制动公共太阳轮。变速器工作在 2 档时起作用。

(4) B_2 低档及倒档制动器　制动后排行星支架。变速器工作在低速 1 档和倒档时起作用。

(5) F_1 低档单向离合器　单向制动后排行星支架,变速器工作在 D 位 1 档时起作用。

3.4.3　3 档变速器动力传递路径分析及传动比计算

3 档变速器各档位换档执行元件的工作情况见表 3-4。

下面以 D 位 1 档为例分析动力传递路径,并计算传动比。

表 3-4　3 档变速器各档位换档执行元件的工作情况

变速杆的位置	档位	换档执行元件				
		C_1	C_2	B_1	B_2	F_1
D	1 档		○			○
	2 档		○	○		
	3 档	○	○			
R	倒档	○			○	
L	1 档		○		○	

注:○表示接合、制动或锁止。

注:发动机的旋转方向判断。从发动机向车轮的动力传递方向看(从前往后看),发动机的旋转方向为顺时针。

1. 动力传递路径分析

根据表 3-4 可以看出,D 位 1 档工作的换档执行元件为 C_2 和 F_1。

C_2 接合,发动机动力从涡轮传递到前排齿圈,前排齿圈顺时针旋转,带动公共太阳轮逆时针旋转(起步阶段,前排行星支架被车轮固定)。

公共太阳轮将动力传递到后行星齿轮排。对于后行星齿轮排来说,太阳轮逆时针转动,意图带动行星支架逆时针转动,单向离合器 F_1 作用,阻止行星支架逆时针转动,太阳轮通过行星齿轮带动齿圈顺时针旋转,向外输出动力。

注:起步之后,前排行星支架和后排齿圈联合输出动力。因此,D 位 1 档时前后两排行星齿轮机构共同作用输出动力。

【思考】

1. D位1档是否具有发动机制动功能？

当变速器输出轴的转速超过发动机转速时，变速器将动力反向传递（即从车轮到发动机），利用发动机怠速运转阻力减速，实现发动机制动（一般在下陡坡时使用），此时齿轮变速机构的动力输入点为前排行星支架和后排齿圈，动力输出点为前排齿圈。

车辆处于前进状态时，从发动机向车轮的动力传递方向看，变速器输出轴的旋转方向为顺时针。车轮动力顺时针输入到后排齿圈和前排行星支架，对于后行星齿轮排来说，后排齿圈顺时针旋转，带动行星支架顺时针旋转，由于F_1制动行星支架逆时针方向转动，所以后行星齿轮排没有任何元件固定，处于空转状态，无法传递动力。

2. 如果F_1装反，变速器会有什么故障？

如果F_1装反，将阻止后排行星支架顺时针转动，行星支架逆时针自由旋转。在动力进行正向传递时（即从发动机到车轮传递），对于后行星齿轮排来说，太阳轮逆时针旋转，带动行星支架逆时针旋转，F_1对行星支架没有锁止作用，相当于后排行星齿轮机构没有任何元件固定，处于空转状态，无法传递动力。所以F_1装反，变速器将没有D位1档。

3. 如果F_1装反，D位1档能否实现发动机制动功能？

根据上述分析，动力反向传递时，车轮带动后排齿圈顺时针旋转，意图带动后排行星支架顺时针旋转，F_1阻止行星支架顺时针旋转，动力可从后行星齿轮排传递到前行星齿轮排，再传递到液力变矩器和发动机，具有发动机制动功能。

4. L位1档和D位1档有什么不同点？

从表3-4可以看出，L位1档和D位1档工作的换档执行元件不同，D位1档工作的换档执行元件为C_2和F_1，L位1档工作的换档执行元件为C_2和B_1。F_1阻止后排行星支架逆时针转动，B_1制动后排行星支架，因此在动力正向传递时，L位1档和D位1档是一样的。但是L位1档因为B_1的作用，后排行星支架不能顺时针转动，所有动力可以反向传递，具有发动机制动功能。

2. 传动比计算

变速器的传动比为变速器输入轴转速和变速器输出轴转速的比值。

在计算传动比时做如下假设：前行星齿轮排的固有特性为α_1，后行星齿轮排的固有特性为α_2。

动力从前排齿圈输入，后排行星支架固定，动力从前排行星支架和后排齿圈输出。传动比为前排齿圈转速和前排行星支架或后排齿圈的转速之比。

【思考】

1档的传动比为前排齿圈转速和前排行星支架转速的比值，是否可以依据表3-1得出传动比为 $(1+\alpha_1)/\alpha_1$？

这个答案是错的，原因是公共太阳轮没有固定，而是在逆时针旋转。不符合表3-1的传动方案。

计算1档的传动比需要联立前后两排行星齿轮机构的一般运动规律特性方程进行求解，得

$$i_1 = \frac{1+\alpha_1+\alpha_2}{\alpha_1}$$

传动比>1，减速同向传动。

【思考】

变速器工作在1档时，前排行星齿轮机构的太阳轮、行星支架和齿圈都在旋转，没有任何元件固定，也没有任意两个元件连接，不符合表3-1中的传动方案，为什么可以传递动力？

虽然该工况和表3-1中的前7种情况不一样，但是行星齿轮机构的所有元件并没有在空转，前排行星支架和太阳轮受后排行星齿轮机构的约束，这种情况也是可以传递动力的。因此根据单排行星齿轮机构的传动特性可以把表3-1中的条件适当放宽——只要对两个元件施加约束，使其转速有一定的联系，即可实现动力传递。此时传动比的计算不能采用当量齿数法，只能联立多排行星齿轮机构的特性方程进行求解。

【自主学习】

查阅资料完成以下问题。
1. 试分析倒档、D位2档和3档的动力传递路径并计算各档的传动比。
   提示：不同于1档用了两排行星齿轮机构，倒档、D位2档和3档只用到一排行星齿轮机构，在分析时先确定各档位起作用的换档执行元件，找到动力输入点，然后找出被固定的元件以及起作用的行星齿轮排，参考表3-1的传动特性即可完成分析。
2. 变速器工作在D位2档时是否具有发动机制动功能？

任务5 01M 的拆解及零部件识别

01M 的拆解详细步骤见附录 A.2。

【实训任务】

01M 的拆解及零部件识别

一、设备准备

1. 用于拆装 01M 的台架。
2. 通用拆装工具。

二、咨询

熟悉 01M 拆解步骤（参考附录 A.2）。

三、计划/决策

1. 列出拆解 01M 需要使用的工具。
2. 分析拆解过程中需要注意的安全事项。

四、实施/执行

1. 完成拆解及零部件识别。
2. 记录拆解过程出现的问题。

五、汇报/展示

小组展示成果并进行汇报。

六、优化/评价

拆解过程有哪些注意事项？

任务6 01M 行星齿轮变速机构的结构分析

3.6.1 01M 行星齿轮变速机构的组成及连接关系

01M 包括两排行星齿轮机构和六个换档执行元件，如图 3-10 所示。01M 的行星齿轮机构是拉维娜式行星齿轮机构，其特点是变速机构有两排行星齿轮排，一个单行星轮行星齿轮排和一个双行星轮行星齿轮排。前面的单行星轮行星齿轮排由大太阳轮、长行星轮、行星支架和齿圈组成，后面的双行星轮行星齿轮排由小太阳轮、短行星轮、长行星轮、行星支架和齿圈组成。两个行星齿轮排共用行星支架和齿圈，此机构只有四个独立元件：大太阳轮、小太阳轮、齿圈和行星支架。

01M 的六个换档执行元件包括三个离合器（C_1、C_2、C_3）、两个制动器（B_1、B_2）和一个单向离合器（F）。

自动变速器有两个空套的输入轴，分别为大输入轴和小输入轴，大输入轴连接小太阳轮，小输入轴连接行星支架。该自动变速器的动力输入点有三个，分别是液力变矩器输出的动力经离合器 C_1、大输入轴传递到小太阳轮；经离合器 C_3、小输入轴传递到行星支架；经

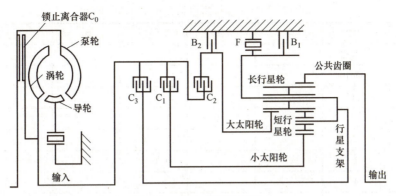

图 3-10 01M 的结构简图

离合器 C_2 传递到大太阳轮。

3.6.2 01M 换档执行元件的作用

01M 各换档执行元件的作用见表 3-5。

表 3-5 01M 换档执行元件的作用

换档执行元件	作　用
1/2/3 档离合器 C_1	连接液力变矩器输出轴和小太阳轮
倒档离合器 C_2	连接液力变矩器输出轴和大太阳轮
3/4 档离合器 C_3	连接液力变矩器输出轴和行星支架
单向离合器 F	单向制动行星支架
L 位 1 档/倒档制动器 B_1	制动行星支架
2/4 档制动器 B_2	制动大太阳轮

【做中学】

认识 01M 行星齿轮变速机构

设备准备：拆解的 01M

根据实物完成以下问题。
1. 指出实物上所有换档执行元件并说明其作用。
2. 指出实物上的单行星轮行星齿轮排和双行星轮行星齿轮排，并说明其连接关系。
3. 指出实物上的动力输入点和动力输出点。

任务 7　01M 各档动力传递路径分析及传动比计算

01M 各档位换档执行元件的工作情况见表 3-6。

在计算传动比时做如下假设：单行星轮行星齿轮排的固有特性为 α_1，双行星轮行星齿轮排的固有特性为 α_2。

表 3-6　01M 各档位换档执行元件的工作情况

变速杆位置	档位	C_1	C_2	C_3	B_1	B_2	F
P	驻车档						
R	倒档		○		○		
N	空档						
D	1	○					○
D	2	○				○	
D	3			○			
D	4				○	○	
L	1	○			○		

注：○表示换档执行元件工作。

3.7.1　倒档（R 位）

1. 动力传递路径

01M 倒档的动力传递路径如图 3-11 所示。

倒档：C_2、B_1 工作。

倒档离合器 C_2 驱动大太阳轮，L 位 1 档/倒档制动器 B_1 制动行星支架，齿圈输出。

2. 传动比

倒档的动力传递用到了单行星轮行星齿轮排。动力从大太阳轮输入，行星支架固定，齿圈输出动力，减速反向传动。传动比为

$$i_R = -\alpha_1$$

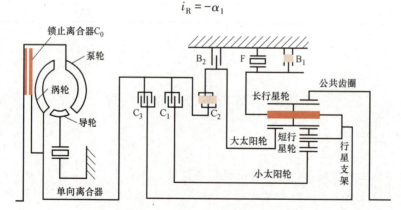

01M 倒档动力传递路径

图 3-11　01M 倒档动力传递路径

3.7.2　1 档（D 位和 L 位）

1. 动力传递路径

（1）**D 位 1 档**　01M D 位 1 档的动力传递路径如图 3-12 所示。

D 位 1 档：C_1、F 工作。

1/2/3 档离合器 C_1 驱动小太阳轮，单向离合器 F 单向制动行星支架，齿圈输出动力。

1/2/3 档离合器 C_1 接合，动力经过 C_1 传递到大输入轴和小太阳轮。

小太阳轮与短行星轮外啮合，使短行星轮逆时针旋转，短行星轮再将动力传递到与其外啮合的长行星轮，使长行星轮顺时针旋转，长行星轮将动力传递到与其内啮合的齿圈，使齿圈有顺时针旋转的趋势。

此时齿圈与后续的一系列传动系统相连，阻力非常大，使行星支架有逆时针旋转的趋势。由于单向离合器 F 工作，行星支架不能逆时针旋转。

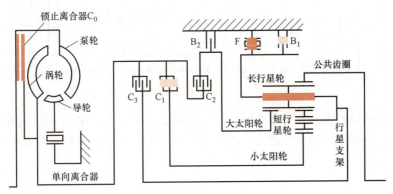

图 3-12　01M D 位 1 档动力传递路径

对于双行星轮行星齿轮排来说，相当于固定行星支架，小太阳轮输入，齿圈输出，减速同向传动，实现 1 档。

(2) **L 位 1 档**　L 位 1 档正向传动和 D 位 1 档一样。

反向传动时，D 位 1 档单向离合器只能阻止行星支架逆时针转动，所以车轮顺时针旋转带动行星支架顺时针旋转，双行星轮行星齿轮排自由旋转，不能传递动力。

L 位 1 档由于制动器 B_1 制动行星支架，动力可以从车轮传递到发动机，具有发动机制动功能。

1 档的动力传递路径：

小太阳轮（动力输入）$\xrightarrow{F/B_1}$ 短行星轮→长行星轮→齿圈（动力输出）

2. 传动比

1 档的动力传递用到双行星轮行星齿轮排，动力从小太阳轮输入，行星支架固定，从齿圈输出。传动比为

$$i_1 = \alpha_2$$

3.7.3　2 档

1. 动力传递路径

01M D 位 2 档的动力传递路径如图 3-13 所示。

D 位 2 档：C_1、B_2 工作。

2 档的动力传递路径同 1 档。和 1 档不同的是，1 档大太阳轮空转，单行星轮行星齿轮排不起作用。2 档时，B_2 制动器制动大太阳轮。长行星轮将动力传递到大太阳轮，使大太

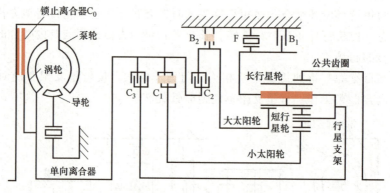

图 3-13　01M D 位 2 档动力传递路径

阳轮有逆时针旋转的趋势，大太阳轮被制动不能旋转，给长行星轮一个顺时针旋转的力矩，长行星轮将这个力矩传递到齿圈输出。由于多了一个大太阳轮传来的反作用力矩，2 档的输出转速高于 1 档。

2. 传动比

2 档的动力传递用到双行星轮行星齿轮排和单行星轮行星齿轮排。动力传递过程中，大太阳轮被固定，因此可联立双行星轮行星齿轮排和单行星轮行星齿轮排的一般运动规律特性方程求解，得到传动比为

$$i_2 = \frac{\alpha_1 + \alpha_2}{1 + \alpha_1}$$

3.7.4　3 档

1. 动力传递路径

01M D 位 3 档的动力传递路径如图 3-14 所示。

D 位 3 档：C_1、C_3 工作。

1/2/3 档离合器 C_1 驱动小太阳轮，3/4 档离合器 C_3 驱动行星支架。对于双行星轮行星齿轮排来说，将小太阳轮和行星支架连到一起，作为动力输入，齿圈作为动力输出。

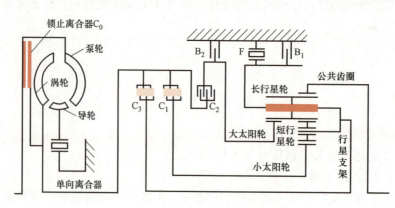

图 3-14　01M D 位 3 档动力传递路径

2. 传动比

3 档的动力传递用到双行星轮行星齿轮排，动力传递过程中，小太阳轮和行星支架连到一起，传动比为 1，3 档也称为直接档。

3.7.5 4 档

1. 动力传递路径

01M D 位 4 档的动力传递路径如图 3-15 所示。

D 位 4 档：C_3、B_2 工作。

3/4 档离合器 C_3 驱动行星支架，2/4 档制动器 B_2 制动大太阳轮。对于单行星轮行星齿轮排来说，行星支架输入动力，太阳轮固定，齿圈输出动力。

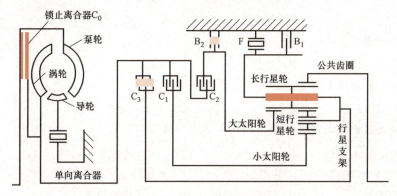

图 3-15 01M D 位 4 档动力传递路径

2. 传动比

4 档的动力传递用到单行星轮行星齿轮排，动力传递过程中，大太阳轮固定，行星支架输入动力，齿圈输出动力。传动比为

$$i_4 = \frac{\alpha_1}{1+\alpha_1}$$

传动比<1，超速同向传动，因此 4 档也称为超速档。

【做中学】

01M 行星齿轮变速机构分析

设备准备： 拆解的 01M

一、根据实物完成以下问题

1. 根据实物分析各档的动力传递路径。
2. 计算各档传动比（假设单行星轮行星齿轮机构的固有特性为 α_1，双行星轮行星齿轮机构的固有特性为 α_2，需列出计算过程）。
3. 01M 在各档位时分别用到哪个（些）行星齿轮排，在表 3-7 对应的位置打 "√"。

表3-7 01M各档位起作用的行星齿轮排分析

变速杆位置	档位	单行星轮行星齿轮排	双行星轮行星齿轮排
R	倒档		
D	1		
	2		
	3		
	4		
L	1		

二、将01M以下故障和故障现象进行对应

1. C_1离合器严重打滑,会没有( )。

   A. 倒档　　　　　　　B. 超速档　　　　　　C. 低速档和直接档

2. C_2离合器严重打滑,会没有( )。

   A. 1档、2档　　　　　B. 倒档　　　　　　　C. 3档、4档

3. C_3离合器严重打滑,会没有( )。

   A. 1档、2档　　　　　B. 倒档　　　　　　　C. 3档、4档

4. B_1制动器严重打滑,会没有( )。

   A. 倒档和L位1档　　　B. 前进档　　　　　　C. 超速档

5. F装反会出现( )故障。

   A. 没有前进档　　　　B. 没有发动机制动　　C. 不能起步

任务8　01M的检测组装

3.8.1　离合器、制动器的检测

离合器、制动器的检测项目包括:

1)自由间隙测量。

2)摩擦片、钢片、制动带的检查。

3)离合器鼓、制动器鼓的检查。

4)离合器和制动器活塞的检查。

5)回位弹簧的检查。

湿式多片离合器和制动器的自由间隙一般为0.5~2mm,装配卡环后的总间隙可用塞尺检测,如不符合标准,需进行调整。

1. 摩擦片、钢片和制动带的检测

1)下列情况,应更换摩擦片:

① 存储变速器油的沟槽磨平。

② 表面印有的符号已磨去。

③ 厚度小于极限厚度。
④ 表面的自动变速器含油层用手轻按时无变速器油流出。
⑤ 表面有烧焦、表面粉末冶金层脱落或翘曲变形。
2）带式制动器的制动带内表面如有烧焦、表面粉末冶金层脱落或表面符号已磨去也应更换。
3）钢片如有磨损，表面起槽或翘曲变形，应更换。

注意：
1）摩擦片不能用汽油或清洗剂进行清洗。
2）新摩擦片安装前应放在干净的自动变速器油中浸泡30min。

2. 离合器鼓、制动器鼓的检测

1）离合器鼓、制动器鼓的液压缸内表面应无损伤或拉毛，与钢片配合的花键槽应无磨损。如有异常应更换新件。
2）带式制动器鼓的外表面应无损伤、拉毛或沟槽，如有异常应更换新件。

3. 离合器活塞、制动器活塞的检测

1）表面应无损伤、拉毛或沟槽，否则应更换新件。
2）活塞上的单向阀，其阀球应能在阀座内活动自如。用压缩空气或煤油检查单向阀的密封性，从液压缸一侧往单向阀内吹气，密封应良好。如有异常应更换活塞。
3）更换所有离合器、制动器液压缸活塞上的O形密封圈及轴颈上的密封环。新密封圈或密封环应涂上少许自动变速器油或凡士林后装入。

4. 回位弹簧的检测

测量活塞回位弹簧的自由长度，并与维修手册比较。若弹簧自由长度过小或有变形，应更换新弹簧。

3.8.2 行星齿轮排、单向离合器的检测

1）检查太阳轮、行星齿轮、齿圈的齿面，如有磨损或疲劳剥落，应更换整个行星齿轮排。
2）检查行星齿轮与行星支架之间的间隙，如图3-16所示，其标准间隙为0.2～0.6mm，最大不超过1.0mm，否则应更换止推垫片、行星支架和行星齿轮组件。

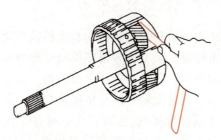

图3-16 检查行星齿轮与行星支架之间的间隙

3）检查太阳轮、行星齿轮、齿圈等零件的轴颈或滑动轴承处有无磨损。如有异常磨损，应更换新件。
4）检查单向离合器，如滚柱破裂、滚柱保持架破裂或内外圈滚道磨损，应更换新件。如果在锁止方向上有打滑或在自由方向上有卡滞，也应更换。

拓展任务9　丰田A341E自动变速器的拆解及零部件识别

丰田A341E自动变速器㊀的拆解详细步骤见附录A.3。

【实训任务】

A341E的拆解及零部件识别

一、设备准备
1. 用于拆装的A341E台架。
2. 通用拆装工具。

二、咨询
熟悉A341E拆解步骤（参考附录A.3）。

三、计划/决策
1. 列出拆解A341E需要使用的工具。
2. 分析拆解过程中需要注意的安全事项。

四、实施/执行
1. 完成拆解及零部件识别。
2. 记录拆解过程出现的问题。

五、汇报/展示
小组展示成果并进行汇报。

六、优化/评价
拆解过程有哪些注意事项？

拓展任务10　A341E行星齿轮机构的结构分析

3.10.1　A341E行星齿轮变速机构的组成及连接关系

A341E行星齿轮变速机构由三排行星齿轮机构和换档执行元件组成。其中，三排行星齿轮机构的第一排为超速行星齿轮排，第二排和第三排构成典型的辛普森式行星齿轮机构。

辛普森式行星齿轮机构的特点：前后共用一个太阳轮，为公共太阳轮。前行星齿轮排行星支架和后行星齿轮排齿圈连接到输出轴。该行星齿轮机构仅有四个独立元件，分别是公共太阳轮、前行星齿轮排齿圈（前排齿圈）、后行星齿轮排行星支架（后排行星支架）、前行星齿轮排行星支架（前排行星支架）和后行星齿轮排齿圈（后排齿圈）组件。

A341E共有十个换档执行元件，分别是三个离合器（C_0、C_1、C_2）、四个制动器（B_0、B_1、B_2、B_3）和三个单向离合器（F_0、F_1、F_2）。

A341E的动力从超速行星齿轮排行星支架输入，由超速行星齿轮排齿圈输出到前排齿圈

㊀　丰田A341E自动变速器，本书中简称为A341E。

（C_1 接合）及公共太阳轮（C_2 接合），动力经前排行星支架和后排齿圈输出。

A341E 行星齿轮变速机构的结构简图如图 3-17 所示。

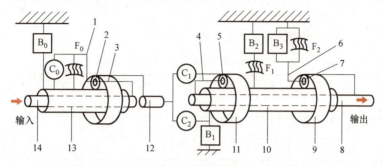

图 3-17　A341E 行星齿轮变速机构的结构简图

1—超速行星齿轮排行星支架　2—超速行星齿轮排行星齿轮　3—超速行星齿轮排齿圈　4—前行星齿轮排行星支架　5—前行星齿轮排行星齿轮　6—后行星齿轮排行星支架　7—后行星齿轮排行星齿轮　8—输出轴　9—后行星齿轮排齿圈　10—前后行星齿轮排太阳轮（公共太阳轮）　11—前行星齿轮排齿圈　12—中间轴　13—超速行星齿轮排太阳轮　14—输入轴

3.10.2　A341E 换档执行元件的作用及工作情况

A341E 换档执行元件及作用见表 3-8。

表 3-8　A341E 的换档执行元件及作用

换档执行元件		功　能
C_0	超速档（O/D）离合器	连接超速行星齿轮排太阳轮与行星支架，超速档时不工作
C_1	前进档离合器	连接中间轴与前排齿圈，所有前进档都工作
C_2	直接档、倒档离合器	连接中间轴与公共太阳轮，倒档、直接档、超速档工作
B_0	超速档（O/D）制动器	制动超速行星齿轮排太阳轮，仅在超速档工作
B_1	2 档跟踪惯性制动器	制动公共太阳轮，仅在 2 位 2 档工作
B_2	2 档制动器	制动 F_1 外圈，防止公共太阳轮逆时针旋转，D 位 2 档工作
B_3	低、倒档制动器	制动后排行星支架，在倒档、L 位工作
F_0	超速档单向离合器	连接超速行星齿轮排的太阳轮与行星支架，防止行星支架相对于太阳轮逆时针旋转
F_1	2 档（一号）单向离合器	当 B_2 工作时，防止公共太阳轮逆时针旋转
F_2	低档（二号）单向离合器	防止后排行星支架逆时针旋转

【做中学】

A341E 行星齿轮变速机构的认识

设备准备：拆解的 A341E。

根据实物完成以下问题。

1. 指出实物上所有换档执行元件并说明其作用。

2. 指出实物上的超速行星齿轮排、前行星齿轮排及后行星齿轮排，并说明它们之间的连接关系。

3. 指出实物上的动力输入点和动力输出点。

拓展任务11　A341E各档动力传递路径分析及传动比计算

变速器在不同档位，换档执行元件的工作情况见表3-9。

表3-9　A341E换档执行元件的工作情况

变速杆位置	档位	C_0	C_1	C_2	B_0	B_1	B_2	B_3	F_0	F_1	F_2
P	驻车	○									
R	倒档	○		○				○			
N	空档	○									
D	1	○	○						○		○
D	2	○	○				○		○		
D	3	○	○				●		○		
D	4	○	○		○		●				
2	1	○	○						○	○	
2	2	○	○			○			○		
L	1	○	○					○	○		

注：○表示换档执行元件工作，●表示换档执行元件接合但不工作。

计算传动比时做如下假设：超速行星齿轮排、前行星齿轮排、后行星齿轮排的固有特性分别为 α_0、α_1 和 α_2。

3.11.1　1档（D位/2位/L位）

1. 动力传递路径

A341E 1档的动力传递路径如图3-18所示。

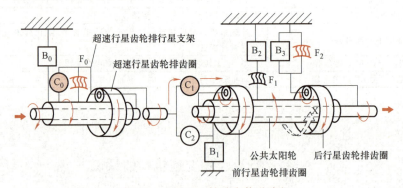

图3-18　A341E 1档动力传递路径

（1）1档（D位/2位）　1档（D_1、2_1）：C_0、F_0、C_1、F_2 工作。

超速档离合器 C_0 接合，超速行星齿轮排的行星支架和太阳轮连为一体，传动比为1。

前进档离合器 C_1 接合，超速行星齿轮排将动力传递到前排齿圈。对于前行星齿轮排来说，齿圈顺时针旋转，带动公共太阳轮逆时针旋转（起步阶段，前排行星支架相当于被车轮固定）。

公共太阳轮将动力传递到后行星齿轮排。对于后行星齿轮排来说，太阳轮逆时针转动，意图带动行星支架逆时针转动，单向离合器 F_2 作用，阻止行星支架逆时针转动，太阳轮通过行星齿轮带动齿圈顺时针旋转，向外输出动力。经过两排行星齿轮减速，变速器处于1档。

注：起步之后，前排行星支架和后排齿圈联合输出动力。

（2）1档（L位） L位1档（L_1）在正向传动时和 D_1、2_1 是一样的。

在反向传动时，L_1 因为 B_3 作用制动后排行星支架，动力从车轮到公共太阳轮，从超速行星齿轮排输出到液力变矩器，再传递到发动机，具有发动机制动功能。

1档的动力传递路径：

超速行星齿轮排行星支架（动力输入）$\xrightarrow{C_0}$ 超速行星齿轮排齿圈 $\xrightarrow{C_1}$ 前行星齿轮排齿圈 $\xrightarrow[\text{行星支架被车轮固定}]{}$ 公共太阳轮 $\xrightarrow{F_2/B_3}$ 后行星齿轮排齿圈（动力输出）

2. 传动比

1档时，超速行星齿轮排的传动比为1；对于前后行星齿轮排来说，动力从前排齿圈输入，后排行星支架固定，动力从前行星支架和后排齿圈输出。需要联立两排行星齿轮机构的一般运动规律特性方程进行求解，得到传动比为

$$i_1 = \frac{1+\alpha_1+\alpha_2}{\alpha_1}$$

3.11.2 2档（D位/2位）

1. 动力传递路径

A341E 2档的动力传递路径如图3-19所示。

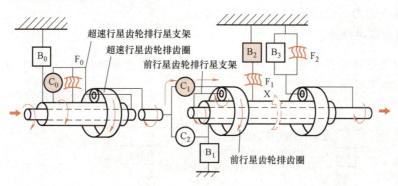

图3-19 A341E 2档动力传递路径

（1）D位2档 2档（D_2）：C_0、F_0、C_1、F_1、B_2 工作。

超速档离合器 C_0 将超速行星齿轮排的行星支架和太阳轮连为一体，和1档相同。

前进档离合器 C_1 接合，超速行星齿轮排将动力传递到前排齿圈，2档制动器 B_2 和1档单向离合器 F_1 工作，阻止公共太阳轮逆时针旋转。

对于前行星齿轮排来说，齿圈意图使太阳轮逆时针转动，而太阳轮被阻止逆时针转动，因此由齿圈带动行星支架顺时针转动，向外输出动力。齿圈带动行星支架旋转是减速传动。

对于后行星齿轮排来说，齿圈顺时针旋转，行星支架自由旋转，不影响输出。

(2) 2位2档 2位2档在正向传动时和D_2是一样的。

在反向传动时，2位2档因为B_1作用，制动公共太阳轮。对于前行星齿轮排来说，动力从车轮到前排的行星支架，再传递到齿圈，经过超速行星齿轮排输出到液力变矩器和发动机，有发动机制动功能。

2档的动力传递路径：

超速行星齿轮排行星支架（动力输入）$\xrightarrow{C_0}$超速行星齿轮排齿圈$\xrightarrow{C_1}$前行星齿轮排齿圈$\xrightarrow{B_2 \& F_1/B_1}$前行星齿轮排行星支架（动力输出）

2. 传动比

2档时，超速行星齿轮排的传动比为1；对于前行星齿轮排来说，齿圈输入动力，公共太阳轮被固定，行星支架输出动力，传动比为$(1+\alpha_1)/\alpha_1$。所以2档的传动比为

$$i_2 = \frac{1+\alpha_1}{\alpha_1}$$

3.11.3　3档（D位）

1. 动力传递路径

A341E 3档的动力传递路径如图3-20所示。

3档（D_3）：C_0、F_0、C_1、C_2工作。

超速档离合器C_0将超速行星齿轮排的行星支架和太阳轮连为一体，和1档相同。

前进档离合器C_1接合，超速行星齿轮排将动力传递到前排齿圈；直接档、倒档离合器C_2接合，超速行星齿轮排将动力传递给公共太阳轮，对于前行星齿轮排来说，齿圈和太阳轮连为一体输入动力，由行星支架向外输出动力。

3档的动力传递路径：

超速行星齿轮排行星支架（动力输入）$\xrightarrow{C_0}$超速行星齿轮排齿圈$\xrightarrow{C_1}$前行星齿轮排齿圈
$\downarrow C_2 \qquad\qquad\qquad\qquad\qquad\qquad\qquad\qquad\qquad\qquad \downarrow$
公共太阳轮$\longrightarrow$前行星齿轮排行星支架（输出）

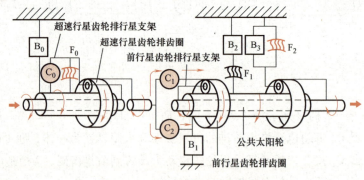

图3-20　A341E 3档动力传递路径

2. 传动比

3档时，超速行星齿轮排的传动比为1；对于前行星齿轮排来说，离合器C_1和C_2将齿

圈和公共太阳轮连为一体，传动比也为1。因此，3档的传动比是1，也称为直接档。

3.11.4　4档（D位）

1. 动力传递路径

A341E 4档的动力传递路径如图3-21所示。

4档（D_4）：B_0、C_1、C_2工作。

超速档制动器B_0工作，制动超速行星齿轮排太阳轮，对于超速行星齿轮排来说，行星支架输入动力，太阳轮固定，齿圈输出动力，传动比<1，为超速传动。

前进档离合器C_1接合，超速行星齿轮排将动力传递到前排齿圈；直接档、倒档离合器C_2接合，超速行星齿轮排将动力传递给公共太阳轮，对于前行星齿轮排来说，齿圈和太阳轮连为一体输入动力，由行星支架向外输出动力，和3档相同。

4档的动力传递路径：

超速行星齿轮排行星支架（动力输入）$\xrightarrow{B_0}$超速行星齿轮排齿圈$\xrightarrow{C_1}$前行星齿轮排齿圈 $\xrightarrow{C_2}$ 公共太阳轮$\longrightarrow$前行星齿轮排行星支架（输出）

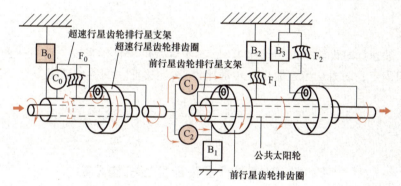

图3-21　A341E 4档动力传递路径

2. 传动比

4档时，对于超速行星齿轮排来说，太阳轮固定，行星支架输入动力，齿圈输出动力，传动比为$\alpha_0/(1+\alpha_0)$；对于前行星齿轮排来说，离合器C_1和C_2将齿圈和公共太阳轮连为一体，传动比为1。因此，4档的传动比为

$$i_4 = \frac{\alpha_0}{1+\alpha_0}$$

传动比<1，4档又称为超速档（O/D档）。

3.11.5　倒档（R位）

1. 动力传递路径

A341E倒档的动力传递路径如图3-22所示。

倒档（R位）：C_0、C_2、B_3工作。

超速档离合器C_0将超速行星齿轮排的行星支架和太阳轮连为一体，和1档相同。

直接档、倒档离合器 C_2 接合,动力从超速行星齿轮排齿圈传递到公共太阳轮。

低、倒档离合器 B_3 制动后排行星支架,对后行星齿轮排来说,太阳轮顺时针输入,行星支架固定,齿圈逆时针减速输出,带动输出轴逆时针旋转,反向减速输出。

倒档的动力传递路径:

超速行星齿轮排行星支架(动力输入)$\xrightarrow{C_0}$ 超速行星齿轮排齿圈 $\xrightarrow{C_2}$ 公共太阳轮 $\xrightarrow{B_3}$ 后行星齿轮排齿圈(动力输出)

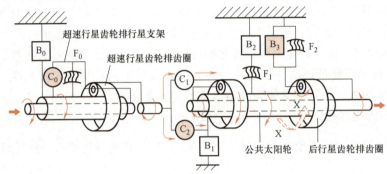

图 3-22　A341E 倒档动力传递路径

2. 传动比

倒档时,超速行星齿轮排的传动比为 1;对于后行星齿轮排来说,动力从公共太阳轮输入,行星支架固定,动力从齿圈输出,传动比为 $-\alpha_2$。因此,倒档传动比为

$$i_R = -\alpha_2$$

【做中学】

A341E 变速器行星齿轮变速机构分析

设备准备:拆解的 A341E。

一、根据实物完成以下问题

1. 根据实物分析各档的动力传递路径。
2. 计算各档传动比(假设所有行星齿轮的固有特性为 α,需列出计算过程)。
3. A341E 在各档位时分别用到哪个(些)行星齿轮排,在表 3-10 对应的位置打"√"。

表 3-10　A341E 各档位起作用的行星齿轮排分析

变速杆位置	档位	超速行星齿轮排	前行星齿轮排	后行星齿轮排
R	倒档			
D	1			
	2			
	3			
	4			
2	1			
	2			
L				

二、将 A341E 以下故障和故障现象对应

1. C_1 离合器严重打滑，会没有（　　）。
   A. 倒档　　　　　　B. 前进档　　　　　　C. 3档、4档

2. C_2 离合器严重打滑，会没有（　　）。
   A. 1档、2档　　　　B. 前进档　　　　　　C. 3档、4档、倒档

3. B_3 制动器严重打滑，会没有（　　）。
   A. 倒档和L位1档　　B. 前进档　　　　　　C. 倒档

4. B_0 制动器严重打滑，会没有（　　）。
   A. 倒档　　　　　　B. 减速档　　　　　　C. 超速档

5. F_2 装反会出现（　　）故障。
   A. 没有前进档　　　B. 没有发动机制动　　C. 不能起步

6. 变速杆处于L位时没有发动机制动效果，应该是（　　）出现故障。
   A. B_0　　　　B. B_1　　　　C. B_2　　　　D. B_3

拓展任务 12　A341E 的检测组装

A341E 组装的详细步骤参见附录 A.3。

【实训任务】

A341E 的检测组装

一、设备准备
1. 拆解的 A341E。
2. 测量工具：卡尺、塞尺等。
3. 通用拆装工具。

二、咨询
1. 熟悉 A341E 的组装步骤（参考附录 A.3）。
2. 熟悉行星齿轮机构和换档执行元件的检测内容和步骤。

三、计划/决策
1. 列出 A341E 的检测项目。
2. 列出检测组装 A341E 需要使用的工具。
3. 分析检测组装过程需要注意的安全事项。

四、实施/执行
1. 记录检测结果。
2. 给出维修建议。
3. 完成组装并记录组装过程出现的问题。

五、汇报/展示
小组展示成果并进行汇报。

六、优化/评价
检测组装过程中有哪些注意事项？

拓展任务 13　福特翼虎 6F35 变速器的行星齿轮变速机构分析

福特翼虎 6F35 自动变速器[⊖]的详细内容参见附录 B。

> 【做中学】
>
> ## 6F35 的行星齿轮变速机构分析
>
> 一、根据附录 B 中图 B-1 所示的 6F35 行星齿轮变速机构的连接简图,分析其变速原理
>
> 1. 分析行星齿轮变速机构的组成及各排行星齿轮机构的连接关系。
>
> 2. 发动机的动力从液力变矩器传递到＿＿＿＿＿＿＿＿。动力从＿＿＿＿＿＿＿＿传递到驱动轴。
>
> 3. 指出图中所有的换档执行元件并说明其作用。
>
> 二、根据表 B-3 中 6F35 各档位换档执行元件的工作情况,试分析各档的动力传递路径

⊖ 福特翼虎 6F35 自动变速器,本书中简称为 6F35。

项目4　液压控制系统

学习目标

1. 掌握液压控制系统的组成、作用及工作原理。
2. 能够看懂自动变速器的油路。

参考学时

9学时。

学习引导

1. 自动变速器不同档位需要不同的换档执行元件工作，控制系统如何进行控制？
2. 液力变矩器的锁止控制是如何完成的？
3. 如何保证自动变速器的工作平顺性？

学习思路

自动变速器的液压控制系统是熟悉自动变速器工作过程不可缺少的内容，也是所有项目里相对较难的一部分，难点在于知识的抽象性和系统的复杂性，以及和其他项目的知识关联度。

本项目基于"整体→局部→整体"的学习思路，并和项目2和项目3进行衔接。首先根据项目2和项目3引出液压控制系统的控制对象，并对液压控制系统的整体结构进行介绍（任务1）。然后对液压控制系统的四个系统进行详细介绍（任务2、任务3、任务4、任务5），每个系统的介绍遵循"从一般到特殊"的逻辑，结合系统的一般形式和01M、A341E案例完成系统学习。最后再从整体分析01M和A341E油路（任务6和拓展任务7）。

项目利用所学知识进行6档自动变速器的液压控制系统分析（拓展任务8），达到触类旁通的目的。最后安排阀板拆解及检测内容（拓展任务9），保证知识的完备性。

整个项目的设计除了习得知识、技能，还注重分析解决问题能力的培养，在较难知识点处设置讲解视频，方便学习。

在控制系统的学习过程，引入团队管理的例子，将控制系统类比为决策执行过程，电控系统类比为决策层，液压控制系统类比为执行层，将晦涩知识形象化。控制系统的控制对象是项目2的液力变矩器和项目3的行星齿轮变速机构。项目2类比为选择不同沟通方式，于是存在两个问题——如何根据情况"选择"沟通方式？如何"执行"选择结果？项目3类比为有管理章程的团队，也存在两个问题——如何确定选择管理章程的哪一条？如何去执行管理章程？而解决"选择"问题需要决策层决策，解决"执行"问题需要执行层完成。执行层根据决策层的决议贯彻落实。

液压控制系统的工作过程可类比为各职能部门贯彻执行决策层的决议，液压控制系统的组成类比为各职能部门，液压控制系统的功能类比为决策层的决议，有些决议只需要单个职能部门即可执行，例如，"液力变矩器锁止控制"决议由"液力变矩器锁止控制系统"职能部门负责，"换档控制"决议由"换档控制系统"职能部门负责；有些决议需要多个职能部门协同完成，例如，"换档平顺性"决议需要"油压调节系统"职能部门和"换档平顺性系统"职能部门协同完成。

任务实施

任务1 自动变速器电液控制系统的认识

【思考】

自动变速器电液控制系统的控制对象是什么？

自动变速器电液控制系统的控制对象是项目2中的液力变矩器和项目3中的行星齿轮变速机构。

液力变矩器包括泵轮、涡轮、导轮和锁止离合器，其中需要实施控制的部件是锁止离合器。控制系统通过对锁止离合器左右两侧油压的控制，完成液力变矩器锁止工况和非锁止工况的切换（液力变矩器的锁止控制）。

行星齿轮变速机构是通过控制不同的换档执行元件工作，从而控制行星齿轮排得到不同的传动比，需要控制的换档执行元件包括离合器和制动器。控制系统通过对离合器和制动器活塞腔的油压控制，完成离合器和制动器接合和分离的切换，完成自动变速器档位自动切换（换档控制）。

为了保证变速器工作的稳定性和平顺性，需要对系统工作油压、锁止离合器以及换档执行元件的离合器和制动器的工作油压进行调整（油压调节和换档平顺性控制）。

4.1.1 自动变速器电液控制系统的功能

现代自动变速器均为电液控制自动变速器，电液控制自动变速器的控制系统包括液压控制系统和电子控制系统，统称为电液控制系统。电液控制系统的功能包括油压调节、换档控制、液力变矩器锁止控制（已在项目2中进行了详细介绍）和换档平顺性控制。

以换档控制和液力变矩器锁止控制为例，电液控制系统实现控制功能的基本流程如图4-1所示。电子控制系统ECU采集相关传感器信号，控制电磁阀工作，通过电磁阀控制液压控制系统的油压，从而控制换档阀和锁止阀的位置，改变油路走向，实现对锁止离合器和换档执行元件的控制，完成液力变矩器锁止控制和换档控制。

项目4 液压控制系统

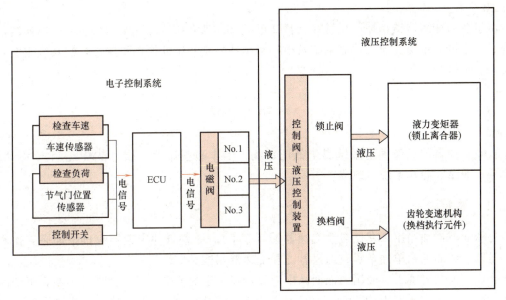

图 4-1 电液控制自动变速器的换档和液力变矩器锁止控制的实现

4.1.2 自动变速器电液控制系统的组成

电液控制系统主要由油液供给系统、油压调节系统、液力变矩器锁止控制系统、换档控制系统及换档平顺性控制系统组成。系统除了传感器之外，大部分部件都集成在一个阀板上，图 4-2 所示为 01M 的阀板分解图。电液控制系统的各系统结构以及阀板中各阀的作用在本项目的后续任务中进行详细介绍。

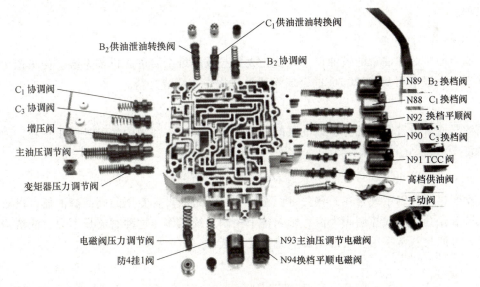

图 4-2 01M 的阀板分解图

本项目主要介绍液压控制系统，电子控制系统将在项目 5 中进行介绍。由于液压控制系统功能的实现需要电子控制系统参与，因此在介绍液压控制系统时会引入电子控制系统部

67

分知识。

由于液力变矩器锁止控制系统在项目 2 已进行详细介绍，因此本项目主要介绍油液供给系统、油压调节系统、换档控制系统及换档平顺性控制系统，换档平顺性控制系统主要对缓冲安全装置进行介绍。

任务 2　油液供给系统

自动变速器的油液供给系统属于低压系统，工作油压通常不超过 2MPa，主要由油箱、滤清器、油泵、冷却系统等组成。

4.2.1　油箱

自动变速器油箱用来存储自动变速器油（ATF）。一些自动变速器直接把油底壳作为油箱，另外一些的油箱单独布置，通过管道和变速器相连。

在正常油液温度下，油箱内液面高度应保持在一定的范围。液面过低，油泵在吸油时可能吸入空气，导致系统不能正常工作。液面过高，齿轮等零件搅拌形成泡沫层，加速油液氧化。

正确的液面高度应根据冷态和热态时不同的标尺刻度进行检查。此外，油箱要有可靠的密封性，防止油液渗漏和杂质进入。油箱应设有通气孔，保证油箱内部正常的气压。

4.2.2　滤清器

自动变速器的液压控制系统零部件对油液的清洁度要求极高，因此需要采用滤清器对油液进行过滤。根据过滤精度和安装位置不同，滤清器可以分为粗滤器、精滤器和阀前专用滤清器三种。

1. 粗滤器

粗滤器通常装在油泵的吸油口，以防止大颗粒或纤维杂质进入供油系统。为了避免出现吸油气穴，一般采用 80~110μm 的金属丝或毛毡物作为滤清材料。

2. 精滤器

精滤器通常设置在回油管道或油泵的输出管道上，滤去油液中的各种微小颗粒。因此对过滤精度要求较高。

3. 阀前专用滤清器

自动变速器控制系统常在一些关键而精密的控制阀前设置专用的阀前滤清器，以防止杂质进入节流孔孔隙造成控制阀失灵，影响整个控制系统工作。这种阀流量不大，滤清器的尺寸很小，过滤材料常采用多层的金属丝或微孔滤纸。

4.2.3　油泵

油泵是自动变速器工作油液的动力源，由发动机通过液力变矩器的壳体直接驱动。

油泵有内啮合式齿轮油泵、转子式油泵和叶片式油泵，其中内啮合式齿轮油泵的应用最为广泛。

1. 内啮合式齿轮油泵

内啮合式齿轮油泵具有结构紧凑、尺寸小、质量轻、自吸能力强、流量波动小、噪声低等特点。其结构如图4-3所示，包括被动齿轮、主动齿轮、月牙形隔板等。月牙形隔板将主动齿轮、被动齿轮之间空出来的容积分成两部分，分别为吸油腔和压油腔。

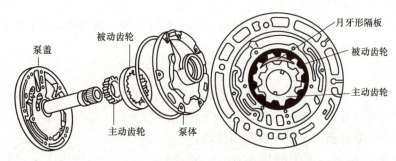

图4-3 内啮合式齿轮油泵的结构

内啮合式齿轮油泵的工作示意图如图4-4所示。主动齿轮转动时，主动齿轮与被动齿轮的轮齿在隔板一侧不断脱离啮合，在另一侧进入啮合。在齿轮脱离啮合的一侧，齿轮之间的容积增大，产生真空，油液进入吸油腔。

随着齿轮转动，在齿槽和月牙形隔板之间充满油液。油液沿着齿轮旋转方向运送到压油腔。齿轮在接近出油道时进入啮合，轮齿之间的间隙逐渐变小，对油液挤压，直到轮齿完全啮合，油液通过出油道送到液压油路，完成一次泵油过程。

内啮合式齿轮油泵属于容积型泵，齿轮每转一圈，输出的油量是相同的。各种丰田汽车自动变速器都采用这种油泵。

2. 转子式油泵

转子式油泵是一种特殊齿形的内啮合齿轮泵，结构如图4-5所示，由一对内啮合的转子组成。油泵的内、外转子不同心，有一定的偏心距，且外转子比内转子多一个齿，一般内转子的齿数为4个、6个、8个或10个。内转子的齿数越多，出口油压的脉动越小。

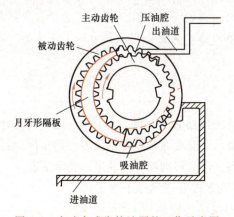

图4-4 内啮合式齿轮油泵的工作示意图

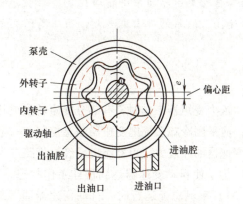

图4-5 转子式油泵的结构

油泵工作时，内外转子朝相同方向旋转，内转子为主动齿轮，外转子为从动齿轮。内外转子的齿廓是一对共轭曲线，可以保证油泵在旋转时，不论内外转子转到什么位置,各齿均处于啮合状态,即内转子每个齿的齿廓曲线和外转子的齿廓曲线相接触,内、外转子之间形成与内转子齿数相同个数的工作腔。

这些工作腔的容积随着转子的旋转而不断变化,转子朝顺时针方向旋转时,内、外转子中心线右侧的各个工作腔的容积由小变大,形成真空吸油;中心线左侧的各个工作腔的容积由大变小,将液压油压出。

转子油泵具有结构简单、尺寸紧凑、噪声小、运转平稳、高速性能良好等优点;缺点是流量脉冲大、加工精度要求高。

3. 叶片式油泵

叶片式油泵由定子、转子、叶片、配油盘及壳体、泵盖等组成,如图4-6所示。

定子内表面为圆柱形,转子上有均匀分布的径向狭槽,矩形叶片安装在槽内,并可在槽内滑动。

转子绕其中心旋转,定子固定不动,二者不同心,有一定的偏心距。

当转子旋转时,叶片在离心力及叶片底部的油压作用下向外张开,紧靠在定子内表面上,并随着转子旋转。这样相邻叶片之间便形成密封的工作腔。

如果转子朝顺时针方向旋转,在转子与定子中心连线右半部分的工作腔容积逐渐增大,产生真空吸油,中心线左半部的工作腔容积逐渐减小,将液压油压出。

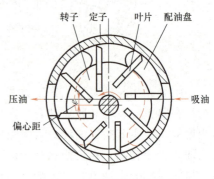

图4-6 叶片式油泵的结构

叶片泵具有运转平稳、噪声小、泵油流量均匀、容积效率高等优点,但结构复杂,对液压油的污染比较敏感。

> 【思考】
>
> 自动变速器油泵的输出油压和什么因素相关?
>
> 自动变速器油泵由发动机直接驱动,因此输出油压的高低由发动机工况决定,发动机转速高,油泵的输出流量大,油压高,反之,油泵的输出流量小,油压低。

4.2.4 冷却系统

液力变矩器工作时,有部分能量转换成热量,使变速器油温升高。为了保证变速器正常工作,应采用冷却系统把变速器油温控制在一定的范围。自动变速器冷却系统的油路走向为:自动变速器油经液力变矩器流出,经过管路进入冷却器,然后回到油底壳或进入润滑油道。

为了使自动变速器达到最佳工作状态,变速器冷却需要达到如下要求:

1) 车辆怠速运行时,自动变速器油(ATF)的温度需控制在120℃以下。
2) 车辆高速运行(变速器工作在最高档)时,自动变速器油的温度控制在125℃以下。
3) 车辆高负荷(发动机大转矩、变速器中速档位)运行时,自动变速器油的温度控制在140℃以下。

4）尽量缩短自动变速器油的升温时间，避免车辆运行期间 ATF 温度过低，变速器换档迟缓，传递效率低下。

自动变速器根据冷却介质的不同可以分为水冷方式和风冷方式，一般单独采用水冷，或者采用水冷和风冷组合。如果单独采用水冷方式，冷却器安装在发动机散热器的水腔内。如果采用水冷和风冷组合方式，冷却器分为主冷却器和辅助冷却器，主冷却器安装在发动机散热器的水腔内，采用水冷方式；辅助冷却器串联在主冷却器的冷却回路上，一般安装在发动机散热器前方，辅助冷却器多采用空气冷却方式，如图 4-7 所示。

油液在冷却过程中依次经过辅助冷却器和主冷却器。当油液温度较高时，辅助冷却器可进行预冷，保证冷却效果；若油液温度过低，主冷却器通过控制最终冷却温度防止油液过冷，保证变速器可靠运行。当发动机冷却液和自动变速器油液的温度都较低时，自动变速器油液将不经过冷却器，直接回到变速器。自动变速器油液是否经过冷却器由图 4-7 中所示的温控阀控制。

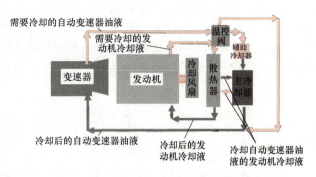

图 4-7　自动变速器的冷却系统
（水冷和风冷组合式）结构示意图

水冷方式根据功能的不同可分为具有预加热功能的冷却回路和不具有预加热功能的冷却回路两种形式。由于车辆运行初期，发动机冷却液温度的上升速度快于 ATF 温度的上升速度，具有 ATF 预加热功能的冷却系统利用发动机冷却液的热量，对 ATF 进行加热，使其快速升温，减小 ATF 黏度，减小摩擦损失，改善传动效率及变速器换档速度，从而改善车辆燃油消耗。

【做中学】

油泵认识

设备准备：油泵。

说明油泵实物属于什么类型？并简述其泵油原理。

任务3　油压调节系统

【思考】

液压控制系统的油压为什么需要调节？

1. 油压不符合变速器工作要求。

> 变速器内部工作的压力油由发动机驱动的油泵提供,油泵的输出流量和压力受发动机工况的影响。发动机转速较高时,油压过高,离合器、制动器接合过快会导致换档冲击。发动机转速较低时,油压低,离合器和制动器接合不紧,导致打滑,不符合自动变速器液压控制系统对油液压力的要求,需要对油泵产生的油压进行调整。
>
> 2. 油泵产生的油压有波动。
>
> 油泵因为吸油、压油的工作循环,导致输出油压不稳定,有脉动,在液压油进入主油路、换档系统及其他液压控制阀之前应稳定压力,使自动变速器工作平顺。
>
> 因此,油压调节系统有两个功能:①对油泵的输出油压进行调整,符合变速器液压控制系统对油压的要求;②稳定油泵输出压力,减小压力波动。

4.3.1 油压调节系统的组成和调压原理

1. 油压调节系统的组成及油液走向

自动变速器的油压调节系统由主调压阀、副调压阀(液力变矩器压力调节阀、次调压阀)和安全阀等组成。

液压控制系统的油液走向示意图如图 4-8 所示。油泵产生的油压经过主调压阀后分成两路,一路作用在副调压阀上,经过副调压阀调节后,送到液力变矩器作为其工作介质,同时送到液力变矩器锁止阀,控制液力变矩器锁止,并送入自动变速器相应元件处进行润滑;另一路经过手动阀后作用在各换档阀上,通过换档阀和手动阀改变油液流向,控制作用在换档执行元件(离合器、制动器)上的油压,得到不同档位。

一些车型的自动变速器将副调压阀和主调压阀合为一个阀,该阀将调节后的主油路压力油再次调节后进入液力变矩器。

在发动机转速很高时,油泵出口油压很高,油道内油压升高,增加发动机功率损耗,还容易引起油液泄漏,因此,油路上需安装安全阀(限压阀),限制油路最高压力。

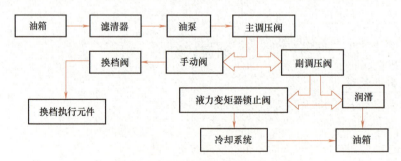

图 4-8 液压控制系统的油液走向示意图

2. 主调压阀和副调压阀的调压原理

自动变速器液压系统的主调压阀、副调压阀均为滑阀,结构如图 4-9 所示。

滑阀共有 5 个进排液口,进排液口 1 是来自油泵的油压,进排液口 2 是经过调节的油压,进排液口 3 是泄油口,进排液口 4 和 5 是可控制油压,此外,滑阀的底部还作用有弹簧力。通过改变作用在进排液口 4 和 5 的油压,控制进排液口 3 的开度,实现对进排液口 2 的出口油压的控制,进排液口 3 的开度增大,泄油量变大,进排液口 2 的压力下降,反之,进排液口 2 的油压升高。

当在滑阀下端进排液口 4 施加油压时，如图 4-9a 所示，该油压和弹簧向上的合力使滑阀上移，减小进排液口 3 的开度和流出的工作液流量，使得进排液口 2 流出的工作液压力升高。

当在滑阀上端进排液口 5 施加油压时，如图 4-9b 所示。该油压使滑阀下移，增加进排液口 3 的开度和流出的工作液流量，使得进排液口 2 流出的工作液压力降低。

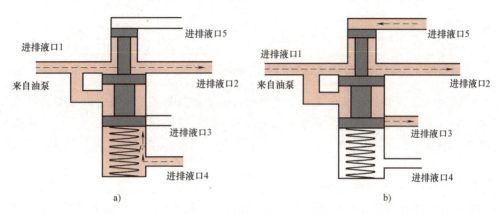

图 4-9 滑阀的结构和工作原理
a）下端有外加油压调节 b）上端有外加油压调节

【思考】

进排液口 4 和 5 的控制油压如何产生？

进排液口 4 和 5 的控制油压主要由电子控制系统控制电磁阀产生。

4.3.2 01M 和 A341E 的油压调节系统分析

1. 液压控制系统主油压的主要影响因素

主油压是指油泵供给的油液经过主调压阀调节后的油压。主要影响因素包括：

（1）**节气门开度** 当节气门开度较小时，自动变速器传递的转矩较小，执行机构中的离合器、制动器不易打滑，主油压可以降低。当节气门开度较大时，传递的转矩增大，为防止离合器、制动器打滑，主油压要升高。

（2）**档位** 在低速档行驶时，所传递的转矩较大，需要较高的主油压。在高速档行驶时，传递的转矩较小，可降低主油压，以减小油泵运转阻力。

倒档使用时间较少，为减小自动变速器尺寸，倒档换档执行元件的钢片和摩擦片数量较少，为避免出现打滑，在倒档时需提高主油压。

另外，在一些特殊情况下，自动变速器需要对主油压进行调整，使变速器的工作过程达到最佳。包括：

1) 为了减少换档冲击，在换档过程中，ECU 根据变速器的工作条件适当降低主油压。
2) ECU 根据变速器油温传感器信号对主油压进行调整。

当变速器油液温度过低（低于30℃）时，主油压升至最大值，以加速离合器和制动器的接合，防止温度过低时因变速器的油液黏度过大，使换档过程过于缓慢。

在变速器油温未达到正常工作温度时（一般是<60℃，但>30℃），主油压调至低于正常值，以防止因油温较低、黏度较大而产生的换档冲击。

3）在海拔较高时，发动机输出功率较低，ECU 将主油压控制低于正常值，以防止换档时产生冲击。

【思考】

如何让主调压阀和副调压阀产生的油压和节气门开关、档位等相关？

为了使自动变速器的系统油压和节气门开度以及档位等因素相关，自动变速器的油压调节系统在上述组成的基础上需要增加相关控制系统，生成图4-9的进排液口4和进排液口5的控制油压。

2. 01M 的油压调节系统

01M 主调压阀的上部引入变速杆置于 D 位和 P/N 位的油压，当变速杆置于 D 位和 P/N 位时，适当降低主油压。01M 主调压阀的底部作用一个来自增压阀的油压，当增压阀产生的油压改变时，会改变主调压阀的位置，从而改变输出油压，达到调节主油压的目的，如图4-10所示。

增压阀的输出油压受油压调节电磁阀 N93 的控制，如图 4-11 所示。如果车速或节气门开度发生变化，作用在 N93 上的信号改变，则调节油压改变，从而改变增压阀的位置和输出油道的流通截面积，以改变输出油压。

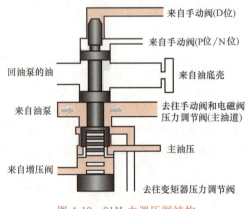

图 4-10　01M 主调压阀结构

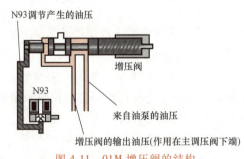

图 4-11　01M 增压阀的结构

【自主学习】

一、根据图 4-10 所示，分析 01M 主油压的调节过程，并完成以下问题。

1. 主调压阀阀芯向下移动时，主油压将（　　）。

A. 升高　　　B. 降低　　　C. 不变　　　D. 不确定

2. 施加变速杆置于 D 位的油压，主油压将（　　）。
A. 升高　　B. 降低　　C. 不变　　D. 不确定
3. 施加变速杆置于 P 位的油压，主油压将（　　）。
A. 升高　　B. 降低　　C. 不变　　D. 不确定
4. 来自增压阀的油压升高，主油压将（　　）。
A. 升高　　B. 降低　　C. 不变　　D. 不确定
5. 当节气门开度变大，增压阀的输出油压将（　　）。
A. 升高　　B. 降低　　C. 不变　　D. 不确定

二、图 4-12 所示为 01M 的副调压阀（液力变矩器压力调节阀），完成下面的问题。
当来自主调压阀的油压 p_3 升高，去往液力变矩器及散热器的油压 p_4 将（　　）。
A. 增加并与 p_3 成正比　　B. 增加并与弹簧力成正比
C. 降低　　　　　　　　　D. 保持恒定

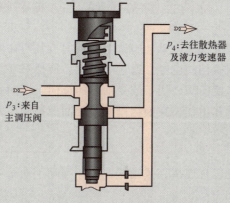

图 4-12　01M 副调压阀的结构

3. A341E 的油压调节系统

A341E 油压调节系统增加了一个节气门控制阀，产生一个和节气门开度对应的油压，作用在如图 4-13 所示主调压阀的左侧，使主调压阀的输出油压随节气门的开度变化而变化，现在大部分自动变速器已经取消该阀。另外，A341E 主调压阀左侧还作用了一个从手动阀过来的油压，当变速杆置于 R 位时，该油压接通，提高主油压，如图 4-13 所示。

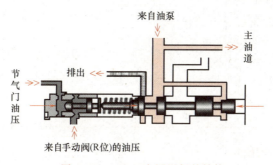

图 4-13　A341E 主调压阀的结构

【自主学习】

根据图 4-13 所示，分析 A341E 主油压的调节过程，并完成以下问题。

1. 主调压阀阀芯向左移动时，主油压将（　　）。
   A. 升高　　B. 降低　　C. 不变　　D. 不确定
2. 主调压阀阀芯向右移动时，主油压将（　　）。
   A. 升高　　B. 降低　　C. 不变　　D. 不确定
3. 节气门油压升高，主油压将（　　）。
   A. 升高　　B. 降低　　C. 不变　　D. 不确定
4. 变速杆置于 R 位时，主油压将（　　）。
   A. 升高　　B. 降低　　C. 不变　　D. 不确定

任务 4　换档控制系统（手动阀和换档阀）

自动变速器根据变速杆位置确定手动阀位置；根据节气门开度信号和车速信号，确定换档规律，并通过电磁阀控制换档阀位置，通过手动阀和换档阀联合控制，完成档位切换。

换档阀和手动阀均属于换向阀，用于改变油液的流向。不同的是，手动阀的位置是由变速杆位置决定，而换档阀位置由作用在换档阀两端的油液控制。

4.4.1　手动阀

手动阀和自动变速器变速杆连接，拨动变速杆，带动手动阀在阀板中的位置改变。

【自主学习】

查阅资料完成以下问题。

1. 某自动变速器手动阀的结构如图 4-14 所示，分析变速杆置于不同位置时油路的接通情况。
2. 结合 01M 油路图（见后面图 4-29～图 4-34），分析 01M 手动阀在变速杆置于 D 位和 R 位时的进油口和出油口。
3. 结合 A341 的油路图（见后面图 4-36～图 4-40），分析 A341E 手动阀在变速杆置于 D 位和 R 位时的进油口和出油口。

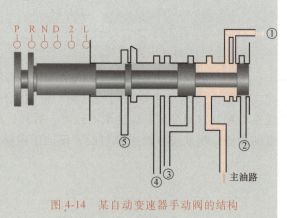

图 4-14　某自动变速器手动阀的结构

4.4.2　换档阀

1. 换档阀的油路换向原理

换档阀是一种由弹簧和液压力作用的换向阀，至少有两个工作位置，可以实现升档或降档。

换档阀改变油路走向的原理示意图如图 4-15 所示。其左端作用着从进排液口 1 施加的控制油压 F_1，右端作用着从进排液口 2 施加的控制油压 F_2 以及弹簧的作用力 F_3。

1) 当 $F_1 > F_2 + F_3$，换向阀右移，打开油路 A，关闭油路 B，如图 4-15a 所示。

2) 当 $F_1 < F_2 + F_3$，换向阀左移，打开油路 B，关闭油路 A，如图 4-15b 所示。

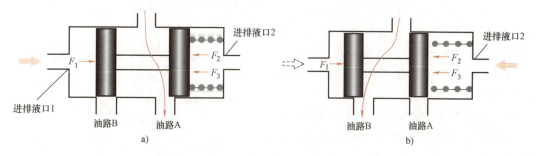

图 4-15 换档阀改变油路走向的原理示意图
a) 打开油路 A b) 打开油路 B

【思考】

进排液口 1 和进排液口 2 所用的控制油压如何产生？

换档阀上的控制油压大部分都是由换档电磁阀产生，有一部分是手动阀或者其他换档阀产生。

分析换档阀遵循以下思路：①找出进油口；②根据控制对象找出出油口；③找出控制油压作用的油道。④结合变速器的油路、电磁阀的工作情况以及变速杆位置分析。

2. 01M 的换档阀系统

01M 换档阀包括 N88 C_1 换档阀、N89 B_2 换档阀和 N90 C_3 换档阀。其中 N88 C_1 换档阀控制 C_1 和 B_1 的接合或分离，N89 换档阀控制 B_2 的接合或分离，N90 C_3 换档阀控制 C_3 的接合或分离。

【思考】

01M 共有五个需要控制的换档执行元件（C_1、C_2、C_3、B_1、B_2），而 01M 换档阀只有三个，完成四个换档执行元件的控制（C_1、C_3、B_1、B_2），C_2 如何控制？

C_2 主要在倒档时起作用，根据 01M 倒档油路图（见后面图 4-31），C_2 离合器的油液直接由手动阀提供。

下面以 N88 C_1 换档阀、N89 B_2 换档阀为例说明其工作过程。

(1) N88 C_1 换档阀 N88 C_1 换档阀的结构如图 4-16 所示，其作用是控制 C_1 和 B_1 的

接合或分离。分析换档阀的油路走向时应先找到进油口和出油口以及控制油压的作用点。

N88 C_1 换档阀共有 8 个油道，各油道的作用如下：

1 油道：泄油口。

2 油道：通往 C_1 供油泄油转换阀的左侧，当有油压作用时，关闭主油压到 C_1 协调阀的通道，C_1 离合器不能接合（出油）。

3 油道：当变速杆置于 D 位/L 位时有油压（进油）。

4 油道：当变速杆置于 L 位时有油压。

5 油道：来自电磁阀压力调节阀的油压（控制油压）。

6 油道：变速杆置于 R 位/L 位时有油压（进油）。

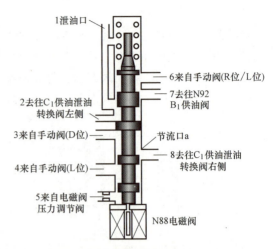

图 4-16 01M 的 N88 C_1 换档阀（C_1、B_1 接合位置）

注：图中 1~8 分别代表 1~8 油道。

7 油道：去往 N92 B_1 供油阀的油压，该油道有油时 B_1 接合（出油）。

8 油道：通往 C_1 供油泄油转换阀右侧，为 C_1 协调阀供油（出油）。

当 2 油道和泄油相通时，8 油道的油液经 C_1 供油泄油转换阀送到 C_1 协调阀，并送到 C_1 离合器让其接合。

总结：当 2 油道和泄油相通，且 8 油道有油时，C_1 接合，只要 2 油道有油，C_1 分离；当 7 油道有油时，B_1 接合。

当 N88 电磁阀断电时，卸掉下端油压，在弹簧力作用下，阀体处于下位。

此时，2 油道与泄油口 1 相通，C_1 供油泄油转换阀左侧的油压卸出；3 油道与 8 油道接通，当变速杆置于 D 位/L 位时，来自手动阀的油压进入 C_1 供油泄油转换阀，并经过 C_1 协调阀进入 C_1 活塞腔，C_1 接合。6 油道与 7 油道相通，当变速杆置于 R 位/L 位时，来自手动阀的油压去往 N92 B_1 供油阀，为 B_1 接合提供油压，如图 4-16 所示。

当 N88 电磁阀通电关闭泄油孔时，来自电磁阀压力调节阀的油压作用在换档阀的下端，将阀体推到上位。

此时 7 油道和泄油口相通，B_1 处于分离状态；3 油道与 2 油道相通，把主油压送至 C_1 供油泄油转换阀左端，C_1 供油泄油转换阀右移，关闭主油压到 C_1 协调阀的通道，同时使 C_1 协调阀和泄油孔相通，C_1 泄油，处于分离状态。

总结：N88 断电，C_1、B_1 接合，N88 通电，C_1、B_1 分离。

(2) **N89 B_2 换档阀** 结构如图 4-17 所示，其作用是控制 B_2 的接合或分离。工作油液的供给来自于 5 油道（高档供油阀：变速杆置于 D 位

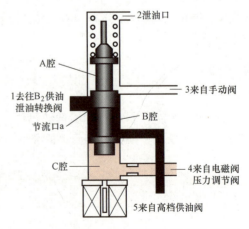

图 4-17 01M 的 N89 B_2 换档阀（B_2 接合位置）

注：图中 1~5 分别代表 1~5 油道。

时有油压）；1油道（B_2供油泄油转换阀）为出油口，当该油道有油压时，B_2接合；控制油压是4油道。

当电磁阀N89通电时，关闭泄油口，C腔形成油压，使滑阀上移，节流口开度增大，油压被送入B_2供油泄油转换阀，B_2接合。

当电磁阀N89断电时，泄掉C腔油压，阀体在弹簧力的作用下下移，关闭节流口a，切断对1油道（B_2供油泄油转换阀）的供油，B_2不能接合。节流口a开度逐渐增大，使作用在制动器B_2上的油压上升平缓，减小换档冲击。

总结：N89通电，B_2接合，N89断电，B_2分离。

【自主学习】

查阅资料，完成以下问题。

结合油路，分析01M的N90 C_3换档阀（结构如图4-18所示）的油路换向作用（01M各档位换档执行元件工作情况见表3-6）。

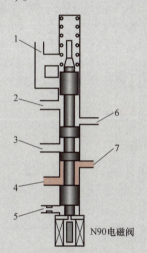

图4-18　01M的N90 C_3换档阀（C_3接合位置）

1（油道）—泄油口　2（油道）—去往防4挂1阀　3（油道）—去往B_2供油泄油转换阀，并和回油相通　4（油道）—来自高档供油阀的油压，变速杆置于D位时有油压　5（油道）—来自电磁阀压力调节阀的油压（N90断电：换档阀下端的油压泄出，N90通电：油压作用于换档阀下端）　6（油道）—变速器在4档时，B_2制动器接合，该油道有油压作用　7（油道）—去往C_3协调阀

【思考】

1. 防4挂1阀的作用是什么？

防4挂1阀的作用是当变速器工作在4档时，如果因为误操作，变速器变速杆挂入L位，此时变速器不会立即进入1档工作。

【思考】

2. 防4挂1阀的工作原理是什么?

防4挂1阀通过控制C_1离合器的接合,从而控制变速器能否进入1档。

防4挂1阀的结构如图4-19所示,1油道为进油口,来自手动阀,当排档杆置于L位有油压;2油道为控制油压,控制防4挂1阀的位置,当变速器处于4档,B_2接合且C_3接合时,该油道有油压;3油道为出油口,去往C_1供油泄油转换阀右侧,当该油道有油压时,从N88 C_1换档阀过来的油压可经该阀送到C_1协调阀,C_1接合。

当变速器未工作在4档且变速杆置于L位时,来自手动阀的油压经1油道送往C_1供油泄油转换阀右侧,C_1接合,根据表3-6,C_1、B_1接合,变速器可进入L位1档。

当变速器工作在4档时,由于误操作,变速器变速杆推到L位,此时防4挂1阀的油道通断情况如图4-20所示,此时2油道有油,阀芯在弹簧作用下下移,切断1油道和3油道的通路,C_1离合器不能接合,变速器无法进入1档。

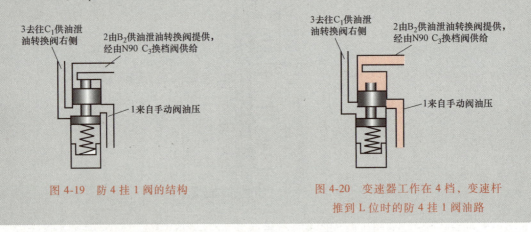

图4-19 防4挂1阀的结构

图4-20 变速器工作在4档,变速杆推到L位时的防4挂1阀油路

3. A341E的换档阀系统

A341E共有三个换档阀:1-2档换档阀、2-3档换档阀和3-4档换档阀,结构基本类似。下面以2-3档换档阀为例说明换档阀的工作过程。2-3档换档阀控制自动变速器在2档和3档之间进行切换,在2档时,C_0、C_1、B_2、F_0、F_1工作,3档时C_0、C_1、C_2、B_2、F_0工作。因此2-3档换档阀的主要作用是控制C_2离合器油路的通断。

2-3档换档阀的结构如图4-21所示。2-3档换档阀在2档和3档之间切换时,进油口是3油道。由于控制的是C_2离合器,所以出油口是7油道,控制油压是9油道,由1号电磁阀控制。当1号电磁阀通电时,9油道的油压卸出,如图4-21a所示;1号电磁阀断电,油压施加到9油道上,如图4-21b所示。

变速器置于D位2档时,1号电磁阀接通泄油,9油道的油压卸出,换档阀阀芯上端无油压作用,阀芯在弹簧力的作用下处于上端,从3油道送来的油压无法送到7油道,C_2离合器分离,如图4-21a所示。

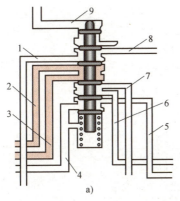 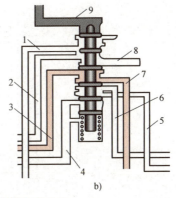

图 4-21 A341E 的 2-3 档换档阀的结构
a) 2 档位置 b) 3 档位置

1（油道）—变速杆置于 2 位的油压 2（油道）—送往 3-4 档换档阀下端 3（油道）—来自主调压阀的油压 4（油道）—变速杆置于 L 位的油压 5（油道）—送往低档滑行调节阀及 1-2 档换档阀 6（油道）—变速杆置于 L 位的油压 7（油道）—送往 C_2 离合器（倒档和 D_3/D_4 档工作）、蓄压器及 1-2 档换档阀的下端 8（油道）—送往 1-2 档换档阀上部及 2 档滑行调节阀 9（油道）—1 号电磁阀控制的油压（通电：油压卸出，断电：油压作用在换档阀上）

当变速器 ECU 检测各传感器信号，判断达到 D 位 3 档的升档点时，ECU 发出信号，切断 1 号电磁阀电路，关闭泄油口。此时电磁阀油压作用在 2-3 档换档阀上端，阀芯下移，打开通往 C_2 离合器和蓄压器的油路，变速器升入 D 位 3 档，如图 4-21b 所示。

注：C_2 离合器在倒档时也需要工作，此时 C_2 离合器的接合直接由手动阀控制，具体可参照 A341 倒档油路图（见后面图 4-42）。

另外，2-3 档换档阀还有其他作用，包括：

1）若变速杆置于 2 位时，来自手动阀的管路油压经 2-3 档换档阀上部的中间被送到 1-2 档换档阀上部（图 4-21a 中油道进油，8 油道出油），再送往 2 档滑行调节阀和制动器 B_1，实现由 B_1 提供有发动机制动效果的 2 位 2 档传动。

2）若变速杆置于 L 位时，来自手动阀的管路油压经过 2-3 档换档阀下部送到低档调节阀（图 4-21b 中 6 油道进油，5 油道出油），再经 1-2 档换档阀下部送到制动器 B_3，实现由 B_3 提供有发动机制动效果的 L 位 1 档传动。

3）当变速器置于 D 位 1 档和 2 档，以及 R 位时，来自手动阀的管路油压经 2-3 档换档阀进入 3-4 档换档阀的底部（图 4-21a 中 3 油道进油，2 油道出油），控制 C_0 离合器接合。

【自主学习】

查阅资料，完成以下问题。

1. 结合油路图，分析 A341E 1-2 档换档阀（结构如图 4-22 所示）的油路换向原理，并将分析结果填入表 4-1 中（各档位换档执行元件工作情况见表 3-8）。

注：2 号电磁阀的工作情况为，1 档：断电关闭泄油孔，2 档/R 位：通电打开泄油孔。低档调节阀：当变速杆置于 L 位时作用油压。

2. 结合油路图，画出 A341E 3-4 档换档阀，标注各油口的作用，并分析换档阀的工作过程。

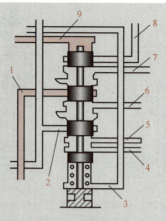

图 4-22 A341E 的 1-2 档换档阀（1 档位置）

1（油道）—手动阀 D 位的油压 2（油道）—手动阀 R 位的油压 3（油道）—来自 2-3 档换档阀中部（D 位 2/D 位 3/D 位 4 档有油压）或手动阀 R 位的油压 4（油道）—来自低档滑行调节阀的油压（变速杆置于 L 位有油压） 5（油道）—送往制动器 B_3（R 位/L 位工作） 6（油道）—送往制动器 B_2（D 位 2/D 位 3/D 位 4 档工作） 7（油道）—送往 2 档滑行调节阀及制动器 B_1（2 位 2 档工作） 8（油道）—来自 2-3 档换档阀（变速杆置于 2 位有油压） 9（油道）—2 号电磁阀控制油压（通电：油压卸出，断电：油压作用在换档阀上）

表 4-1 A341E 1-2 档换档阀的油路换向分析

变速杆位置	1-2 档换档阀的油路换向分析
D（提示：B_2 的油路分析）	
2（提示：B_1 的油路分析）	
L（提示：B_3 的油路分析）	
R（提示：B_3 的油路分析）	

任务 5　换档平顺性控制系统——缓冲安全装置

换档平顺性是评价自动变速器工作性能好坏的重要指标，也是客户使用过程中能直观感受的性能。换档平顺性是指在保证换档速度的同时尽量减小换档冲击，提高换档品质。

自动变速器换档冲击是指变速杆从 P（或 N）位进入 D（或 R）位时，汽车的振动较大；在行驶中，换档的瞬间车辆明显"发闯"，即前后窜动。

【自主学习】

查阅资料，分析换档冲击产生的可能原因。

减小换档冲击的措施很多，包括减缓换档执行元件上作用的油压上升速度、对换档执行元件工作进行定时控制、调节液压系统主油压、合理设计离合器和制动器的摩擦片数量和自由间隙等。

本任务主要介绍如何减缓换档执行元件上作用的油压上升速度,对应起作用的部件统称为缓冲安全装置。

4.5.1 自动变速器常用的缓冲安全装置

自动变速器上常用的缓冲安全装置包括蓄压器、单向节流阀和协调阀等。

1. 蓄压器

蓄压器也称蓄压减振器或储能器,一般由减振活塞和弹簧组成,如图 4-23 所示。蓄压器与离合器或制动器并联安装,工作油液进入离合器或制动器活塞 A 工作腔的同时也进入蓄压器,将活塞 B 压下,降低活塞 A 工作腔压力的上升速度,防止离合器或制动器快速接合引起换档冲击。

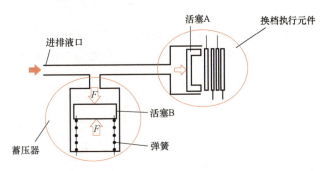

图 4-23 蓄压器结构和工作原理示意图

一些蓄压器在减振活塞上方还作用有和节气门开度对应的油压,也称蓄压器背压,节气门油路如图 4-24 所示。在节气门开度较大时,能适当降低蓄压器的减振能力,加快换档过程,防止大转矩传递时执行元件打滑,以满足汽车在各种行驶条件下对换档过程的不同要求。

2. 单向节流阀

单向节流阀串联在换档阀和换档执行元件之间的油路上,在换档执行元件的活塞腔充油时产生节流作用,而泄油时不产生节流作用,以满足接合平顺柔和、分离迅速彻底的要求。包括单向阀和流量控制阀两种。

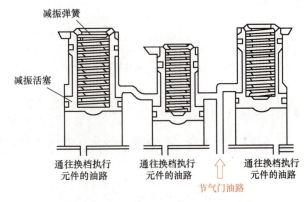

图 4-24 增加节气门油路的蓄压器结构

(1)**单向阀** 只允许油液一个方向流动,如图 4-25 所示。

换档执行元件充油时,油压将单向阀压在阀座上,油液只能通过节流孔流入换档执行元件的活塞腔,油压上升速度变缓,可有效改善换档冲击,如图 4-25a 所示。

换档执行元件泄油时,油液流动的方向相反,单向阀打开,油液从单向阀和节流孔两

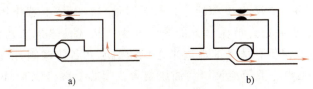

图 4-25 单向阀的工作示意图
a)换档执行元件充油 b)换档执行元件泄油

个通道排出，泄油速度快，保证换档执行元件的快速分离，如图 4-25b 所示。

(2) 流量控制阀 流量控制阀通过调节油液的流通截面积来调整流量，从而调节换档执行元件的接合速度，改善换档冲击。流量控制阀的工作示意图如图 4-26 所示。

充油时阀芯在工作油液和弹簧的作用下落座到阀座上，油液只能通过阀芯中心的小孔流出，流通截面积小，压力上升缓慢，如图 4-26a 所示。

当泄油时，阀芯在工作油液的作用下离开阀座，油液从阀芯和阀座之间的通道流出，流通截面积大，泄油速度快，如图 4-26b 所示。

3. 协调阀（调整阀）

图 4-27 所示为协调阀的结构示意图，工作油液作用在协调阀上，克服弹簧的作用力将阀芯往左推，逐渐增加流通截面积，作用在换档执行元件上的油压上升速度较慢，改善换档平顺性。

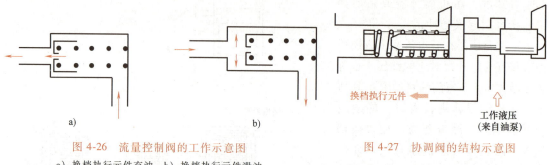

图 4-26 流量控制阀的工作示意图　　图 4-27 协调阀的结构示意图
a) 换档执行元件充油　b) 换档执行元件泄油

【自主学习】

在 A341E 和 01M 的油路图上找出所有缓冲安全装置，并说明其原理。

4.5.2　01M 和 A341E 的缓冲安全系统

1. 01M 的缓冲安全系统

01M 主要通过换档平顺阀、协调阀和单向节流阀（连接在离合器 C_2 的油路上）减小换档冲击。下面以 N92 换档平顺阀、C_1 协调阀为例分析其改善换档平顺性的原理。

(1) N92 换档平顺阀 N92 换档平顺阀的作用是调节送往制动器 B_1 和送往 C_1 协调阀、C_3 协调阀、B_2 协调阀的油压。

结构如图 4-28 所示。N92 电磁阀断电，打开泄油口，阀体上端作用的弹簧力推动阀芯下移，节流口 a、b 开度减小，节流口 c 的开度变大，从 3 油道进来送到 1 油道（B_1 制动器）的油液减小，油压降低，从 5 油道进来送到 2 油道（各协调阀）的油液也减少，油压也降低。N92 电磁阀通电，关闭泄油口，油压增大，阀芯上移，使 a、b 两节流口的开度增大，c 口开度减小，1 油道和 5 油道的油压升高。

(2) C_1 协调阀　结构如图 4-29 所示。C_1 协调阀下端作用弹簧力，使阀体向上移动；

阀体上端作用着 N92 换档平顺电磁阀调节后的油压，使滑阀向下移动，这两个力达到一个平衡点，使节流口 a 处在一个稳定的开度，把 3 油道的油压调节成 4 油道的油压。

在换档初始时间，电控单元控制 N92 换档平顺阀产生的油压升高，瞬间关小节流口，使离合器接合油压降低，减小换档冲击。

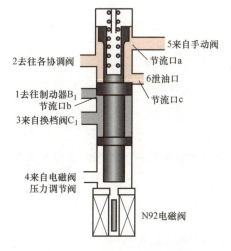

图 4-28 N92 换档平顺阀结构

注：图中 1~6 分别代表 1~6 油道。

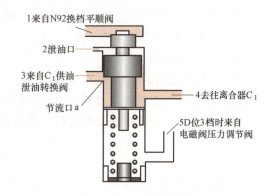

图 4-29 C_1 协调阀结构

注：图中 1~5 分别代表 1~5 油道。

2. A341E 的缓冲安全系统

A341E 主要使用蓄压器和流量控制阀改善换档平顺性，共有五个蓄压器，分别是 C_0 蓄压器、C_1 蓄压器、C_2 蓄压器、B_0 蓄压器、B_2 蓄压器，其中 C_1 蓄压器安装在阀板上，其余蓄压器均安装在变速器壳体上。

【自主学习】

查阅资料，结合图 4-30 所示 C_3 协调阀结构，分析 01M C_3 协调阀改善换档平顺性的原理。

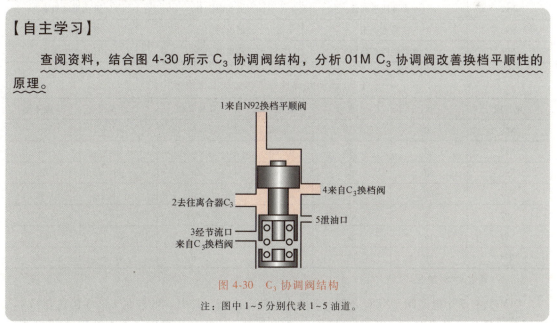

图 4-30 C_3 协调阀结构

注：图中 1~5 分别代表 1~5 油道。

任务6　01M的油路分析

4.6.1　液力自动变速器油路分析的基本原则

液力自动变速器油路分析遵循以下原则：
1）每次只看一条油路。
2）从油泵或某档位起作用的离合器、制动器开始。
3）避免油路交叉部分的干扰。
4）注意手动阀的位置。
5）注意电磁阀的工作情况。

电液控制自动变速器通过控制电磁阀的通断来控制通向各换档阀的油路，在分析油路之前，首先要了解电磁阀在各个档位的工作情况。

4.6.2　01M各档位及锁止离合器的油路分析

01M电磁阀的信息见表4-2，不同档位下电磁阀的工作情况见表4-3。

表4-2　01M的电磁阀

电磁阀	作　用	工作特性	电磁阀类型
N88	控制离合器 C_1、B_1	断电时 C_1、B_1 接合	开关型电磁阀
N89	控制制动器 B_2	通电时 B_2 接合	开关型电磁阀
N90	控制离合器 C_3	断电时 C_3 接合	开关型电磁阀
N91	控制锁止离合器的工作油压	通电时工作	脉冲型电磁阀
N92	改善换档平顺性	通电时工作	开关型电磁阀
N93	控制主油压	通电时工作	脉冲型电磁阀
N94	改善换档平顺性	通电时工作	开关型电磁阀

表4-3　01M电磁阀在各档位的工作情况

电磁阀	N	R	D位1档	D位2档	D位3档	D位4档
N88	off	off	off	off	off	on
N89	off	off	off	on	off	on
N90	off	off	on	on	on	off
N91	off	on	on	on	on	on
N92	off	off	on	on	on	on
N93	on	on	on	on	on	on
N94	off	off	off	on	off	off

注：on—通电；off—断电。

01M共有7个电磁阀，N88、N89、N90为换档电磁阀，其中N88控制1/2/3档离合器 C_1、倒档制动器 B_1（断电时 C_1、B_1 油道接通）；N89控制2/4档制动器 B_2（通电时 B_2 油道接通）；

N90 控制 3/4 档离合器 C_3（断电时 C_3 油道接通）；倒档离合器 C_2 由手动阀直接控制。

N91 为锁止离合器控制电磁阀，N93 为主油压调节电磁阀，N92、N94 为换档平顺性控制电磁阀。

在这些电磁阀中，N91、N93 为脉冲型电磁阀，其余均为开关型电磁阀，关于电磁阀的详细工作原理将在项目 5 中进行详细介绍。

下面对 01M 1 档、2 档、倒档油路及锁止离合器油路进行分析。

1. 1 档（D 位和 L 位）

01M D 位 1 档的油路如图 4-31 所示。

D 位 1 档时，离合器 C_1 和单向离合器 F 工作。

当变速杆置于 D 位时，N88 电磁阀断电，手动阀流出的液压油经 N88 C_1 换档阀、C_1 供油泄油转换阀、C_1 协调阀送到离合器 C_1，C_1 接合。

手动阀流出的液压油经过高档供油阀送入 N89 B_2 换档阀、N90 C_3 换档阀。由于 N89 断电，N90 通电，油路被阻断，制动器 B_2、离合器 C_3 的油压处于待命状态，为变速器升档做准备。

01M1-2档换档油路分析

D 位 1 档的油路如下：油泵→主调压阀→手动阀→N88 C_1 换档阀→C_1 供油泄油转换阀→C_1 协调阀→C_1 离合器。

L 位 1 档时，B_1 工作，增加一条油路：油泵→主调压阀→手动阀→N88 C_1 换档阀→N92 换档平顺阀→B_1 制动器。

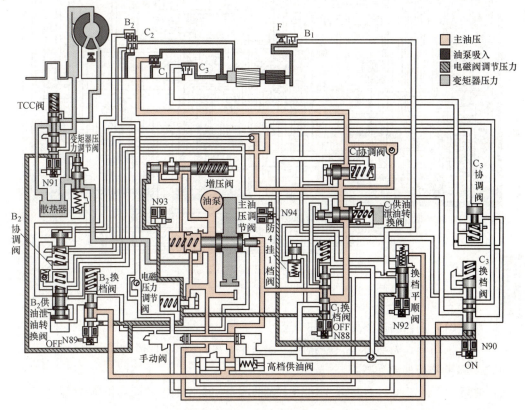

图 4-31 01M D 位 1 档油路

2. D位2档

01M D位2档的油路如图4-32所示。

D位2档时,制动器B_2和离合器C_1工作。

1档切换2档过程中,N88保持断电状态,C_1接合,和1档相同;N89通电,泄油口打开,阀芯在弹簧力的作用下下移,接通油路,从高档供油阀送来的油液送到制动器B_2,使B_2接合,完成升档。

D位2档有两条油路,分别如下:

1)油泵→主调压阀→手动阀→高档供油阀→N89 B_2换档阀→B_2供油泄油转换阀→B_2协调阀→B_2制动器。

2)油泵→主调压阀→手动阀→N88 C_1换档阀→C_1供油泄油转换阀→C_1协调阀→C_1离合器。

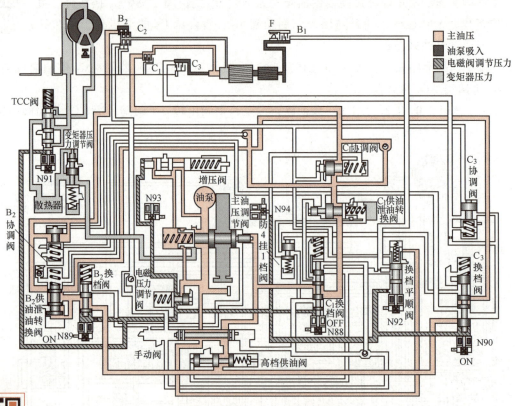

图4-32 01M D位2档油路

01MR档换档油路分析

3. 倒档(R位)

01M倒档的油路如图4-33所示。

倒档时,制动器B_1和离合器C_2工作,离合器C_2直接由手动阀控制。

B_1和C_2的接合油路如下:

1)油泵→主调压阀→手动阀→N88 C_1换档阀→N92换档平顺阀→B_1制动器。

2)油泵→主调压阀→手动阀→单向节流阀→C_2离合器。

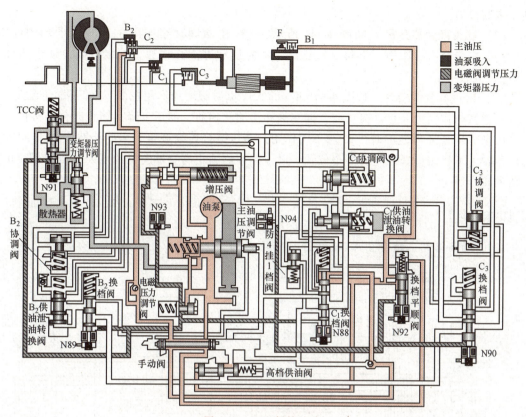

图 4-33　01M 倒档油路

4. 锁止离合器

锁止离合器左右两侧的油压由 TCC 阀及 N91 电磁阀共同控制，如图 4-34 所示。N91 电磁阀改变作用在 TCC 阀下端的油压，从而改变 TCC 阀的位置，达到控制锁止离合器左右两

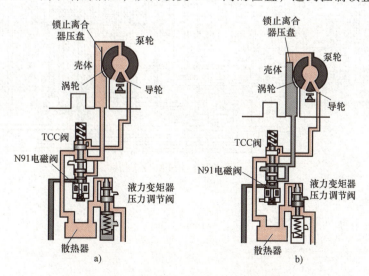

图 4-34　01M 锁止离合器的控制油路图
a）锁止离合器分离　b）锁止离合器接合

侧油压的目的。

（1）**锁止离合器分离**　如图4-34a所示，N91电磁阀减小作用在TCC阀下端的油压，TCC阀芯在弹簧力的作用下下移，锁止离合器左侧和进油孔相通，油压升高，锁止离合器分离。

（2）**锁止离合器接合**　如图4-34b所示，N91电磁阀增加作用在TCC阀下端的油压，阀芯克服弹簧的作用力上移，锁止离合器左侧和泄油孔相通，油压下降，锁止离合器接合。

由于N91电磁阀能够对TCC阀下端作用的油压进行连续调整，因此能够让TCC阀的阀芯停留在上下极限位置之间的多个位置，以连续控制锁止离合器左侧油压，从而控制锁止离合器的接合压力。

【自主学习】

一、查阅资料，结合图4-35和图4-36所示油路，完成以下问题

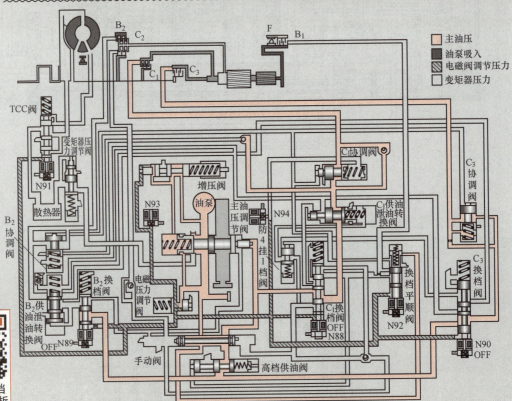

图4-35　01M D位3档油路

01M D位3档换档油路分析

01M D位4档换档油路分析

1. 01M D位3档的油路分析。
2. 01M D位4档的油路分析。

项目4 液压控制系统

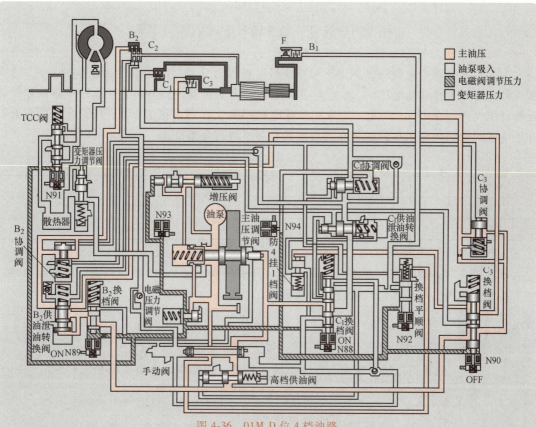

图4-36 01M D位4档油路

二、图4-37所示为某自动变速器锁止离合器的油路图及其相关的电控系统，试翻译，并分析液力变矩器锁止的油液供给和电控系统工作过程

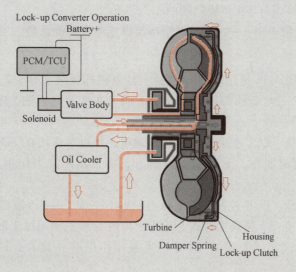

图4-37 某自动变速器锁止离合器油路图及相关电控系统

91

拓展任务 7　A341E 的油路分析

A341E 共有四个电磁阀，其中 1 号和 2 号电磁阀为开关型电磁阀，用于换档控制，3 号和 4 号电磁阀为脉冲型电磁阀，3 号电磁阀用于液力变矩器的锁止控制，4 号电磁阀用于蓄压器背压控制。在不同档位时，1 号和 2 号电磁阀的工作情况见表 4-4。开关型电磁阀和脉冲型电磁阀的结构和工作原理将在项目 5 的任务 6 进行详细介绍。

表 4-4　A341E 换档电磁阀的工作情况

档位	1 档	2 档	3 档	O/D 档	倒档
1 号	on	on	off	off	on
2 号	off	on	on	off	off

注：on—通电；off—断电。

注：图 4-38、图 4-39、图 4-41、图 4-43、图 4-44 所示为 A341 的油路图，相较于 A341E 少了 4 号电磁阀，取而代之的是储能器控制阀。

【思考】

1 档和倒档的电磁阀工作情况是一样的，如何实现 1 档和倒档呢？

1 档时变速杆置于 D 位，倒档时变速杆置于 R 位，两个档位手动阀的位置不同，因此手动阀出口油路不同，故而可以实现不同档位。

由于 A341E 的 2-3 档换档阀的位置可以控制 1-2 档换档阀与 3-4 档换档阀阀芯下端是否有油压，从而改变 1-2 档换档阀与 3-4 档换档阀的位置，因此先分析 2-3 档换档阀的工作情况，再分析 1-2 档换档阀与 3-4 档换档阀的工作情况。

下面主要介绍 D 位 1 档、4 档、倒档油路及锁止离合器的油路。

1. D 位 1 档

D 位 1 档时，如图 4-38 所示，ECU 控制 1 号电磁阀通电工作，2 号电磁阀断电不工作（其中 1 号电磁阀和 2 号电磁阀都属于常闭电磁阀，在接通时泄油，断电时保压）。各换档阀的位置如下：

(1) 2-3 档换档阀　ECU 控制 1 号电磁阀通电工作时，作用在 2-3 档换档阀阀芯上端的液压油经过 1 号电磁阀卸压，下端作用弹簧力。阀芯在弹簧力作用下向上移动，即处于上位。

(2) 3-4 档换档阀　ECU 控制 2 号电磁阀断电不工作，3-4 档换档阀阀芯上端有油压作用，下端也有油压（在 2-3 档换档阀阀芯处于上位时，从手动阀过来的液压油经 2-3 档换档阀进入 3-4 档换档阀阀芯的下端），阀芯的下端还作用有弹簧力，3-4 档换档阀阀芯处于上位。

(3) 1-2 档换档阀　ECU 控制 2 号电磁阀断电不工作，1-2 档换档阀阀芯上端有油压作用，下端没有油压（当 2-3 档换档阀阀芯处于上位时，从手动阀过来的液压油不能经 2-3 档

项目4 液压控制系统

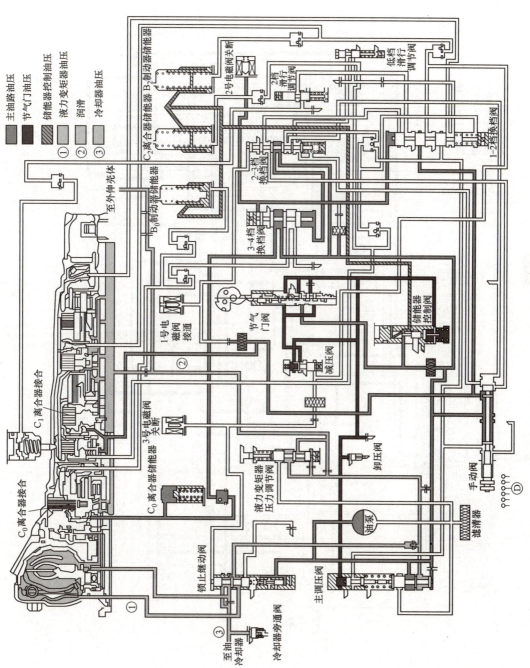

图4-38 A341 D位1档油路图

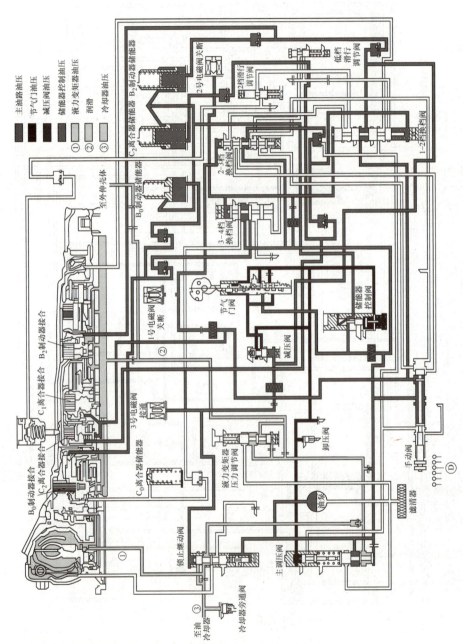

图 4-39 A341 D 位 4 挡油路图（见彩图）

换档阀进入 1-2 档换档阀的下端），下端只有弹簧力的作用，而且液压油的压力大于弹簧力，1-2 档换档阀阀芯处于下位。

在 D 位 1 档时，参与工作的换档执行元件有 C_0、F_0、C_1、F_2，其中 F_0、F_2 为单向离合器，和油路无关。只需分析 C_0 和 C_1 油路。

3-4 档换档阀阀芯处于上位，液压油从油泵经过 3-4 档换档阀进入 C_0 离合器，C_0 接合。C_1 由手动阀直接控制，当手动阀置于 D 位时，从手动阀出来的油液直接进入离合器 C_1，C_1 接合。

油路如图 4-38 所示，包括两条主油路：

1) 从油泵出来，经过 3-4 档换档阀到达 C_0 离合器和 C_0 离合器储能器。
2) 从油泵出来，经过手动阀和滤清器进入 C_1 离合器和 C_1 离合器储能器。

2. D 位 4 档（超速档）

在 D 位 4 档时，参与工作的换档执行元件有 B_0、C_1、C_2、B_2。

此时 1 号、2 号电磁阀均处于断电保压状态，1-2 档换档阀阀芯处于上位，2-3 档换档阀阀芯处于下位，3-4 档换档阀阀芯处于上位。油路如图 4-39 所示。油路走向如图 4-40 所示。

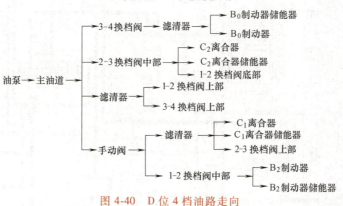

图 4-40 D 位 4 档油路走向

3. 倒档（R 位）

在倒档时，参与工作的换档执行元件有 C_0、C_2、B_3、F_0。此时，1 号电磁阀通电卸压，2 号电磁阀断电保压，1-2 档换档阀阀芯处于上位，2-3 档换档阀阀芯处于上位，3-4 档换档阀阀芯处于上位。油路如图 4-41 所示，油路走向如图 4-42 所示。

4. 锁止离合器

（1）锁止离合器分离　如图 4-38 及图 4-41 所示油路图，3 号电磁阀断电处于卸压状态，锁止继动阀上端没有油压作用，阀芯在弹簧作用下上移，锁止离合器左侧和进油孔相通，锁止离合器分离。

（2）锁止离合器接合　如图 4-39 所示油路图，3 号电磁阀通电处于保压状态，锁止继动阀上端作用有油压，阀芯下移，锁止离合器左侧和泄油孔相通，锁止离合器接合。

通过控制作用在 3 号电磁阀上的信号占空比，可控制锁止离合器左右两侧的油压，从而控制锁止程度。

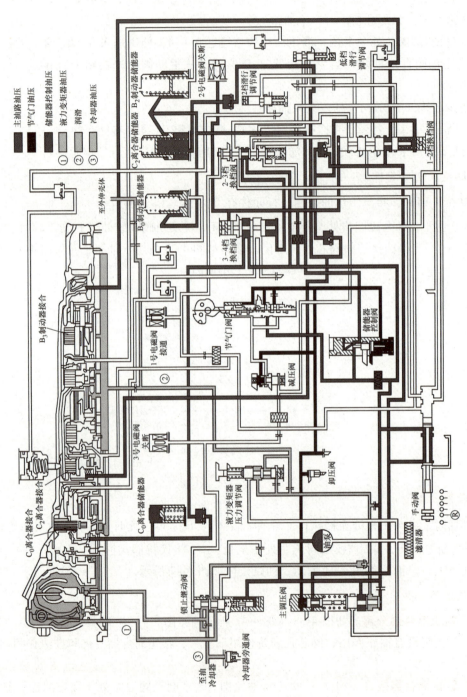

图 4-41 A341 倒档油路图（见彩图）

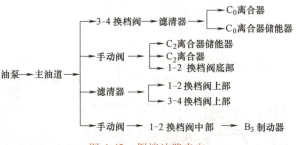

图4-42 倒档油路走向

【自主学习】

查阅资料，结合图4-43和图4-44，完成以下问题。

1. A341 D位2档的油路分析。
2. A341 D位3档的油路分析。

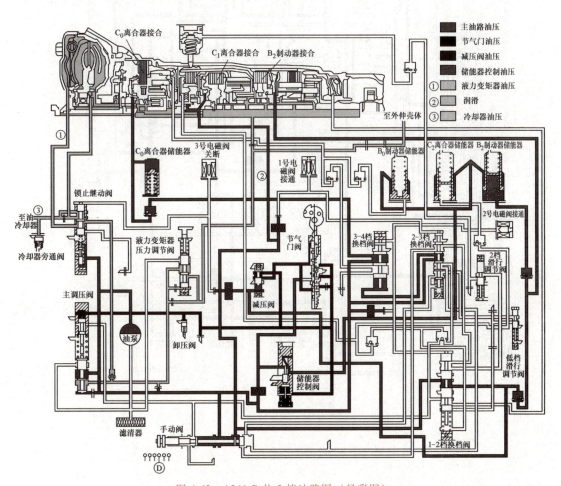

图4-43 A341 D位2档油路图（见彩图）

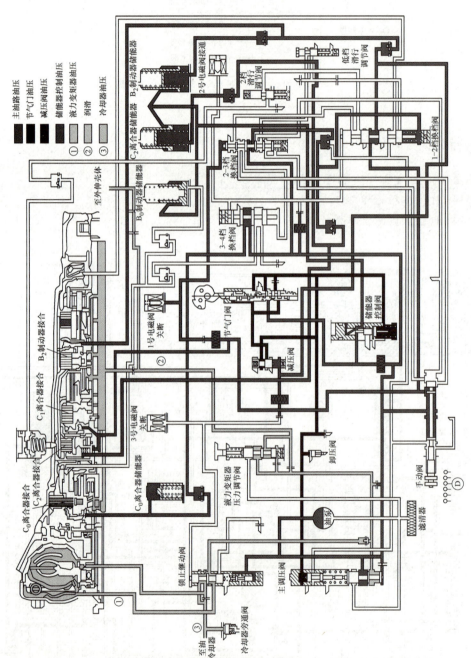

图 4-44 A341 D 在 3 档油路图（见彩图）

项目4 液压控制系统

拓展任务8　6F35的液压控制系统分析

6F35详细内容参见附录B。

【自主学习】

参考附录B 6F35液压控制系统学习资料，完成以下问题。
1. 列出和油压调节、换档、液力变矩器锁止、换档平顺性相关的阀体。
2. 选择其中一个换档执行元件，对其油路进行分析。
3. 选择其中一个档位，对其油路进行分析。

拓展任务9　阀板的拆解及检修

1. 阀板拆解

阀板拆解必须按照维修手册的步骤进行。一般来说，拆解过程有以下注意事项：

1）将上下阀板分开时，为了防止阀板油道内的单向节流阀阀球掉落，应将上下阀板之间的隔板和上阀板一同拆下，并将上阀板油道一面朝上后再取下隔板。

2）拆出每个控制阀时，应先取出锁销及挡塞，再让阀芯和弹簧从阀孔中自由落出。

3）若阀芯在阀孔中有卡滞，不能自由落出，可用木锤或橡胶锤敲击阀体将阀芯振出，不可以用铁丝或钳子伸入阀孔取阀芯，以免损坏阀孔内表面或阀芯。

2. 阀板检修

1）先用煤油彻底清洁上下阀板和所有控制阀零件，所有油道需要用压缩空气吹干净。

2）用压缩空气检查油道是否堵塞或泄漏。在油道的一端施加压缩空气，在油道的另一端有压缩空气出来，表明油道没有堵塞。将油道的一端堵住，在油道另一端施加压缩空气，如果气压能保持，说明没有泄漏。

3）检查控制阀阀芯表面，如有轻微刮伤痕迹，可用金相砂纸抛光。

4）检查各阀弹簧有无损坏，测量弹簧长度，应符合自动变速器维修手册要求，如不符合，应更换。

5）检查滤清器，如有损坏或堵塞，应更换。

6）检查控制阀是否变形、卡滞、有裂纹。如果是，应该更换阀板总成。

3. 阀板组装

阀板按照维修手册步骤进行组装。组装过程有以下注意事项：

1）将清洗的上下阀板和所有控制阀零部件放入干净的自动变速器油中浸泡几分钟。

2）清洗后的零件和阀板可用压缩空气吹干，不允许用棉布擦拭。

3）更换所有的塑料阀体。

4）安装隔板时，需要更换隔板上的纸质衬垫。

5）不能在阀板衬垫及控制阀任何零件上使用密封胶或黏合剂。

6）组装时，应检查各控制阀阀芯在阀孔中是否有卡滞，如有应拆下，经清洗后重新安装。

项目5　电子控制系统

学习目标

1. 掌握电子控制系统的组成及各部分作用。
2. 掌握电子控制系统的主要控制内容。
3. 掌握电控系统主要传感器和执行器的检测方法。

参考学时

13学时。

学习引导

1. 自动变速器如何产生换档阀的控制油压？
2. 自动变速器如何控制液力变矩器锁止阀的位置？
3. 自动变速器如何改善换档品质？

学习思路

　　自动变速器的电子控制系统是对自动变速器工作过程理解的升华内容，对理解自动变速器具有至关重要的作用，和项目4的知识关联度最高。

　　本项目先从电子控制系统的结构入手，对自动变速器电控系统进行整体认知（任务1）；然后对部分输入信号及执行器进行详细介绍（任务2~任务6），每个任务的介绍遵循作用→结构原理→检测的逻辑，可操作性强；接下来利用所学知识对福特翼虎6AT的电控系统进行分析（拓展任务7），达到触类旁通的目的；最后完成自动变速器电控系统的控制内容分模块分析（任务8和拓展任务9）。

　　整个项目的设计理实结合度高，除了习得知识、技能，还注重分析解决问题能力的培养。

　　项目5的学习可以用决策过程类比电控系统的组成及工作过程。以"从A地到B地的出行"为例，决策之前要收集"A地和B地的位置、可采用的交通方式"等相关信息（电控系统的输入信号），并依据相关要求（到达时间等）及经验（堵车情况等）决定采用哪种交通方式以及何时出发（电控系统电子控制单元存储的程序），最后将决策结果贯彻执行（电控系统的执行器）。

任务实施

任务1　液力自动变速器电控系统的认识

液力自动变速器电控系统的主要作用是根据汽车运行工况，控制各电磁阀工作，产生合适的控制油压，作用在液压控制系统的各阀体上。具体包括：作用在主调压阀上，调节系统的工作油压；作用在液力变矩器锁止阀上，控制液力变矩器的锁止；作用在换档阀上，控制不同的换档执行元件接合，以切换到不同档位；还可控制各换档执行元件的接合速度，保证自动变速器的换档平顺性。

5.1.1　自动变速器电控系统的组成

电子控制系统由电子控制单元（ECU）、输入信号和执行器三部分组成。

1. 电子控制单元（ECU）

电子控制单元（ECU）的功用是根据其内部存储的程序和数据对输入信息进行运算、处理、判断，输出指令控制执行器工作。

ECU由电源、输入电路、信号转换器和计算机等组成。计算机（也称微处理器）是ECU的核心部件，能进行逻辑运算、程序控制及数据处理，由中央处理器（CPU）、存储器（ROM、RAM）和输入/输出接口（I/O口）等几部分组成。

CPU是计算机的核心部分。CPU采集各传感器的信号，和ROM中存储的标定数据进行比较运算，并将运算的结果转变为控制信号，控制被控对象工作；它还完成对存储器（ROM、RAM）、输入/输出接口（I/O口）和其他外部电路的控制。

ROM用来存放程序，这些程序以经过精确计算和大量实验获取的数据为基础。

自动变速器ECU接收各种监测汽车行驶状况和发动机工况的传感器信号，精确控制换档时刻、液力变矩器锁止时刻、换档时的系统油压及发动机转矩等。

除了上述基本功能之外，车用ECU还有如下功能：

（1）**故障自诊断和失效保护功能**　车用ECU具有自诊断功能，能监测和识别电子元件的故障。系统产生故障时，车用ECU在RAM中自动记录故障码，采取保护措施，从ROM存储的程序中读取替代程序，使汽车能开到附近修理厂进行维修。

（2）**自适合功能**　正常情况下，RAM会不停地记录汽车行驶中的数据，成为ECU的学习程序，为适应驾驶人的驾驶习惯提供最佳的控制状态，这个程序也称自适应程序。但由于该程序存储于RAM中，一旦ECU断电，所有数据就会丢失。

（3）**通信功能**　随着汽车自动化程度提高，车上ECU日益增多。为了简化电路和降低成本，汽车上多个ECU之间采用一种多路复用通信网络技术进行信息交换，将整车所有ECU连成一个网络系统，如汽车上常用的CAN网络和LIN网络。

2. 输入信号及执行器

自动变速器电子控制系统输入信号包括各种开关和传感器,自动变速器主要输入信号的作用及安装位置见表 5-1。

表 5-1　自动变速器主要输入信号的作用及安装位置

信号类别	名　称	作　用	安装位置
非开关信号	节气门位置传感器/加速踏板位置传感器	检测节气门开度的大小	节气门体上/加速踏板下方
	车速传感器(输出轴转速传感器)	检测车速	变速器输出轴上
	输入轴转速传感器	检测自动变速器输入轴转速(液力变矩器涡轮转速)	变速器壳体上
	发动机转速传感器	检测发动机转速(液力变矩器泵轮转速)	分电器内、曲轴、凸轮轴或飞轮内
	自动变速器油温传感器	检测自动变速器油的温度	变速器壳体内侧、电磁阀线束包里或阀体上
	冷却液温度传感器	检测发动机的工作温度	发动机出水口位置、节温器前或缸体/缸盖水道上
开关信号	模式选择开关	选择自动变速器的工作模式	变速杆附近及仪表上
	空档起动开关	检测变速器变速杆的位置	变速杆联动杆上
	强制降档开关	用于检测加速踏板打开的程度	加速踏板的后面或节气门体上
	制动灯开关	用于判断制动踏板是否踩下	制动踏板支架上
	超速档开关(O/D OFF 开关)	用于控制自动变速器能否进入超速档	变速器操作手柄上
	手动换档开关	对于手自一体自动变速器,判断自动变速器是手动或自动控制方式	变速杆附近
其他信号	巡航控制信号	自动巡航控制(固定车速、加速、减速以及解除等)	转向盘或组合开关

自动变速器电控系统的主要执行器是电磁阀。

5.1.2　01M 和 A341E 电控系统的认识

1. 01M 的电控系统

图 5-1 所示为 01M 电控系统电路图。

01M 电控系统输入信号及执行器见表 5-2。该变速器控制单元 J217 和发动机控制单元 J220 是独立的,J220 与 J217 之间通过 CAN 总线进行信息共享(如车速信号、节气门位置信号等),另外,J217 和巡航控制单元、空调控制单元、仪表之间也通过 CAN 总线进行信息共享。

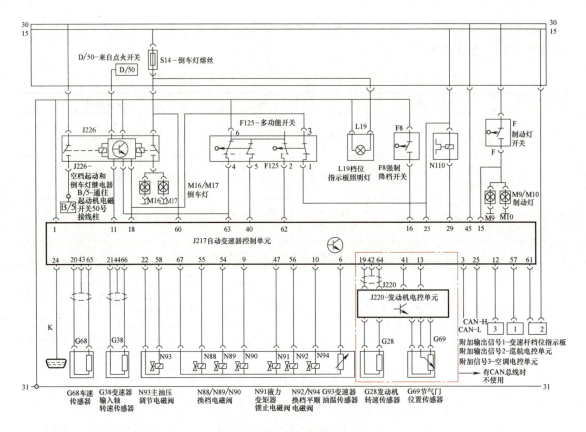

图 5-1 01M 电控系统的电路图

表 5-2 01M 电控系统的输入信号及执行器

	名称	类型
输入信号	G69(节气门位置传感器)	可变电位计/滑动变阻器
	G38(变速器输入轴转速传感器)	磁电式
	G68(车速传感器)	
	G28(发动机转速传感器)	
	G93(变速器油温传感器)	负温度系数热敏电阻
	发动机冷却液温度传感器(图5-1中未标示)	
	F125多功能开关、强制降档开关F8、制动灯开关F	开关
执行器	N88/N89/N90(换档电磁阀)	开关型电磁阀
	N91(液力变矩器锁止电磁阀)	脉冲型电磁阀
	N92/N94(换档平顺电磁阀)	开关型电磁阀
	N93(主油压调节电磁阀)	脉冲型电磁阀
	N110(变速杆锁止电磁阀)(图5-1中未标示)	开关型电磁阀

【思考】

01M 的电控系统连接巡航控制单元的目的是什么？

自动变速器 ECU 需要检测巡航控制功能是否启用。如果功能启用，自动变速器将车辆的行驶模式从其他模式切换到常规模式。如果车辆行驶过程中，车速下降超过巡航控制系统的设定值（数值因车型而异），但是 >10km/h，变速器 ECU 将进行两个操作：强制降档和解除液力变矩器锁止。强制降档是为了更好地加速，解除锁止是为了防止发动机熄火。

巡航控制信号一般通过通信线从巡航控制 ECU 传输到自动变速器 ECU，例如，01M 采用 CAN 线传输，如图 5-1 所示。较早的自动变速器控制系统采用导线连接，例如，A341E 将巡航控制信号通过 O/D_1 端子给到发动机和 ECT ECU，如图 5-2 所示。

2. A341E 的电控系统

图 5-2 所示为 A341E 电控系统电路图。

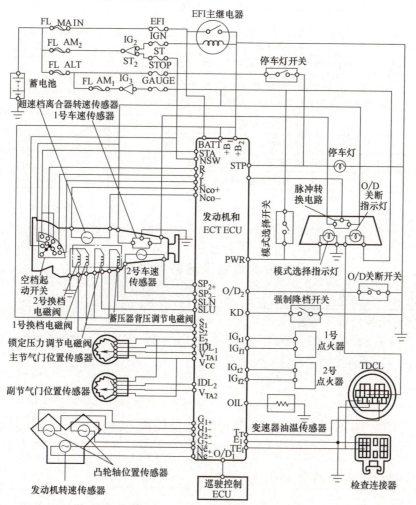

图 5-2　A341E 电控系统的电路图

A341E 电控系统的输入信号及执行器见表 5-3，其中超速档离合器转速传感器测量 C_0 离合器的转速。A341E 变速器的控制单元和发动机控制单元集成，为了提高系统的可靠性，该控制系统有两个车速传感器和两个节气门位置传感器。两个车速传感器的其中一个用于车速表（1 号车速传感器），另一个用于换档控制（2 号车速传感器）。当 2 号车速传感器出现故障时，电控单元会自动用 1 号车速传感器信号进行换档控制。

自动变速器的开关输入信号（除了空档起动开关）的作用在项目 1 中进行了详细介绍，检测比较简单。本项目的后续任务只针对节气门位置传感器、转速传感器、空档起动开关和温度传感器四个输入信号的作用、结构原理及检测进行详细介绍。

表 5-3 A341E 电控系统的输入信号及执行器

	名 称	类 型
输入信号	主节气门位置传感器	可变电位计/滑动变阻器
	副节气门位置传感器	
	1 号车速传感器（备用传感器）	磁阻式
	2 号车速传感器（主传感器）	
	超速档离合器转速传感器（检测 C_0 转速）	磁电式
	发动机转速传感器	
	变速器油温传感器	负温度系数热敏电阻
	发动机冷却液温度传感器（图 5-2 中未标示）	
	空档起动开关、O/D OFF 开关（超速档开关）、模式选择开关、强制降档开关、制动灯开关（制动开关）（图 5-2 中未标示）	开关
执行器	1 号换档电磁阀	开关型电磁阀
	2 号换档电磁阀	
	3 号电磁阀（锁定压力调节电磁阀）	脉冲型电磁阀
	4 号电磁阀（蓄压器背压调节电磁阀）	

【做中学】

认识液力自动变速器电控系统

设备准备：自动变速器实训台。
根据实训台完成以下问题。
1. 在实训台上找到所有的输入信号，并和表 5-1 比较，列出实训台上没有的输入信号。
2. 画出实训台的简化电路图（控制框图）。

任务 2　自动变速器电控系统的输入信号及检测（1）——节气门位置传感器

5.2.1　节气门位置传感器的作用

节气门位置传感器（TPS, Throttle Position Sensor）用于检测节气门开度，以确定换档时间、换档曲线以及调节主油压。

1. 确定换档时间和换档曲线

1）控制自动变速器是否需要换档和液力变矩器是否锁止。

2）确定是否需要延迟或提前换档。

当加速踏板被快速踩下时，换档被延迟，以确保发动机的动力输出。

当加速踏板被缓慢踩下时，预先进行换档，保证发动机在低速情况下运转，提高车辆的燃油经济性。

2. 调节主油压

节气门开度较小时，发动机负荷小，变速器传递的转矩小，离合器和制动器不易打滑，主油压可降低。当节气门开度较大时，传递的转矩较大，为了防止离合器和制动器打滑，主油压升高。

5.2.2 节气门位置传感器的结构原理

汽车上的节气门位置传感器一般采用滑动变阻器式，分为有怠速触点和无怠速触点两类。

图5-3所示是有怠速触点的节气门位置传感器的结构原理图。该传感器的主体结构是一个滑动变阻器，V_C是电源端子，ECU提供恒定的5V（12V）电压，V_{TA}是节气门开度信号端子，IDL是怠速端子，E是接地端子。

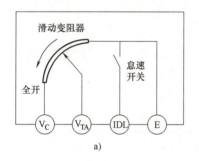
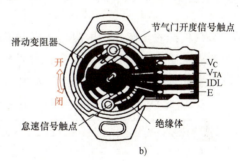

图5-3 有怠速触点的节气门位置传感器的结构原理图

a）原理图 b）结构图

该传感器输出信号的规律如图5-4所示。节气门开度变大时，节气门开度信号触点移动，V_{TA}端子的输出电压线性增加。怠速时，怠速开关闭合，IDL端子电压为0V，非怠速状态时，怠速开关断开，IDL端子电压为5V（12V）。

由于滑动变阻器中间部分容易磨损，阻值和电压值无法反映节气门开度，现代汽车上逐步采用双信号传感器，如A341E采用主节气门位置传感器和副节气门位置传感器。

装有电子节气门的车型，一般采用加速踏板位置传感器取代节气门位置传感器，用于判断发动机负载。

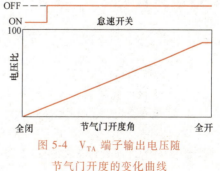

图5-4 V_{TA}端子输出电压随节气门开度的变化曲线

在发动机控制单元和自动变速器控制单元分开的控制系统中，节气门位置传感器信号/加速踏板位置传感器信号直接传输到发动机控制单元，并通过通信线（一般为 CAN 线）将信号传输到自动变速器控制单元。

5.2.3 滑动变阻器式节气门位置传感器的检测

滑动变阻器式节气门位置传感器的检测包括电压信号和电阻信号的检测。

1. 电压信号检测

1）点火开关置于 ON 档。

2）万用表调至电压档，测量 V_C 和 E 之间的电压，应为 5V（12V）。

3）测量 V_{TA} 和 E 之间的电压，逐步踩下加速踏板，节气门从全关到全开时，电压从 0~5V（12V）呈阶梯状变化。

4）测量 IDL 和 E 之间的电压。当踩下加速踏板，电压从 0V 直接跳到 5V（12V）。

2. 电阻信号检测

1）点火开关置于 OFF 档。

2）用万用表电阻档测量 IDL 与 E 之间的电阻。节气门全闭时应为 0Ω，节气门打开时应为无穷大。

3）测量 V_C 和 E 之间的电阻，应恒定在某一范围。

4）测量 V_{TA} 和 E 之间的电阻，逐步踩下加速踏板，节气门从全关到全开时，电阻逐渐增加。

A341E 节气门位置传感器的电阻检测标准见表 5-4。

注：如果在故障诊断过程中发现某传感器输入信号不正确，应先检测传感器和 ECU 之间连接的线束和连接插头是否有故障，然后再检测传感器本身。

表 5-4 A341E 节气门位置传感器的电阻检测标准

测量端	节气门开度	电阻/kΩ
IDL-E	关闭	0
	打开	无穷大
V_{TA}-E	全关	0.34~6.3
	全开	2.4~11.2
V_C-E	任意开度	3.1~11.2

【实训任务】

节气门位置传感器的检测

一、设备准备

1. 可以运行的自动变速器实训台。
2. 万用表。

二、咨询

画出节气门位置传感器和 ECU 连接的电路图。

三、计划/决策

1. 找出 V_C、V_{TA}、IDL、E 端子,并标注。
2. 选择电阻/电压检测法进行检测。
3. 按照选择的检测方法设计检测步骤。

四、实施执行

1. 按照设计的检测方法完成检测,将测量结果填入表5-5。

表5-5 节气门位置传感器的检测结果

测量端	节气门开度	电压/V	电阻/kΩ
IDL-E	关闭		
	打开		
V_{TA}-E	全关		
	全开		
V_C-E	任意开度		

2. 根据检测结果判断传感器是否有故障。

五、汇报/展示

小组展示检测结果。

六、优化/评价

1. 检测过程中有哪些注意事项?
2. 节气门位置传感器故障对自动变速器有哪些影响?

任务3 自动变速器电控系统的输入信号及检测(2)——转速传感器

与自动变速器电控系统相关的转速传感器包括输出轴转速传感器(车速传感器)、输入轴转速传感器、发动机转速传感器等。

5.3.1 转速传感器的作用

1. 输出轴转速传感器(OSS,Output Speed Sensor)

输出轴转速传感器也称车速传感器(VSS,Vehicle Speed Sensor),用于检测变速器输出轴转速,主要有以下三个作用:

1) ECU 基于车速传感器和节气门位置传感器信号确定换档正时。
2) ECU 根据车速传感器和输入轴转速传感器信号计算机械传动装置的传动比。
3) ECU 根据车速传感器信号进行主油压的调节。

车辆在低档行驶时所传递的转矩较大,主油压较高;在高档行驶时所传递的转矩较小,主油压可以降低。

2. 输入轴转速传感器(ISS,Input Speed Sensor)

用于检测自动变速器的输入轴转速,有三个作用:

1）ECU 基于输入轴转速传感器和车速传感器信号计算机械传动装置的传动比。

2）ECU 根据输入轴转速传感器和发动机转速传感器信号计算锁止离合器的相对滑动量。

3）ECU 根据输入轴转速传感器和车速传感器信号，换档时调整油压，延迟点火，改善换档冲击。

3. 发动机转速传感器（ESS，Engine Speed Sensor）

发动机转速传感器用于检测发动机转速，一般安装在分电器内或曲轴、凸轮轴及飞轮处。

在发动机控制单元和自动变速器控制单元分开的车型上，发动机转速传感器信号先传输到发动机控制单元，并通过通信线（一般为 CAN 线）传输到自动变速器控制单元。

5.3.2 转速传感器的结构原理

转速传感器主要有舌簧开关式、磁电式、霍尔式、磁阻式和光电式五种。

舌簧开关式转速传感器用于旧式汽车的车速报警系统中，在新型轿车中很少用到。本节主要介绍磁电式转速传感器、霍尔式转速传感器、光电式转速传感器和磁阻式转速传感器的结构原理。

1. 磁电式转速传感器

结构如图 5-5a 所示，主要包括永磁体、电磁感应线圈和转子等。

转子安装在变速器的输出轴上，随着输出轴旋转。转子旋转时与永磁体之间的间隙发生周期性变化，导致电磁感应线圈中的磁通量变化，从而产生交流感应电压，输出的信号波形如图 5-5b 所示。

磁电式转速传感器随着转速增加，交流感应电压脉冲的频率增加，ECU 根据脉冲信号的频率计算车速。

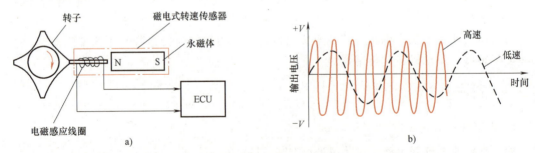

图 5-5 磁电式转速传感器的结构和输出的信号波形
a）结构 b）输出的信号波形

2. 霍尔式转速传感器

霍尔式转速传感器利用霍尔效应测量转速。传感器主要由触发叶轮、带导板的永久磁铁、霍尔元件组成，如图 5-6a 所示。

霍尔元件用导线连接在电路上，其上有电流（流动的电子）通过，电子在永久磁铁产生的磁场作用下偏转，产生霍尔电压。

触发叶轮随着旋转轴转动，其翼片在永久磁铁与霍尔元件间转动，使通过霍尔元件的磁通量发生变化，产生的霍尔电压也随之变化。变化的霍尔电压经集成电路放大整形，变成矩形方波信号输出，如图5-6b所示。

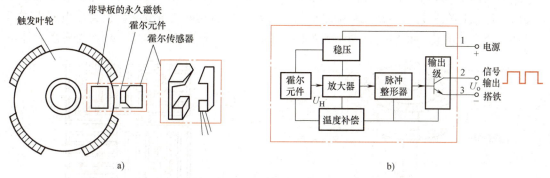

图5-6 霍尔式转速传感器的结构原理及内部电路图
a) 结构原理　b) 内部电路

3. 光电式转速传感器

光电式转速传感器用于数字式速度表上，由光耦合器（发光二极管即LED和光电晶体管）及装在测量轴上的透光板组成，结构如图5-7所示。

光电式转速传感器的工作原理如图5-8所示。带切槽的透光板随着测量轴转动，发光二极管发出的光周期性被透光板遮挡。当发光二极管发出的光通过透光板的切槽照到光电晶体管上时，传感器的Si端子输出5V电压；当光被透光板挡住，不能照射到光电晶体管上时，Si端子的输出电压是0V。因此，随着透光板旋转，Si端子输出一个0~5V的50%占空比的脉冲信号，信号频率取决于所测量的转速，转速越快，频率越高，如图5-9所示。

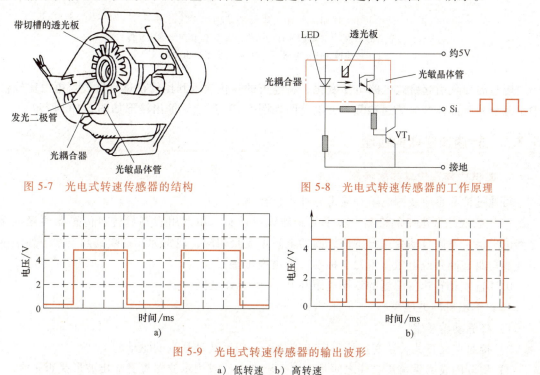

图5-7 光电式转速传感器的结构　　图5-8 光电式转速传感器的工作原理

图5-9 光电式转速传感器的输出波形
a) 低转速　b) 高转速

4. 磁阻式转速传感器

结构如图 5-10a 所示,包括和轴一起旋转的多极磁环以及固定的磁阻元件。当传感器轴旋转时,与轴连在一起的多极磁环随之旋转,磁环旋转引起磁通量变化,使集成电路内磁阻元件的阻值发生变化。磁阻元件的结构如图 5-10b 所示,分为 A、B、C、D 四组磁阻元件。

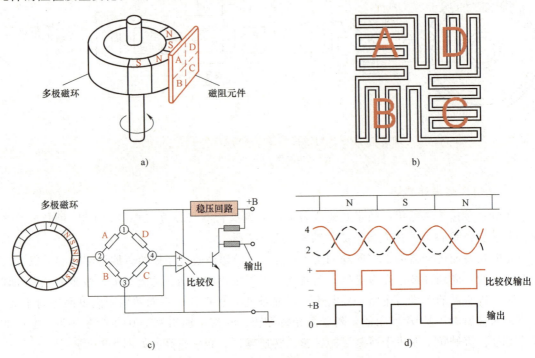

图 5-10 磁阻式转速传感器的结构和工作原理
a) 传感器的结构 b) 磁阻元件的结构(A/B/C/D 四组磁阻元件)
c) 传感器的连接电路图 d) 传感器的输出波形

阻值的变化引起桥式电路电压变化,将电压的变化输入到比较仪进行比较,再由比较仪输出信号控制晶体管的导通和截止,电路图如图 5-10c 所示,输出波形如图 5-10d 所示。

5.3.3 转速传感器的检测

1. 磁电式转速传感器的检测

可通过检测感应线圈电阻和输出脉冲进行检测。

(1) 感应线圈电阻的检测 拔下传感器线束插头,用万用表测量转速传感器两接线端之间的电阻。不同自动变速器感应线圈的电阻不完全相同,通常为几百欧到几千欧。如果感应线圈短路、断路或电阻值不符合标准,应更换传感器。

01M 输入轴转速传感器的线圈电阻在 $0.8 \sim 0.9 \text{k}\Omega$ 之间。

(2) 输出脉冲的检测

1)将驱动轮悬空。

2)接通点火开关,让变速杆位于空档位置,用手转动悬空的驱动轮。

3)用万用表测量两接线柱之间是否有间歇性电压或用示波器查看输出波形是否正常。

2. 霍尔式转速传感器的检测

1）将驱动轮悬空。

2）接通点火开关，让变速杆位于空档位置，用万用表测量图 5-6b 所示的 1 号和 3 号端子之间的电压值，应为 5V（12V）。

3）用手转动悬空的驱动轮。

4）用万用表测量图 5-6b 所示的 2 号和 3 号端子之间的电压或用示波器查看输出波形是否正常。

3. 光电式转速传感器的检测

光电式转速传感器只有供电电压正常的情况下才能工作。因此在进行光电式转速传感器检测时，首先应检测供电电压，然后检测输出信号是否正常。

(1) 供电电压检测　在点火开关打开的情况下，测量光电式转速传感器的供电端子和搭铁端子间的电压，正常应为 5V。

(2) 输出信号的检测　光电式转速传感器的输出信号可用万用表或示波器进行检测。

1）万用表检测。在转速很慢的情况下，用万用表电压档测量信号端子和搭铁端子的电压，应能够看到电压在 0~5V 间波动。

2）示波器检测。使用示波器对输出信号进行检测，应与图 5-9 所示波形对应。

4. 磁阻式转速传感器的检测

检测方法和霍尔式转速传感器类似。

【实训任务】

转速传感器的检测

一、设备准备

1. 可以运行的自动变速器实训台。
2. 万用表。
3. 示波器。

二、咨询

画出实训台上的转速传感器和 ECU 之间连接的电路图。

三、计划/决策

1. 找出转速传感器的电源端子（适用于霍尔式转速传感器和磁阻式转速传感器）、信号端子、接地端子并标注。
2. 设计检测转速传感器的步骤。

四、实施执行

1. 按照设计的检测步骤完成检测，将检测结果填入表 5-6。
2. 根据检测结果判断传感器类型，并说明判断依据。
3. 根据检测结果判断传感器是否有故障。

表 5-6 转速传感器的检测结果

测量端	转速值	电压(V)/信号波形		
		转速传感器 1	转速传感器 2	转速传感器 3
电源端-接地端	任意转速值			
信号端-接地端	低速 转速值:			
	中速 转速值:			
	高速 转速值:			

五、汇报/展示

小组展示检测结果。

六、优化/评价

1. 检测过程中有哪些注意事项？
2. 如果故障诊断为输出轴转速传感器信号故障，请设计检测步骤进行故障排除。

任务 4　自动变速器电控系统的输入信号及检测（3）——空档起动开关

空档起动开关也称为档位开关，安装在自动变速器手动阀摇臂轴上，由变速杆带动一起转动。

1. 空档起动开关的作用

1) 检测变速杆的位置，将其转变为电信号输入 ECU，同时控制仪表板上档位指示灯工作。
2) 控制起动机只有在变速杆处于 P 位或 N 位时才能起动。
3) 空档起动开关在前进档（D 位/2 位）时，自动变速器才能完成自动换档。
4) 空档起动开关在 D 位时，液力变矩器才能锁止。

2. 空档起动开关的工作原理及检测

某自动变速器空档起动开关的电路图如图 5-11 所示。

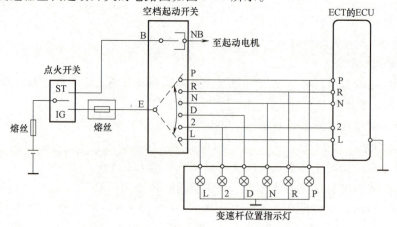

图 5-11　某自动变速器空档起动开关电路图

当 ECU 的 P、R、N、2 或 L 端子接收到高电平时，变速杆分别位于 P 位、R 位、N 位、2 位或 L 位。

当 ECU 的 P、R、N、2 或 L 端子都没有接收到高电平时，变速杆位于 D 位。

当变速杆位于 P 位或 N 位时，空档起动开关接通起动继电器的工作电路。

空档起动开关可通过测量电压或电阻（导通性）进行检测。

（1）**电压检测**　检查 ECU 和空档起动开关连接的端子与车身接地之间的电压。

1）拆下变速器 ECU（不拆开线束接线器）。

2）点火开关置于 ON 档。

3）变速杆置于不同位置时，用万用表电压档测量各端子与车身接地之间的电压。

变速杆置于不同位置时，A341E 发动机和变速器 ECU 相关端子的对地电压值见表 5-7。

表 5-7　变速杆置于不同位置时，A341E 发动机和变速器 ECU 相关端子的对地电压值

变速杆位置	ECU 和空档起动开关连接的各端子对地电压值/V			
	NSW	2	L	R
P、N	10~14	<1	<1	<1
R	<1	<1	<1	10~14
D	<1	<1	<1	<1
2	<1	10~14	<1	<1
L	<1	<1	10~14	<1

（2）**导通性检测**　检查空档起动开关的通断。用举升机举起汽车后，脱开空档起动开关插接器，将变速杆置于不同位置，检测各插脚之间的通断情况，变速杆置于不同位置时，A341E 空档起动开关各插脚之间的通断情况见表 5-8。

表 5-8　变速杆置于不同位置时，A341E 空档起动开关各插脚之间的通断情况

档位	端子								
	6(B)	5(N)	4(C)	7(PL)	8(RL)	10(NL)	9(DL)	2(2L)	3(1L)
P	○—	—○	○—	—○					
R			○—	—	—○				
N	○—	—○	○—	—	—	—○			
D			○—	—	—	—	—○		
2			○—	—	—	—	—	—○	
L			○—	—	—	—	—	—	—○

注：现在一部分自动变速器用档位传感器取代了空档起动开关，用于判断变速杆的位置。一些自动变速器的档位传感器集成在变速杆单元上，也有将档位传感器安装于变速器壳体上。档位传感器的类型包括霍尔式位置传感器、非接触双感应式位置传感器等。

【实训任务】

空档起动开关的检测

一、设备准备
1. 可以运行的自动变速器实训台。
2. 万用表。

二、咨询
画出实训台上的空档起动开关和ECU之间连接的电路图。

三、计划/决策
1. 找出空档起动开关的电源端子、接地端子并标注。
2. 设计空档起动开关的检测步骤。

四、实施执行
1. 按照设计的检测步骤完成检测,将检测结果填入表5-9。

表5-9 空档起动开关的检测结果

变速杆位置	电源端-各信号端		各信号端-接地端	
	电压/V	电阻/Ω	电压/V	电阻/Ω
P				
R				
N				
D				
S(2)				
L(1)				

2. 根据检测结果,画出表5-8中的空档起动开关导通图。
3. 根据检测结果判断空档起动开关是否有故障。

五、汇报/展示
小组展示检测结果。

六、优化/评价
1. 检测过程中有哪些注意事项?
2. 如果ECU无法识别空档起动开关的位置,整车故障的表现包括哪些?

任务5 自动变速器电控系统的输入信号及检测（4）——温度传感器

与自动变速器电控系统相关的温度传感器包括发动机冷却液温度传感器（Engine Coolant Temperature Sensor）和自动变速器油温传感器（Automatic Transmission Fluid Temperature Sensor）。

5.5.1 温度传感器的作用

1. 发动机冷却液温度传感器

用于检测发动机的工作温度，从而确定换档正时和控制锁止离合器的接合。

（1）确定换档正时　当发动机温度较低时，会推迟升档，使发动机高速运转，尽快暖机升温。

（2）控制锁止离合器的接合　当发动机温度低于某一设定值（一般为60~70℃）时，锁止离合器不接合。

2. 自动变速器油温传感器

用于检测自动变速器油（ATF）的温度，进行换档控制、油压控制和锁止离合器控制。

当油温高于某一设定值时，为防止变速器内部零件损坏，自动变速器ECU使锁止离合器接合；如果温度还是较高，ECU控制变速器降低一个档位。

当油温低于正常工作温度时，自动变速器ECU对工作油压进行调整，具体可参考项目4的任务3。

5.5.2 温度传感器的结构、工作原理及检测

1. 温度传感器的结构及工作原理

温度传感器通常是一个负温度系数热敏电阻，电阻值随着温度的升高而降低。特性曲线如图5-12所示。

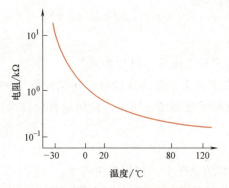

图5-12　负温度系数热敏电阻温度传感器的特性曲线

负温度系数热敏电阻传感器分为两端子式（信号端子和接地端子）和单端子式（信号

端子）。单端子式传感器和其他元器件共用搭铁。双端子式温度传感器和 ECU 之间的连接电路如图 5-13a 所示。其中 THW 为信号端子，E2 为接地端子。

图 5-13b 所示为传感器的内部电路图，晶体管和 1kΩ 的电阻串联后和 10kΩ 电阻并联，然后接入传感器电路。ECU 提供 5V 电压。

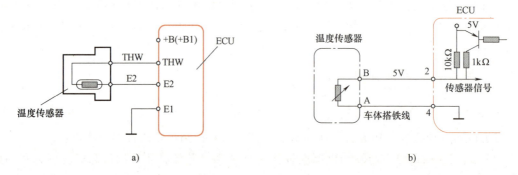

图 5-13 负温度系数热敏电阻传感器与 ECU 的连接电路及 ECU 内部电路
a）连接电路　b）ECU 内部电路

> 【思考】
>
> **负温度系数热敏电阻温度传感器的内部电路设计成图 5-13b 所示的目的是什么？**
>
> 保证测量结果的准确性。
>
> 当所测温度较低时，传感器热敏电阻的阻值较大，此时晶体管截止，5V 电压仅通过 10kΩ 的电阻及传感器后搭铁。由于热敏电阻的阻值和 10kΩ 相差不大，传感器测得的数据比较准确。
>
> 当所测温度达到一定数值，热敏电阻的阻值变小，相对 10kΩ 阻值较小。为了保证测量结果的准确性，晶体管导通，晶体管和 1kΩ 的电阻串联后和 10kΩ 电阻并联接入电路，这部分电路的总电阻小于 1kΩ，与温度较高情况下的热敏电阻阻值相差不大。这样，即使温度升高后也能使测量数据准确。

2. 温度传感器的检测

可通过测量传感器的电阻和电压信号进行检测。

（1）**电压检测**　打开点火开关，起动发动机，在发动机/变速器各工作温度下，用万用表测量信号输出端子和搭铁端子之间的电压值，此值应符合标准值。

（2）**电阻检测**

1）拆下温度传感器。

2）将传感器置于盛有水的烧杯中，加热杯中的水。

3）测量在不同温度下传感器两接线端子之间的电阻。

将测量的电阻值与标准值相比较。01M 自动变速器油温传感器在各温度下的电阻标准值见表 5-10。

表 5-10　01M 自动变速器油温传感器 G93 的特性

自动变速器油温度/℃	电阻值/kΩ
20	247
60	48.8
120	7.4

【实训任务】

温度传感器的检测

一、设备准备

1. 可以运行的自动变速器实训台。
2. 温度计。
3. 万用表。

二、咨询

1. 画出实训台上的温度传感器和 ECU 之间连接的电路图。
2. 根据图 5-13b 所示电路图，分析温度传感器在 ECU 内部的电路原理。

三、计划/决策

1. 将温度传感器拆下，找出其接地端子（若有）及信号输出端子并标注。
2. 设计温度传感器的检测步骤。

四、实施执行

1. 按照设计的检测步骤完成检测，将检测结果填入表 5-11 中。

表 5-11　温度传感器的检测结果

传感器所检测的温度/℃	各信号端-接地端	
	电压/V	电阻/Ω

2. 画出信号端对地的电压值和电阻值随温度变化的曲线。
3. 根据检测结果判断温度传感器是否有故障。

五、汇报/展示

小组展示检测结果。

六、优化/评价

如果温度传感器信号不正确，自动变速器如何启用失效保护功能？

任务6 自动变速器电控系统的执行器及检测——电磁阀

电控系统的执行器主要是电磁阀和各种指示灯。

5.6.1 电磁阀的结构原理

电磁阀一般分为开关型电磁阀和脉冲型电磁阀两种。

1. 开关型电磁阀的结构和工作原理

开关型电磁阀的作用是开启和关闭自动变速器油路,通常用于换档控制及液力变矩器锁止控制。

开关型电磁阀分为常开型和常闭型两种。常开型电磁阀是指不通电情况下打开控制的油道,常闭型电磁阀是指不通电情况下关闭控制的油道。

图5-14所示为常开开关型电磁阀的结构原理图。电磁阀由电磁线圈、衔铁、阀芯和回位弹簧(图上未标注)等组成。该电磁阀控制泄油通道的通断。

当电磁线圈断电时,阀芯在回位弹簧的作用下上移(图右侧显示),打开泄油通道,控制油路的油压下降。

当电磁线圈通电时,阀芯在电磁力作用下克服回位弹簧的作用力下移(图左侧显示),关闭泄油通道,控制油路和主油路相通,油压升高。

开关型电磁阀主要用于自动变速器的换档,如A341E的1号和2号电磁阀,01M的N88、N89、N90电磁阀。01M另外还有两个开关型电磁阀N92和N94用于换档平顺性控制。

2. 脉冲型电磁阀的结构和工作原理

脉冲型电磁阀的结构与开关型电磁阀基本相似,也是由电磁线圈、衔铁、阀芯和回位弹簧等组成,如图5-15所示,其作用是控制油路中油压的大小。

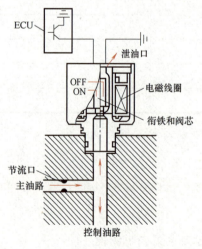

图5-14 常开开关型电磁阀的结构原理图

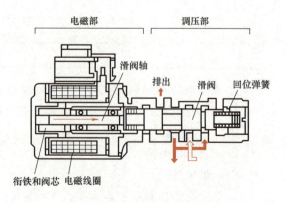

图5-15 脉冲型电磁阀的结构

它和开关型电磁阀的不同在于其控制信号不是恒定不变的电压信号,而是一个固定频率的脉冲信号,电磁阀在脉冲信号的作用下反复地开启和关闭油孔。

通过改变脉冲信号的占空比,改变电磁阀开启和关闭时间,从而控制油路的压力。

脉冲信号的占空比:一个脉冲周期中通电时间所占的比值,变化范围 0~100%。如图 5-16 所示。

脉冲型电磁阀可以控制进油道或泄油道。当控制泄油道时,占空比越大,经电磁阀泄出的液压油越多,油路压力越低;反之,占空比越小,油路压力越高,工作特性如图 5-17 所示。当控制进油通道时,工作特性刚好相反。

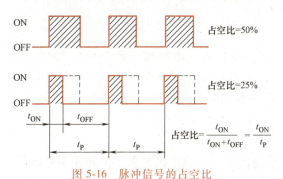

图 5-16 脉冲信号的占空比　　　　图 5-17 脉冲型电磁阀的工作特性(控制泄油通道)

脉冲型电磁阀在自动变速器控制系统中主要用于油压调节和液力变矩器锁止控制。如 A341E 的 3 号和 4 号电磁阀以及 01M 的 N91、N93 电磁阀。

5.6.2　01M 和 A341E 的电磁阀及作用

电磁阀主要用于自动变速器的换档控制、液力变矩器的锁止控制和换档平顺性的改善,分为换档电磁阀、液力变矩器锁止电磁阀和油压调压电磁阀等。

1. 01M 的电磁阀及作用

01M 使用的电磁阀较多,包括变速杆锁止电磁阀 N110,换档电磁阀 N88/N89/N90,液力变矩器锁止电磁阀 N91,主油压调节电磁阀 N93 和换档平顺电磁阀 N92/N94。

变速杆锁止电磁阀 N110 位于变速杆上,与点火系统相连,起锁止变速杆的作用,在制动踏板没有被踩下或没有按下锁止开关时,变速杆不可移出 P 位。各档位电磁阀的工作情况见表 4-3。电磁阀与 ECU 之间的连接如图 5-1 所示。

(1) **N88/N89/N90 换档电磁阀**　N88/N89/N90 是开关型电磁阀。T68/67 号端子为三个电磁阀供电,控制单元分别通过控制 T68/55 号、T68/54 号、T68/9 号端子的搭铁来控制三个电磁阀的打开和关闭。

各换档电磁阀只在两个位置上切换,每个位置对应各自输出档位,若因滑阀卡滞或电磁阀失效使滑阀不在设定位置,变速器将丢失对应的档位。

(2) **N91 液力变矩器锁止电磁阀**　N91 电磁阀为脉冲型电磁阀,该电磁阀也是由控制单元的 T68/67 号端子供电,并由 T68/47 号端子控制搭铁。调节作用于 N91 的信号占空比,可控制液力变矩器的锁止程度。该电磁阀失效,会导致液力变矩器无锁止功能。

【思考】

液力变矩器锁止电磁阀采用脉冲型电磁阀相较于采用开关型电磁阀有什么好处?

早期的液力变矩器锁止电磁阀都是采用开关型电磁阀,此时TCC阀只能处于两个位置,锁止离合器左侧的油压只有两种情况,锁止离合器的接合压力只决定于液力变矩器调压阀调节后的油压;如果采用脉冲型电磁阀,TCC阀能处于上两个极限位置中间的任意位置,锁止离合器左侧的油压连续变化,可以根据工况调整锁止离合器的接合压力,提高舒适性和燃油经济性。

(3) **N92 换档平顺电磁阀** 该电磁阀为开关型电磁阀,由控制单元 T68/67 号端子供电,T68/56 号端子控制搭铁,在档位切换时,向 C_1 协调阀、C_3 协调阀及 B_2 协调阀同时送入控制油压,瞬间关小去往离合器 C_1、离合器 C_3、制动器 B_2 的进油口,同时调节送往制动器 B_1 的油压,以减缓离合器/制动器的接合速度,减小档位切换时的冲击。

该电磁阀失效,会导致各档位切换时均有冲击。

(4) **N93 主油压调节电磁阀** N93 用于调节系统油压。该电磁阀是一个脉冲型电磁阀,通过控制单元的 T68/58 号端子和 T68/22 号端子与控制单元相连。

控制单元根据节气门位置传感器、档位及车速传感器信号,调整施加在 N93 上的脉冲信号占空比,产生一个控制油压,改变主调压阀的位置,完成主油压调节。

(5) **N94 换档平顺电磁阀** N94 为开关型电磁阀,在离合器 C_1 工作后,变速器在 D 位 3 档工作时,将油压送入 C_1 协调阀的右腔,和由 N92 换档平顺阀送入 C_1 协调阀左腔的油压抗衡,使 C_1 协调阀不受 N92 换档平顺阀干涉,以稳定离合器 C_1 在 D 位 3 档的油压,减小换档冲击。

N94 电磁阀和其他几个电磁阀共用电源电压,即由 T68/67 号端子供电,T68/10 号端子控制搭铁,以控制电磁阀的开闭。

(6) **变速杆锁止电磁阀 N110** 变速杆锁止电磁阀位于变速杆上,该电磁阀的一端与点火系统 15 号线接通,另一端连接控制单元的 T68/29 号端子,起到锁止变速杆的作用。

【思考】

1. 变速杆锁止电磁阀锁止变速杆的原理是什么?

变速杆锁止电磁阀的锁止属于电磁锁止,锁止原理如图 5-18a 所示,当电磁阀断电,锁止销在弹簧力的作用下位于左侧,变速杆被锁止,无法移动。

2. 踩下制动踏板,变速杆解除锁止的原理是什么?

踩下制动踏板解锁是一个电控过程。踩下制动踏板的信号给到自动变速器控制单元,控制单元给锁止电磁阀通电,锁止销在电磁力的作用下右移,解除电磁锁止,解除锁止的原理如图 5-18b 所示。

3. 一般来说，变速杆可以从 N 位直接拨至 D 位？或者按下变速杆锁止开关从 N 位拨至 R 位？但是一些工况下，即使按下变速杆锁止开关，变速杆无法从 N 位移动到其他位置？这是什么原因？

当车速低于 5km 时，在 N 位停留 1~2s，控制单元给锁止电磁阀通电，锁销顶出，锁止变速杆，如图 5-18c 所示，此时是电磁锁止，不是机械锁止，需要踩制动踏板才可以解锁，不需要按锁止开关。

4. 当车辆的蓄电池被断开或者电量不足时，变速杆是否能够移出 P 位？

P 位有电磁锁止，如果蓄电池断开或者电量不足，电磁阀不能通电，电磁锁止无法解除。此时需要启用应急解锁，按下应急解锁按钮，并按下变速杆锁止开关，变速杆可从 P 位移出，按下应急解锁的原理如图 5-8d 所示。一般应急解锁按钮在变速杆防尘罩的下方，具体位置可参照车辆维修手册。

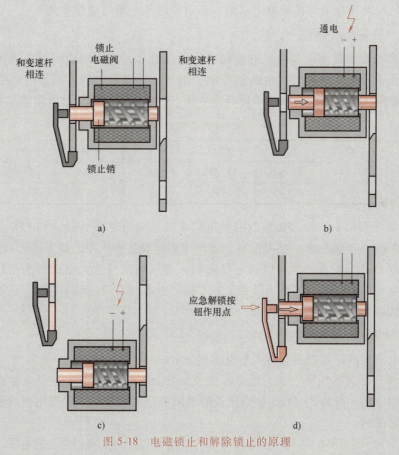

图 5-18 电磁锁止和解除锁止的原理

a）P 位电磁锁止的原理　b）P 位解除电磁锁止的原理　c）N 位电磁锁止的原理　d）应急解除电磁锁止的原理

点火开关接通，当变速器变速杆在 N 位或 P 位时，ECU 控制 T68/29 号端子施加蓄电池电压，电磁阀断电，变速杆锁止。

点火开关接通，踩下制动踏板，ECU 控制 T68/29 号端子搭铁，电磁阀通电，变速杆电磁锁止解除。

点火开关断电，ECU 控制 T68/29 号端子搭铁，电磁阀断电，变速杆锁止。

2. A341E 的电磁阀及作用

A341E 电控系统使用了四个电磁阀，1 号、2 号电磁阀用于换档控制，均为开关型电磁阀，自动变速器换档过程中，两个换档电磁阀的工作情况见表 4-4。

3 号电磁阀和 4 号电磁阀为脉冲型电磁阀。3 号电磁阀用于锁止离合器控制，当锁止条件满足时，作用在 3 号电磁阀上的信号占空比改变，会改变锁止离合器左右两侧的油压，锁止离合器进入锁止状态；反之亦然。4 号电磁阀用于蓄压器背压控制，当节气门开度变大，作用在 4 号电磁阀上的信号占空比改变，加大蓄压器背压，可适当降低蓄压器的减振能力，加快换档过程，防止大转矩传递时执行元件打滑。电磁阀与 ECU 之间的连接如图 5-2 所示。

5.6.3 电磁阀的检测

电磁阀的检测内容主要包括电阻检测、通电检测及电磁阀动作检测。

1. 开关型电磁阀的检测

（1）检测电磁阀的电阻　脱开电磁阀线束插接器后，用万用表测量电磁阀插脚之间的电阻。自动变速器开关型电磁阀的线圈电阻一般为 10~30Ω。如果测量的电阻值过大或过小，说明电磁阀线圈断路或短路，需更换电磁阀。01M 电磁阀的标准电阻值见表 5-12。

表 5-12　01M 电磁阀的标准电阻值

电磁阀	N88	N89	N90	N91	N92	N93	N94
标准电阻/Ω	55~65	55~65	55~65	4.5~6.5	55~65	4.5~6.5	55~65
电磁阀类型	开关型	开关型	开关型	脉冲型	开关型	脉冲型	开关型

（2）检查电磁阀的动作　如果电磁阀电阻正常，向电磁阀线圈施加 12V 电压，应能听到电磁阀动作的"咔哒"声。如果没有，说明电磁阀阀芯有卡滞，应更换电磁阀。

（3）检查电磁阀的开闭情况　拆下电磁阀，将压缩空气吹入电磁阀进油口，检查电磁阀在线圈通电和不通电时，其开闭是否良好。如果电磁阀不通电时不通气，则通电时就应通气，反之亦然。如果不正常，需更换。

2. 脉冲型电磁阀的检测

脉冲型电磁阀的检测方法和开关型电磁阀类似。

（1）检测电磁阀的电阻　脱开电磁阀线束插接器后，用万用表测量电磁阀两插脚之间的电阻，线圈电阻一般为 3~5Ω。如果测量的电阻值过大或过小，说明电磁阀线圈断路或短路，需更换电磁阀。

（2）检查电磁阀的动作　拆下电磁阀，将电磁阀线圈施加 4V 左右的电压（可将蓄电池串联一个低电阻，如一个 8~10W 灯泡）时，应能听到电磁阀动作的响声；对于滑阀式电磁阀，应能看到电磁阀阀芯向外移动，断开电源时，电磁阀阀芯应退回。否则说明电磁阀阀芯有卡滞，应更换电磁阀。

项目5 电子控制系统

【实训任务】

电磁阀的检测

一、设备准备

1. 可以运行的自动变速器实训台。
2. 万用表。
3. 示波器。

二、咨询

1. 画出实训台上所有电磁阀和 ECU 之间连接的电路图。
2. 分析各电磁阀的作用。

三、计划/决策

设计电磁阀的检测步骤。

四、实施执行

按照设计的检测步骤完成检测,将结果填入表 5-13 中。

表 5-13 电磁阀的检测结果

所检测的电磁阀	电磁阀的作用	信号端-接地端 电压(V)/电压波形	磁阀的类型 (开关型/脉冲型)
1号电磁阀			
2号电磁阀			
3号电磁阀			
4号电磁阀			
5号电磁阀			

五、汇报/展示

小组展示检测结果。

六、优化/评价

检测过程中有哪些注意事项?

拓展任务7 6F35 电控系统分析

【自主学习】

根据附录 B 6F35 的电控系统学习资料,完成以下问题。

1. 列出 6F35 电控系统所有输入信号,并说明其作用及安装位置。
2. 列出 6F35 电控系统所有的执行器,并说明其类型(开关型/脉冲型)、作用及安装位置。
3. 画出 6F35 的控制框图。

任务 8　自动变速器电控系统的控制内容

自动变速器电控系统的控制内容包括换档控制、液力变矩器的锁止控制、系统油压控制和换档平顺性控制。

5.8.1　换档控制

换档控制即换档点（变速点）控制，是变速器 ECU 最主要的控制功能。档位自动进行切换的点称为换档点。换档点主要由节气门开度和车速决定。冷却液温度、ATF 温度和巡航控制等信号也影响自动变速器的换档。例如，当冷却液温度、ATF 油温度过低时，自动变速器不会升档。控制框图如图 5-19 所示。

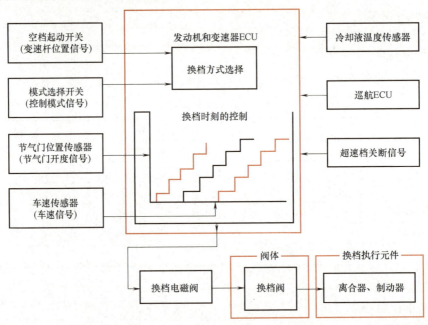

图 5-19　自动变速器换档时刻控制框图

1. 自动变速器的换档规律和换档规律图

换档（升档或降档）车速与节气门开度的关系称为换档规律。换档规律通过对自动变速器 ECU 标定得到。现代轿车多用阶梯型或连续型换档规律，主要由节气门位置传感器的类型决定。

图 5-20、图 5-21 所示为变速杆置于 D 位，换档规律开关分别置于 Power（动力）模式和 Normal（常规）模式下的阶梯型换档规律图。图中，实线：升档；虚线：降档。

自动变速器换档规律有如下特点：

1）在同一个节气门开度，升档车速高于降档车速。

升档车速和降档车速之间的差值称为降档速差。该速差是自动换档控制的一个必要条件，可以避免自动变速器在某一个车速附近频繁升降档，加速自动变速器磨损。

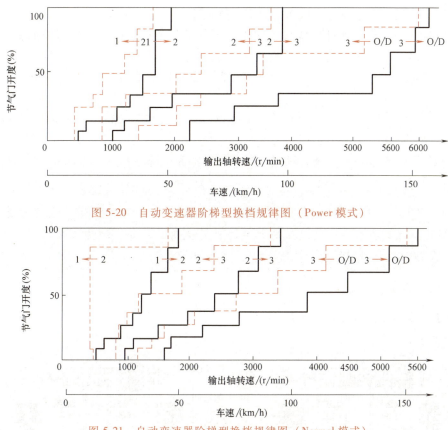

图 5-20 自动变速器阶梯型换档规律图（Power 模式）

图 5-21 自动变速器阶梯型换档规律图（Normal 模式）

2）当变速杆置于 D 位，且节气门开度相同时，动力模式换档规律的各档升档及降档车速都比常规模式换档规律的升档及降档车速高。升档车速越高，动力性越好，降档时亦然。反之，升档车速越低，燃油经济性越好。

连续型换档规律如图 5-22 所示，该换档图为常见 4 档自动变速器的换档规律图（实线：

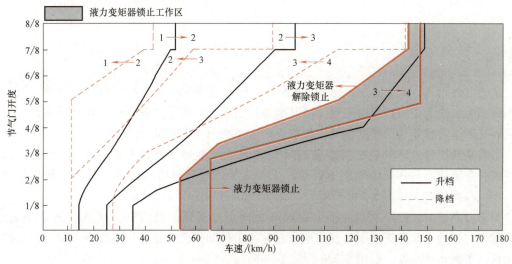

图 5-22 自动变速器连续型换档规律图

升档；虚线：降档。右边灰色区域为液力变矩器锁止离合器工作区）。

ECU 存储了每一个变速杆位置和工作模式下的最佳换档规律。根据当前的变速杆位置和工作模式，ECU 确定换档规律，然后收集相关传感器信号确定是否进行换档。当需要换档时，ECU 控制相应电磁阀，打开或切断离合器、制动器的油路，实现升/降档。

【思考】

换档规律存储在 ECU 的哪个部分？

换档规律存储在微处理器的只读存储器（ROM）中。ROM 所存数据通常是装入整机前写入的，整机工作过程中只能读出，不像随机存储器（RAM）能快速方便地改写存储内容。ROM 所存数据稳定，断电后所存数据也不会改变，并且结构较简单，使用方便，因而常用于存储各种固定程序和数据。

2. 自动变速器的换档过程

自动变速器的换档过程如图 5-23 所示。

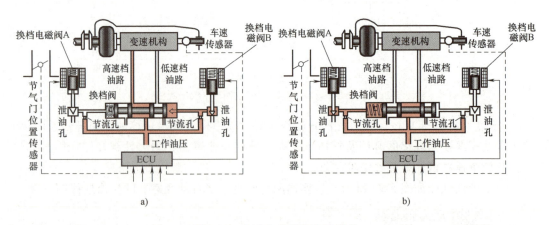

图 5-23 自动变速器的换档过程
a) 升档　b) 降档

换档电磁阀 A、B 分别控制着换档阀左、右两端的油压。当电磁阀打开其泄油口时，换档阀端部无主油压作用；当电磁阀关闭其泄油口时，主油路压力油作用在换档阀端部。自动变速器根据车速和节气门开度信号，控制换档电磁阀 A 和换档电磁阀 B。

当需要升档时，ECU 控制换档电磁阀 A 关闭泄油通道，换档电磁阀 B 打开泄油通道。换档阀在左侧油压和弹簧的作用下右移，工作油压经过高速档油路进入对应的换档执行元件，实现档位切换，如图 5-23a 所示。

当需要降档时，ECU 控制换档电磁阀 B 关闭泄油通道，换档电磁阀 A 打开泄油通道。换档阀在右侧油压作用下克服弹簧作用力左移，工作油压经过低速档油路进入对应的换档执行元件，实现档位切换，如图 5-23b 所示。

【做中学】

换档控制的认识

设备准备：自动变速器实训台。

结合实训台，查阅资料完成以下问题。

1. 列出自动变速器实训台上和换档相关的输入信号，填入表 5-14。

表 5-14 自动变速器换档控制需要的输入信号

名　称	作　用

2. 列出实训台上和换档过程相关的执行器。
3. 分析不同档位执行器的工作情况。
4. 分析自动变速器选择不同的换档模式后，工作过程有什么区别？
5. 什么是自动变速器降档速差？为什么需要有降档速差？

5.8.2 液力变矩器的锁止控制

液力变矩器不能将发动机动力 100% 传递至变速器，有一定的能量损失。为了防止这种能量损失，自动变速器控制系统在条件满足的情况下，通过锁止离合器将液力变矩器的泵轮和涡轮机械连接，实现动力 100% 传递，同时降低油耗。

自动变速器 ECU 已存储了每种行驶方式（不同变速杆位置、不同工作模式）下锁止离合器的工作程序。依照这些程序，变速器 ECU 可根据车速和节气门开度等信号控制锁止电磁阀接通或断开，从而控制液力变矩器的锁止时机。控制框图如图 5-24 所示。

1. 液力变矩器锁止的条件

一般来说，液力变矩器锁止需要同时满足以下条件：

1）变速杆置于 D 位，以 2 档、3 档或超速档行驶。
2）节气门处于非怠速工况（节气门位置传感器怠速触点断开）。
3）达到一定车速。
4）发动机冷却液温度和自动变速器油温达到正常工作温度。
5）未收到以下任何一个解除锁止的信号：
① 制动开关接通。制动开关接通时，为了防止发动机熄火，需要将锁止离合器分离。
② 档位切换。档位切换时为了避免换档冲击，锁止离合器需要分离。
③ 在巡航控制系统控制下，车速低于设定车速，>10km/h。此时，将锁止离合器分离，

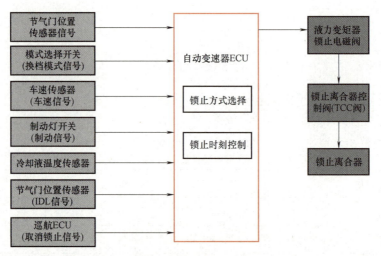

图 5-24 液力变矩器锁止时机的控制

液力变矩器进入变矩工况，具有转矩放大作用，提高汽车加速性能。

液力变矩器锁止时对应的车速称为锁止工作点（简称锁止点）。为防止液力变矩器在锁止点附近出现反复的锁止、解锁，必须使锁止点与解除锁止点的车速不同，即有一个锁止速差。如图 5-22 所示，液力变矩器锁止和液力变矩器解除锁止的中间区域即为锁止差速区。

2. 液力变矩器的锁止过程

现代自动变速器的锁止系统包括一个锁止离合器控制阀和一个锁止电磁阀。通过锁止电磁阀控制锁止离合器控制阀（TCC 阀、锁止中继阀、锁止继动阀）的阀芯位置，实现油路的切换和液力变矩器的锁止。详细工作过程见项目 2 任务 3 以及项目 4 任务 6 的相关介绍。

早期的锁止电磁阀均采用开关型电磁阀，目前多采用脉冲型电磁阀，不仅可以控制锁止正时，还可以调节锁止离合器接合油压，提高锁止离合器接合和分离时的平顺性。

【做中学】

液力变矩器锁止控制的认识

设备准备： 自动变速器实训台。

结合实训台，查阅资料完成以下问题。

1. 列出实训台上和液力变矩器锁止控制相关的输入信号，填入表 5-15。

表 5-15 液力变矩器锁止控制需要的输入信号

名　　称	作　　用

2. 列出和液力变矩器锁止过程相关的执行器，并说明执行器的工作情况。

5.8.3 主油压控制和换档平顺性控制

1. 主油压控制

现代自动变速器取消了由节气门拉索控制的节气门阀，利用油压调节电磁阀调节主油压。

油压调节电磁阀为脉冲型电磁阀。变速器 ECU 根据节气门开度等信号，改变作用于油压调节电磁阀上的脉冲信号占空比，对主油压进行调节，具体见项目 4 任务 3 的介绍。

2. 换档平顺性控制

在换档时刻，ECU 通过控制换档执行元件的油压、油压作用的持续时间、液力变矩器的锁止状态、主油压大小和发动机的输出转矩等来减小换档冲击，保证换档平顺性。主要包括以下措施：

(1) **换档油压控制**　在换档过程中，适当降低主油压以及蓄压器背压，以减缓离合器和制动器的接合速度，减小换档冲击。

(2) **转矩控制**　在换档瞬间，通过延迟点火或减少喷油量，暂时减少发动机的输出转矩，以减小换档冲击和汽车减速时出现的波动。

(3) **N-D 换档控制**　变速器在 P 位/N 位和 D 位/R 位之间进行切换时，通过控制发动机喷油量，将发动机的转速变化减至最小程度，以改善换档质量。

【做中学】

主油压控制和换档平顺性控制分析

设备准备：自动变速器实训台。

结合实训台，查阅资料完成以下问题。

1. 列出实训台上和主油压控制相关的输入信号，填入表 5-16。

表 5-16　自动变速器主油压控制需要的输入信号

名　称	作　用

2. 指出实训台上和主油压控制相关的电磁阀。
3. 指出实训台上和换档平顺性控制相关的电磁阀。

拓展任务 9　自动变速器电控系统的失效保护功能

当电磁阀、输入信号等出现故障时，自动变速器 ECU 将利用其备用功能，配合变速杆工作，使汽车继续行驶到维修站进行维修，此功能称为自动变速器的失效保护功能。

不同变速器有不同的失效保护功能，总结如下。

5.9.1 传感器故障

1. 节气门位置传感器故障

一部分车型有两个节气门位置传感器或加速踏板位置传感器，其中一个损坏，另一个可以正常工作。

如果控制系统里只有一个节气门位置传感器，该传感器有故障时，变速器控制单元根据怠速开关的状态进行控制。

若怠速开关断开（加速踏板被踩下），按节气门开度为1/2进行控制，同时节气门油压按最大值输出。

当怠速开关接通（加速踏板放松），按节气门处于全闭状态进行控制，同时节气门油压按最小值输出。

2. 车速传感器故障

许多车型的自动变速器有两个车速传感器，一个用于自动变速器的换档控制（称为第二车速传感器），另一个为仪表提供车速信号（称为第一车速传感器），这两个传感器都和变速器控制单元连接。

当用于换档的车速传感器损坏时，提供车速信号的车速传感器可用来控制换档，称为备用传感器。

当两个车速传感器均出现故障时，自动变速器不能进行自动换档控制。档位由变速杆的位置决定，在 D 位和 S（2）位时固定为超速档或3档，在 L（1）位固定为2档或1档；或者不论变速杆在任何前进档位置，都固定为1档，以保持汽车最基本的行驶能力。

3. 输入轴转速传感器故障

当输入轴转速传感器故障时，ECU 停止减转矩控制，换档冲击有所增大。

4. 自动变速器油温传感器故障

自动变速器油温传感器故障时，ECU 按照默认值（一般为80℃）进行控制。

5.9.2 执行器故障

1. 换档电磁阀

若换档电磁阀出现故障，ECU 有两种不同的失效保护模式。

（1）**所有换档电磁阀有故障** 自动变速器档位将完全由变速杆的位置决定，在 D 位、S（2）位和 L（1）位时，被固定在某个档位。

（2）**换档电磁阀中有一个或几个出现故障** 自动变速器 ECU 控制其他无故障的电磁阀工作，以保证自动变速器仍能自动升档或降档，但会失去某些档位。升档和降档规律有所变化，可能由1档直接升至3档或超速档。

A341E 若1号或2号电磁阀失效，变速器 ECU 仍将继续控制正常电磁阀工作，使一些换档仍能进行，车辆继续行驶。当1号和2号电磁阀均失效时，变速器固定在3档工作。

01M 若进入失效保护模式，各电磁阀全部断电，此时 N88/N90 电磁阀起作用。变速杆置于 D 位时，C_1、C_3 工作，变速器在 3 档工作；变速杆置于 R 位时，B_1、C_2（不受电磁阀控制）工作，倒档可以正常工作。

2. 锁止电磁阀故障

当锁止电磁阀出现故障时，ECU 停止锁止离合器控制，锁止离合器始终处于分离状态。

3. 油压调节电磁阀故障

当油压调节电磁阀出现故障时，系统油压保持在最大值，限压阀打开，变速器各档出现换档冲击。

项目6 液力自动变速器的故障诊断维修

学习目标

1. 掌握自动变速器的基本检查和常规试验的操作流程。
2. 掌握自动变速器的故障诊断流程。
3. 能够利用所学知识对液力自动变速器的常见故障进行诊断。

参考学时

4学时。

学习引导

随着汽车行驶里程的增加,自动变速器的技术状况会逐渐变差,出现性能下降或一些部件损坏,需要对自动变速器进行定期检查及维修。

学习思路

项目6是液力自动变速器的最后一个项目,是项目1至项目5知识的综合运用,旨在了解自动变速器的基本检查和常规试验(任务1);掌握自动变速器故障诊断思路及故障诊断维修流程,并依据所学知识对液力自动变速器故障进行诊断分析(任务2)。

任务实施

盲目拆卸分解自动变速器,不但找不出产生故障的真正原因,还会造成自动变速器不应有的损坏。

在进行自动变速器拆解前应对其进行基本检查和试验,确定自动变速器故障范围,为维修提供依据。

自动变速器维修完成后,也应进行全面性能试验,以保证各项性能指标达到标准要求。

任务1　自动变速器的基本检查及常规试验

6.1.1　自动变速器的基本检查

自动变速器的基本检查包括油液的检查、节气门及拉索匹配的检查、怠速检查、变速杆与档位开关的匹配检查、输入信号的检查和执行器检查等。本节主要介绍油液检查。

自动变速器油液（ATF）的检查，包括油液液面高度和油液品质的检查。

1. 自动变速器的油液液面高度检查

油液液面过低，油泵进油口吸入空气，会导致油压降低，管道压力建立缓慢，行星齿轮系统润滑不良，离合器和制动器打滑，加速性能变坏。

油液液面过高，旋转的行星齿轮系统搅动油液，使空气进入形成泡沫，且油液易过热氧化形成胶质，影响各滑阀、离合器和制动器的正常工作。

自动变速器的液面高度检查方法通常有油尺检查法和溢流孔检查法两种。检查前的准备工作包括：

1) 车辆停放在水平路面上。
2) 变速杆置于P位或N位。
3) 发动机怠速运转1min以上，使变速器油温达到正常工作温度（50~80℃）。

（1）油尺检查法

1) 踩住制动踏板并拉紧驻车制动。
2) 将变速杆从P位依次拨至R位、D位和S/L位等，并在每个档位停留几秒钟，使液力变矩器和所有换档执行元件都充满工作油液，最后将变速杆拨至P位。
3) 从加油管内拔出自动变速器油尺并擦净，将擦干净的油尺全部插入加油管后再拔出，检查油尺上的油液高度。

油液高度应在图6-1a所示油尺刻线的min和max之间，靠近max位置，或在图6-1b、c所示HOT（热车）范围。如果此时油液位置低于油尺刻线的min或在HOT范围下限，则应添加原厂规定品牌及型号的自动变速器油。

注意油尺上虽然有COOL（冷车）范围，但这只是在更换自动变速器油或发动机未运转时作为参考用，以便在发动机处于冷车时了解自动变速器油的油液液面高度是否正常。

（2）溢流孔检查法　部分车型没有自动变速器液面高度检查尺，而是在自动变速器油底壳上设一个溢流孔，在变速器正常工作时，溢流孔用螺栓堵住。

当需要检查液面高度时，将车辆水平停放，保持发动机怠速运转，将变速杆分别置于各个档位停留片刻，然后将变速杆置于P

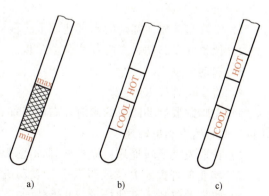

图6-1　三种自动变速器油液液面高度检查油尺
a）双刻度油尺　b）三刻度油尺　c）四刻度油尺

位或 N 位，拧开螺栓，如果有少量油液溢出，液面高度为正常。

2. 自动变速器的油液品质检查

油液品质的检查主要包括气味、状态和颜色的检查。正常工作油液的颜色一般为红色，且无气味。如果工作油液呈棕色或有焦味，说明已变质，应立即换油。油液状态及可能变质原因见表 6-1。

表 6-1　自动变速器油的油液状态及可能变质原因

油液状态	变质原因
油液发白、浑浊	水分进入油中，应检查油液冷却器是否锈蚀
油液有轻微烧焦气味或轻微变质	换油后进一步检查，如工作正常无明显故障，可继续使用
油液变为深褐色或深红色，油尺上黏附胶质油膏和烧焦气味	没有及时更换油液，长期重载荷运转，某些部件打滑或损坏引起变速器过热
油液中有金属屑	离合器、制动器或单向离合器严重磨损

6.1.2　自动变速器的常规试验

自动变速器基本检查无故障，但运行中仍存在故障，可能是自动变速器内部的某个离合器、制动器有故障，或某个阀有故障。在拆下维修之前需进一步试验，锁定故障点，为维修提供依据。

自动变速器的试验包括失速试验、时滞试验、油压试验和道路试验等。

1. 失速试验

将变速杆置于 D 位或 R 位，左脚踩住制动踏板，右脚把加速踏板踩到底，等发动机转速不再升高时迅速读出发动机转速，该转速为发动机失速转速，该试验称为失速试验。失速试验是自动变速器故障诊断最常用的试验方法。

(1) 试验准备工作

1) 让汽车行驶至发动机和自动变速器均达到正常工作温度。

2) 检查汽车的脚制动和驻车制动，确认其性能良好。

3) 检查自动变速器液压油高度，应正常。

(2) 试验步骤

1) 将汽车停放在宽阔的水平地面上，前后车轮用三角木块塞住。

2) 拉紧驻车制动，左脚踩住制动踏板。

3) 起动发动机。

4) 将变速杆拨入 D 位。

5) 左脚踩紧制动踏板的同时，右脚将加速踏板踩到底，在发动机转速不再升高时，迅速读取此时的发动机转速。

6) 读取发动机转速后，立即松开加速踏板。

7) 将变速杆拨入 P 位或 N 位，让发动机怠速运转 1min。

8) 将变速杆拨入其他档位（R/S/L 或 2/1），做同样的试验。

自动变速器的失速转速一般为 2200~2500r/min。若失速转速与标准值相符，说明自动变速器的油泵、主油路油压及各个换档执行元件的工作基本正常。

若失速转速高于标准值,说明主油路油压过低或换档执行元件打滑;若失速转速低于标准值,可能是发动机动力不足或液力变矩器有故障。

例如,当液力变矩器中的导轮单向离合器打滑时,液力变矩器在液力偶合器的工况下工作,其变矩比下降,使发动机的负荷增大、转速下降,失速转速低于标准值。

不同档位,失速转速异常的常见故障原因见表6-2。

表6-2 失速转速异常的常见故障原因

变速杆位置	失速转速	故障原因
所有位置	过高	(1)主油路油压过低 (2)前进档和倒档的换档执行元件打滑
所有位置	过低	(1)发动机动力不足 (2)液力变矩器导轮的单向离合器打滑
仅在D位	过高	(1)前进档油路油压过低 (2)前进档离合器打滑
仅在R位	过高	(1)倒档油路油压过低 (2)倒档离合器打滑

2. 时滞试验

发动机在怠速运转时,变速器档位由P位或N位切换到R位或D位,在一段时间的延迟后,变速器中的执行元件才能完全接合,此时汽车会出现轻微的振动。

从变速杆挂入D位或R位开始到汽车出现轻微振动之间的短暂时间称为时滞时间,相应的试验称为时滞试验。根据时滞时间可以判断变速器油压及换档执行元件是否正常。

时滞试验的条件是变速器应达到正常工作温度。

N位到D位的时滞时间一般为1.0~1.2s,N位到R位的时滞时间一般为1.2~1.5s。如果时滞时间过长,可能原因是变速器油压太低或离合器的间隙过大;如果时滞时间过短,可能原因是油压太高或离合器的间隙过小。

3. 油压试验

油压试验是指测量不同工况下自动变速器油的工作压力。

(1) 油压试验的准备工作

1)让汽车行驶至发动机和自动变速器均达到正常工作温度。

2)检查发动机的怠速转速和自动变速器油的液面高度是否正常。

3)准备一个量程为2MPa的压力表。

4)根据维修手册找到变速器的测压孔。

测压孔在自动变速器外壳上用几个方头螺栓堵住。如果没有资料确定测压孔位置,可用举升机将汽车举起,将各测压孔螺栓松开少许,发动机怠速运转,观察各测压孔在变速杆位于不同位置时,是否有压力油流出,以此来判断各测压孔在油路中的作用。

若变速杆处于R位/D位/S位/L位时均有压力油流出,为主油路测压孔。

若变速杆只有在某个档位时才有压力油流出,为对应档位的油路测压孔。

（2）油压试验步骤

1）拆下变速器壳体上对应的测压孔螺栓，接上油压表。

2）将变速杆分别置于D位/R位/S位/L位。

3）发动机怠速运转，测量变速杆处于不同位置的主油路油压及对应档位的油路油压。

4）失速工况下，测量变速杆处于不同位置的主油路油压及对应档位的油路油压。

油压试验对换档冲击及换档时刻错误等故障有重要意义。

4. 道路试验

道路试验是诊断和分析自动变速器故障最有效的手段之一。为了保证故障现象描述的准确性，只要车辆能够行驶，故障诊断之初应进行道路试验。此外，自动变速器在修复之后，也应进行道路试验，以检查其工作性能，检验修理质量。

自动变速器的道路试验内容主要包括连续升档、换档车速、换档质量等。

（1）试验前准备工作

1）发动机和自动变速器都达到正常工作温度。

2）在试验中，如无特殊需要，应将超速档开关置于ON位置（即超速指示灯熄灭）。

3）将模式开关置于普通模式或经济模式。

（2）试验的主要内容

1）连续升档。将变速杆拨至D位，踩下加速踏板，使节气门保持在1/2开度左右，让汽车起步加速，检查自动变速器的升档情况。在升档过程中应检查换档平顺性。

2）升档车速的检查。将变速杆拨至D位，踩下加速踏板，并使节气门保持在某一固定开度，让汽车起步并加速，记录升档车速。升档车速和节气门开度有很大的关系，即节气门开度不同时，升档车速也不同。而且不同自动变速器，升档车速也不一样。

3）升档时发动机转速的检查。在进行道路试验时，应注意观察发动机转速变化。在正常情况下，若自动变速器处于经济模式或常规模式，节气门保持在低于1/2开度范围内，则汽车由起步加速至升入高速档的整个行驶过程中，发动机转速都应低于3000r/min。

4）锁止离合器的工作状况检查。让汽车加速至超速档，以>80km/h的车速行驶，并让节气门开度保持在低于1/2的位置，使变矩器进入锁止状态。

快速将加速踏板踩下至2/3开度，若发动机转速没有太大的变化，说明锁止离合器处于接合状态；若发动机转速升高很快，表明锁止离合器没有接合。

5）发动机制动功能的检查。将变速杆拨至前进低档位置。在汽车以2档或1档行驶时，突然松开加速踏板，检查是否有发动机制动。若松开加速踏板后车速立即随之下降，说明发动机制动功能正常。

6）强制降档功能的检查。将变速杆拨至D位，保持节气门开度为1/3左右。以2档、3档或超速档行驶时，突然将加速踏板完全踩到底，检查自动变速器是否被强制降低一个档位。

在强制降档时，发动机转速会突然上升至4000r/min左右，随着加速升档，转速又逐渐下降。

道路试验是凭感觉及车速表、转速表来判断变速器性能，对试车人员的要求比较高，应具有驾驶多种自动变速器汽车的经验。

> 【实训任务】
>
> **自动变速器基本检查及常规试验**
>
> <u>设备准备：自动变速器整车和自动变速器试验台架。</u>
>
> **一、自动变速器的油液检查**
>
> 根据提供的车辆，完成自动变速器油液的基本检查。
>
> 1. 记录检测步骤。
> 2. 记录检测结果。
>
> **二、自动变速器的失速试验**
>
> 根据提供车辆，完成自动变速器的失速试验。
>
> 1. 记录失速试验的步骤。
> 2. 记录不同工况下的失速转速。
>
> **三、自动变速器的油压试验**
>
> 根据提供的变速器试验台架，完成自动变速器的油压试验。
>
> 1. 记录油压试验的步骤。
> 2. 记录各工况下的油压值。

任务2　自动变速器的故障诊断维修

当接到一辆怀疑是自动变速器故障的整车后，首先检查发动机和底盘技术状况，其次检查自动变速器。检查中，不轻易解体自动变速器。

6.2.1　自动变速器的故障诊断维修流程（针对疑难故障）

在常规检查和道路试验前，应先连接故障诊断仪，记录并清除故障码。

在道路试验过程中，利用故障诊断仪读取自动变速器的故障码和数据流并进行分析，根据需要利用示波器分析输入/输出信号及网络数据线的通信功能。

通过道路试验和常规检查锁定故障点之后，可进行自动变速器维修。

自动变速器修理竣工后应进行匹配和自适应，然后进行台架试验，如果台架试验满足要求，可以装车进行道路试验。

匹配，简单理解就是配对，即两个或两个以上的系统建立沟通的桥梁。当某一系统发生变化时，可以通过该桥梁激活该系统与其他系统认识并重新建立必要的联系。

自适应是指自学习，通过某种手段和方法完成自身系统的学习过程。

任何零部件在出厂时多少都会存在一定的制造差异，同时随着使用期间的"磨合"，一些参数会发生变化。匹配和自适应可以补偿和修正制造的误差及因使用"磨合"带来的变化。

不同厂家，不同自动变速器的匹配和自适应方式不一样，根据维修手册的要求完成即可。

6.2.2 液力自动变速器打滑的故障分析

液力自动变速器打滑故障属于常见故障，故障现象包括：
1) 起步踩下加速踏板，发动机转速上升很快，但车速上升缓慢。
2) 上坡时，汽车行驶无力，但发动机的转速很高。

1. 液力自动变速器打滑故障分析

造成自动变速器打滑的原因主要有：
1) 油压过低（包括主油压、单个油路油压）。
2) 离合器或制动器摩擦片磨损严重或间隙过大。
3) 单向离合器损坏打滑。

01M 打滑故障的因果图如图 6-2 所示。

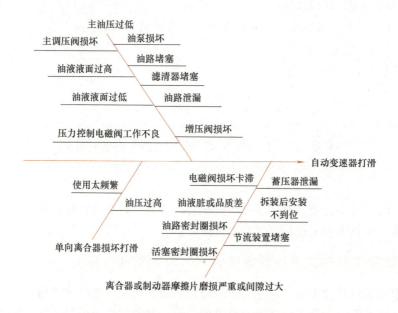

图 6-2 01M 打滑故障的因果图

（1）主油压过低 自动变速器主油压过低，在换档执行元件工作时，钢片和摩擦片处于半接合状态，动力传递效率下降，导致所有档位都打滑。

导致主油压过低的原因有很多，包括油泵损坏、油路堵塞、油液泄漏、液面高度过高或过低、主调压阀损坏、压力控制电磁阀工作不良等。

1) 油液液面高度过低。自动变速器的油液不够时，会导致油泵吸油量不足，进入主油道的油液很少，使主油路的油压过低。

2) 油液液面高度过高。如果自动变速器里的油液过多，在变速器运转时，液压油被剧烈搅动，产生大量气泡，油泵吸进去的油液中含有压缩空气，导致主油路的油压过低。

（2）离合器或制动器摩擦片磨损严重或间隙过大 如果摩擦片磨损严重，可导致执行元件工作时摩擦片与钢片之间的摩擦力变小。

摩擦片与钢片的间隙过大，使执行元件工作时摩擦片与钢片处于半接合状态，导致变速器打滑。

摩擦片磨损的原因有很多，包括：

1）电磁阀损坏卡住。自动变速器中，由电磁阀控制油路的通断。如果电磁阀卡在半开状态，油路始终打开，执行元件一直处于半接合状态，摩擦片与钢片处于滑动摩擦状态，使得摩擦片严重磨损。

2）油压过低。自动变速器换档执行元件靠液压油来工作。如果油压不够，会使摩擦片与钢片处于半接合状态，严重磨损摩擦片。

3）油液品质差。对摩擦片的冷却效果不好，使摩擦片磨损严重。

4）油液有杂质。在执行器摩擦片上形成磨料，磨损摩擦片。

5）摩擦片间隙不当。间隙过大，导致执行器工作时活塞不能将钢片和摩擦片挤压在一起，使执行器处于半接合状态；间隙过小使摩擦片与钢片在不需要工作时处于半接合状态，两种情况都会使摩擦片严重磨损。

（3）单向离合器损坏打滑 若单向离合器损坏，当所处档位需要用到单向离合器时，动力传递效率会出现大幅下降，使变速器在对应档位打滑。

2. 液力自动变速器打滑的故障诊断

对自动变速器进行故障诊断时，本着从简至繁，不必要解体时不进行解体的原则，按照设定的故障诊断流程图进行检查，可以使故障诊断更加严密。

分析打滑故障时，应先分析是所有档位打滑还是部分档位打滑，如果所有档位打滑，重点对液面高度、油液品质及主油路油压调节等进行检查；如果只是部分档位打滑，重点检查对应档位的油路、换档执行元件及电磁阀。

需要说明的是，要彻底排除故障，必须找到真正的故障原因，即最小故障点。例如，检查发现油液品质变差，并不是通过更换自动变速器油来排除故障，而是需要找到油液品质变差的原因，并评估油液品质变差对自动变速器换档执行元件的影响（包括摩擦片的磨损情况等）。

【实训任务】

01M换档冲击的故障诊断

一、情境描述

变速杆切换到D位或R位，车辆有振动，车辆行驶过程换档有顿挫感。

二、设备准备

1. 能运行的整车。
2. 故障诊断仪、万用表等电路检测设备。
3. 通用拆装工具。

三、分析/咨询

1. 查阅资料,列出自动变速器换档冲击可能的原因(试画出因果图)。
2. 列出自动变速器换档冲击需要做的检查项目。
3. 列出检查自动变速器换档冲击需要使用的工具。
4. 分析检查过程中需要注意的安全事项。

四、计划/决策

根据查找的文件,设计故障排除的步骤,制作实施工单。

五、实施/执行

完成实施工单,并记录详细数据,撰写故障诊断报告。

1. 车辆基本信息。

车型		VIN 代码	
变速器型号		行驶里程	

2. 自动变速器换档冲击的故障诊断与排除。故障现象:

第一步:准确描述故障现象,并列举故障可能原因。

故障现象描述:
故障可能原因:

第二步:故障诊断过程。

诊断步骤:

第三步:故障机理分析,提出维修建议。

故障机理:
维修建议:

六、汇报/展示

小组展示成果并进行汇报。

七、优化/评价

在诊断过程中,如何快速找到故障点?

项目7　其他类型的自动变速器

📥 学习目标

1. 掌握无级自动变速器的结构及基本工作原理。
2. 掌握双离合自动变速器的结构及基本工作原理。
3. 掌握混合动力汽车上用的自动变速器的结构及工作原理。

📥 参考学时

8学时。

📥 学习引导

1. AT采用行星齿轮变速机构进行变速，无级自动变速和双离合自动变速器如何实现变速？
2. 无级自动变速器如何实现传动比的连续改变？
3. 双离合自动变速器采用两个离合器的目的是什么？
4. 混合动力汽车上安装的自动变速器和传统汽车的自动变速器有什么区别？

📥 学习思路

为了保证自动变速器知识的完整性，项目7对除了液力自动变速器外的其他类型自动变速器进行了介绍。首先分析纯燃油汽车常用的其他两种自动变速器类型——无级自动变速器（任务1）和双离合自动变速器（任务2），每一种类型的变速器都以一款产品为对象进行介绍；其次分析混合动力汽车用的自动变速器（任务3），着重介绍丰田、通用以及中国自主品牌的混合动力自动变速器，最后简单介绍电动汽车用的自动变速器（拓展任务4）。

整个项目的设计保证理实结合度，和当下技术结合，除了习得知识、技能，还注重分析解决问题能力的培养。

由于篇幅有限，各种类型变速器的学习主要集中在机械结构和工作模式，控制系统涉及较少，需要自行查阅资料进行深入了解。

任务实施

任务1 纯燃油汽车用自动变速器——无级自动变速器

下边以本田飞度无级自动变速器为例,介绍无级自动变速器的机械结构和工作过程。

7.1.1 本田飞度无级自动变速器机械传动系统的组成

本田飞度无级自动变速器(CVT)有一个无固定传动比的前进档和两个固定传动比的倒档,变速器机械传动系统的剖面图如图 7-1 所示。

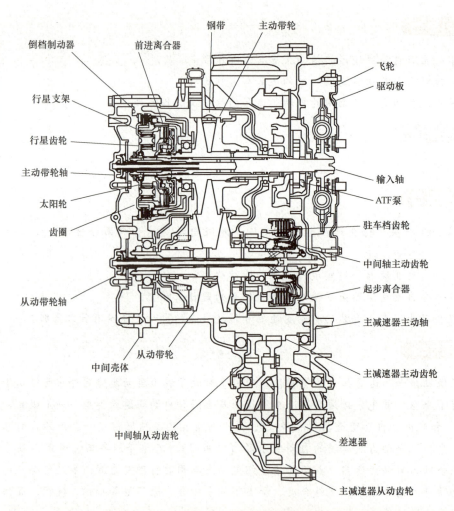

图 7-1 本田飞度 CVT 机械传动系统的剖面图

该 CVT 有四个主要的传动轴,分别是与飞轮相连的输入轴、固定主动带轮的主动带轮轴、固定从动带轮的从动带轮轴及增加传动比的主减速器主动轴,它们平行布置。其中输入轴、主动带轮轴与曲轴在一条直线上。

本田飞度 CVT 的机械传动系统包括变速机构、起步装置、中间减速机构和驻车机构。

1. 变速机构

CVT 的变速机构用来改变传动比和实现前进档和倒档，主要包括带轮、钢带和行星齿轮机构（包含前进离合器和倒档制动器）部分。

（1）**带轮** CVT 包括两个带轮，分别是主动带轮（Drive Pulley）和从动带轮（Driven Pulley），带轮和钢带配合传递动力。

主动带轮和从动带轮的结构类似，如图 7-2 所示。每个带轮上分别有一个可移动锥盘和一个固定锥盘，调整可移动锥盘的位置，带轮槽宽改变。槽宽变宽时，钢带落入轮槽的位置更深，离带轮中心更近，工作直径较小；槽宽变窄时，钢带被挤向带轮最外端，离带轮中心较远，工作直径变大。带轮实物如图 7-3 所示。

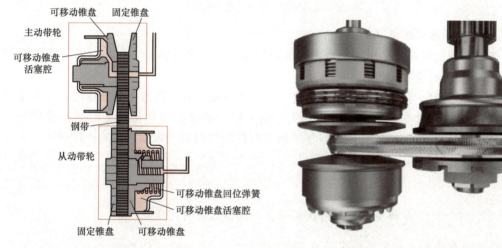

图 7-2 CVT 的带轮结构　　　　　　图 7-3 CVT 的带轮实物图

（2）**钢带** 钢带也称为推力钢带，是两个带轮之间动力传递的介质，是 CVT 的核心部件。推力钢带分为双环推力钢带（DLB，Double Loopset Belt）和单环推力钢带（SLB，Single Loopset Belt）。双环推力钢带应用广泛，本田飞度 CVT 使用的也是这种钢带，结构如图 7-4a 所示，钢带的主体是两组钢制环形带和无数个金属钢片，钢制环形带由 12 层组成，金属钢片大约有 400 个（依据其中心距的大小而不等）。在 2017 年的法兰克福车展上，BOSCH 首次推出了单环推力钢带。与双环钢带不同，单环钢带只包含一组钢制环形带，结构如图 7-4b 所示，由一组钢制环形带（12 层）和无数个金属钢片组成。

双环推力钢带认识

相较双环推力钢带，单环推力钢带的优点包括：

1）扩大变速比范围，提高传递效率。相较于双环推力钢片，单环推力钢带方便对钢片大小和钢片允许旋转角度进行优化，可以扩大钢带在锥盘之间的工作范围，因此可获得较宽泛的变速比，进一步提高动力总成的综合传动效率。

2）减小变速器的尺寸和重量。单环推力钢带的使用，可以减小变速机构中主从动带轮的尺寸和中心距。

3）提高转矩承载能力。单环推力钢带的钢片侧面和带轮接触面积增加，并通过钢片形

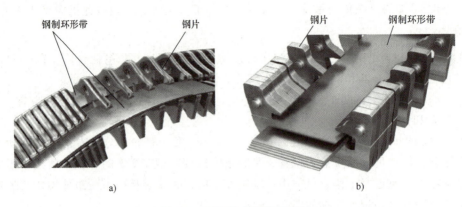

图 7-4 CVT 推力钢带的结构
a) 双环推力钢带　b) 单环推力钢带

状优化，可以为系统带来更高的承载能力。

4) 提高钢带的稳定性。单环推力钢带的钢制环形带完全被钢片包裹，可有效防止钢带总成在运输、装配过程中解体。

钢带传递动力时，依靠两侧面和带轮锥盘的摩擦传递动力。区别于传统通过拉力传递动力，推力钢带通过钢片之间的推力传递动力。钢片因主动带轮和从动带轮的运动载荷被压缩，由于压缩作用，钢片产生挤压，增加了钢带对带轮两侧面的摩擦力，减小打滑。

【思考】

1. 单环推力钢带的优点较多，为什么没有广泛使用？

单环推力钢带和双环推力钢带早在 1970 被荷兰 VDT 公司（1995 年被 BOSCH 收购）的创始人 Hub van Doorne 设计并申请专利，但是由于当时所使用的钢制环形带的材料、加工工艺以及结构设计上的限制，单环推力钢带可承载的转矩比较有限，因此 VDT 公司在 1985 年量产了双环式设计。

经过对钢制环形带的材料、加工工艺等进行不断的研究，单环推力钢带可以承载最高达到 400N·m 的转矩，具备被重新提出的条件。

2. CVT 主从动带轮之间的传动带除了推力钢带还有其他什么类型？

第一代 CVT 采用橡胶带，于 1958 年由 VDT 公司创始人开发，但因橡胶带易磨损、阻力大等问题，一直没有被广泛应用。

现在 CVT 使用的传动带除了推力钢带外还有钢链式传动带。钢链式传动带类似自行车链条，其专利技术由德国舍弗勒掌握，不同于推力钢带，钢链式传动带采用拉力传递动力，奥迪的 CVT 采用这种传动方式。钢链式传动带结构坚固，和带轮之间摩擦力大，不易打滑；缺点是卷绕半径大，速比变化范围小，且钢链式 CVT 的成本更高。

(3) **行星齿轮机构**（包含前进离合器和倒档制动器）　行星齿轮机构（包含前进离合器和倒档制动器）用于实现前进档和倒档，包括一个单排行星齿轮机构、一个前进离合器和一个倒档制动器。单排行星齿轮机构分为单行星轮行星齿轮机构和双行星轮行星齿轮机构两种。

本田飞度 CVT 使用的是单行星轮行星齿轮机构。太阳轮用花键固定在输入轴上，动力从齿圈输出到主动带轮轴，前进离合器连接太阳轮和齿圈，倒档制动器制动行星架，如图 7-5 所示。

前进档时，前进离合器将太阳轮和齿圈连接，发动机动力 1∶1 传递到变速器主动带轮轴。

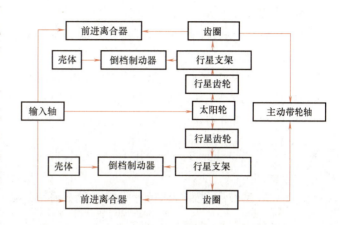

图 7-5　本田飞度 CVT 前进档和倒档的实现

倒档时，倒档制动器制动行星架，齿圈的旋转方向与太阳轮的旋转方向相反，主动带轮轴的旋转方向与输入轴相反。

【思考】

奥迪的 CVT 使用双行星轮的行星齿轮机构，如何实现前进档和倒档？

奥迪的 CVT 机构同图 7-5 所示一样，该机构也包含单排行星齿轮机构、一个前进离合器和一个倒档制动器，太阳轮也是和输入轴相连，所不同的是，动力从行星架输出到主动带轮轴；前进离合器连接太阳轮和行星架，倒档制动器制动齿圈，如图 7-6 所示。

前进档时，前进离合器将太阳轮和行星架连为一体，发动机动力 1∶1 传递到变速器主动带轮轴。

倒档时，倒档制动器制动齿圈，行星架的旋转方向与太阳轮的旋转方向相反，主动带轮轴的旋转方向与输入轴相反。

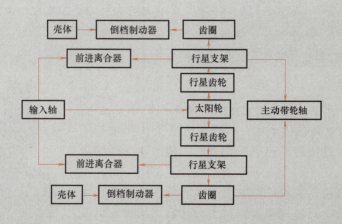

图 7-6　奥迪 CVT 前进档和倒档的实现

2. 起步装置

现代汽车控制发动机动力输出与断开的装置有三种，分别是起步离合器（湿式多片离合器）、电磁离合器和液力变矩器。

本田飞度 CVT 采用起步离合器接合/切断发动机动力。起步离合器的外鼓通过花键与从动带轮轴连接，内毂和主减速器主动轴的中间轴主动齿轮连接，如图 7-1 所示。

起步时，起步离合器接合，实现发动机动力平稳传递。

> 【思考】
>
> 电磁离合器如何接合和切断发动机与车轮之间的动力传递？

电磁离合器的结构和工作原理如图 7-7 所示。电磁离合器由驱动元件、从动元件、励磁线圈等组成。在主动元件与从动元件之间有金属粉末，励磁线圈置于从动元件中。

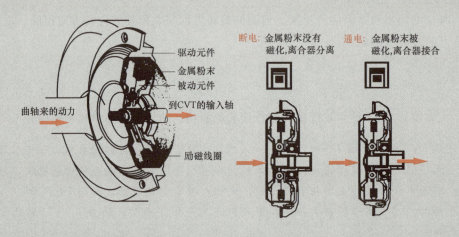

图 7-7 电磁离合器的结构和工作原理

当励磁线圈通电，主、从动元件间的金属粉末受磁力线作用，磁性固化，其固化程度随线圈励磁电流的大小而变化，从而改变主、从动件的接合力，实现动力渐变传递。

电磁离合器的工作特性是，电流小，离合器传递的转矩小；电流大，离合器传递的转矩大；电流切断，接合力消失。

3. 中间减速机构

两个带轮能够产生的传动比变化范围在 0.445~2.6 之间，不能满足汽车行驶所需的传动比，所以本田飞度 CVT 增加了中间减速机构。通过中间减速机构调节后，传动比的范围增大到 0.8~5.0。

中间减速机构包括从动带轮轴上的中间轴主动齿轮、主减速器主动轴上的中间轴从动齿轮和主减速器主动齿轮以及主减速器输出轴上的主减速器从动齿轮，如图 7-1 所示。主减速器主动轴实物如图 7-8 所示。

图 7-8 主减速器主动轴实物

经过两级减速之后,主减速器从动齿轮和从动带轮同向旋转。

4. 驻车机构

本田飞度 CVT 的驻车机构包括驻车棘爪、驻车棘爪弹簧、驻车档齿轮(与中间轴主动齿轮连为一体)以及驻车杆、驻车杆弹簧和驻车锥(安装在驻车杆端部),如图 7-9 所示。

变速杆移入 P 位时,在驻车杆弹簧作用下,驻车锥推动驻车棘爪与驻车齿轮完全啮合,锁止中间轴主动齿轮,从而锁止变速器输出轴。

当变速杆从 P 位移出,驻车棘爪在驻车棘爪弹簧拉力的作用下,从驻车档齿轮上分开,变速器输出轴的锁止解除。

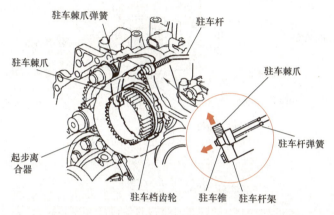

图 7-9　本田飞度 CVT 驻车机构的结构和工作原理

7.1.2　本田飞度无级自动变速器的动力传递路径及变速原理

1. 动力传递路径

(1) N 位　当变速杆置于 N 位时,从飞轮传来的发动机动力驱动输入轴。由于没有工作油液作用于起步离合器、前进离合器及倒档制动器,因此无动力传递至中间轴主动齿轮。此时驻车机构未锁定。

(2) P 位　当变速杆置于 P 位时,和 N 位的动力传递路径一致,唯一的区别是变速器的输出轴被驻车机构锁止。

(3) D 位　当变速杆置于 D 位时,动力传递路径如图 7-10 所示。

此时,前进离合器和起步离合器因工作油液作用接合,倒档制动器卸压分离。

动力传递路径为:发动机→飞轮→变速器输入轴→太阳轮→前进离合器→齿圈(同向,1∶1 动力输出)→主动带轮→钢带→从动带轮→起步离合器→中间轴主动齿轮→中间轴从动齿轮→主减速器→输出。

(4) R 位　当变速杆置于 R 位时,动力传递路径如图 7-11 所示。

此时,倒档制动器和起步离合器因工作油液作用接合,前进离合器卸压分离。

动力传递路径为:发动机→飞轮→变速器输入轴→太阳轮→行星齿轮→齿圈(反向减速输出)→主动带轮→钢带→从动带轮→起步离合器→中间轴主动齿轮→中间轴从动齿轮→主减速器→输出。

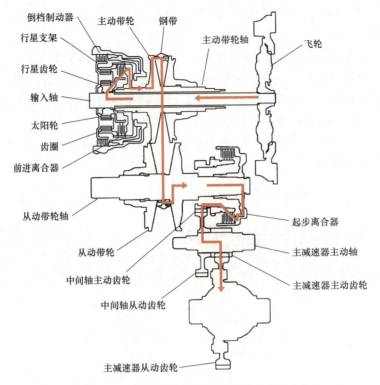

图 7-10 本田飞度 CVT D 位的动力传递路径

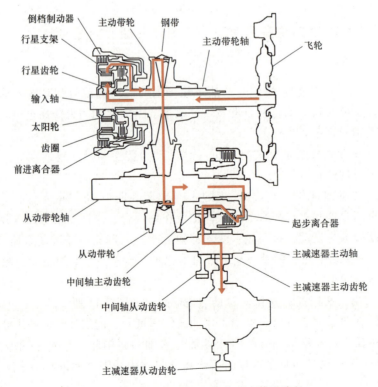

图 7-11 本田飞度 CVT R 位的动力传递路径

2. 变速原理

CVT 的变速原理如图 7-12 所示。电控系统计算传动比，电液控制系统改变带轮可移动锥盘的位置，从而改变传动比。需要减小传动比时，提高主动带轮可移动锥盘活塞腔的油压，可移动锥盘向固定锥盘移动，钢带被挤出，工作直径增大，同时降低从动带轮可移动锥盘活塞腔的油压，可移动锥盘远离固定锥盘，钢带靠近带轮中心，工作直径减小，如图 7-12a 所示；需要增大传动比时，降低主动带轮可移动锥盘活塞腔的油压，钢带工作直径减小，同时提高从动带轮可移动锥盘活塞腔的油压，钢带工作直径增大，如图 7-12b 所示。随着钢带在带轮中的位置不断变化，传动比也随之改变。由于带轮的工作压力连续可调，因此钢带的工作直径连续可调，CVT 的传动比也连续可调。

电液控制系统还需要根据汽车工况对带轮工作压力进行实时调节，防止钢带打滑。

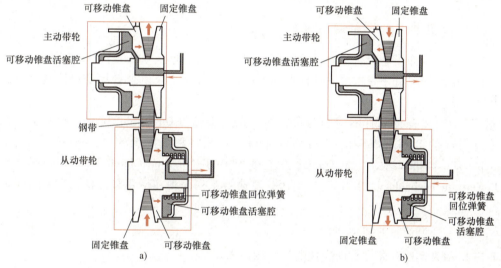

图 7-12 CVT 的变速原理

a) 减小传动比 b) 增大传动比

本田飞度CVT传动比的改变

【做中学】

无级自动变速器的认识

设备准备：解剖的无级自动变速器实训台。

一、在解剖实训台上找到以下零部件。

主动带轮、从动带轮、行星齿轮机构、起步装置、中间轴、主减速器

二、查阅资料，结合实训台分析以下问题。

1. 该无级自动变速器采用（　　）起步装置。

   A. 起步离合器　　　　B. 液力变矩器　　　　C. 电磁离合器

2. 无级自动变速器采用中间减速机构的目的是（　　）。

   A. 增加传动比的变化范围，以适应汽车的行驶工况　　B. 减速增矩

   C. 实现前进档和倒档的切换　　D. 以上说法都不对

3. 简述无级自动变速器的变速原理。
4. 无级自动变速器如何实现前进档和倒档?
5. 根据本田飞度CVT的动力传递路径,将下列部件进行排序。(　　　)

　　A. 起步离合器　　　　　　　B. 主动带轮
　　C. 行星齿轮机构　　　　　　D. 从动带轮
　　E. 主减速器　　　　　　　　F. 中间减速机构/差速器

任务2　纯燃油汽车用自动变速器——双离合自动变速器

7.2.1　双离合自动变速器的基础认知

2003年,大众发布了全世界第一款搭载了双离合自动变速器(DCT,Dual Clutch Transmission)的民用版量产车——高尔夫性能版MK4 R32,自此,双离合自动变速器技术正式开启民用化之路。

不同厂家的双离合技术有不同的名称,如大众的DSG(Direct-Shift Gearbox);奥迪的S-Tronic;保时捷的PDK(Porsche Doppel kupplung);福特和沃尔沃的Powershift;三菱的Twin Clutch SST;博格华纳的Dual Tronic;宝马的M DCT(M Dual Clutch Transmission);菲亚特的Powertrain Technology。其中,大众DSG变速器系列是现在应用最广泛的双离合自动变速器。

1. 双离合自动变速器的结构

图7-13所示为5档双离合自动变速器的结构简图。

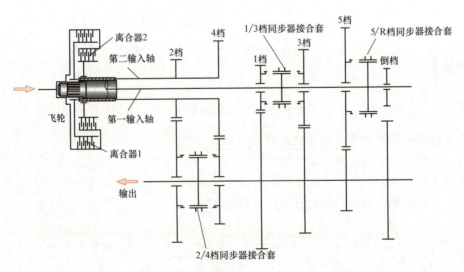

图7-13　5档双离合自动变速器结构简图

双离合自动变速器使用了两组离合器交替工作,其中一组(图示离合器1)控制奇数档和倒档，另一组（图 7-13 所示离合器 2）控制偶数档。

双离合自动变速器的齿轮变速机构和手动变速器一样，采用固定轴式齿轮传动。但是相当于采用了两套手动变速器，一套负责奇数档，一套负责偶数档。

2. 双离合自动变速器的工作原理

由于采用两组离合器和两套齿轮变速机构，在升档/降档过程中，当前档位工作时，即将工作的档位进入预啮合。

以图 7-13 的 1 档升 2 档为例，1/3 档同步器接合套左移，离合器 1 接合，变速器工作在 1 档，同时 2/4 档同步器接合套左移，此时离合器 2 分离，因此 2 档进入预啮合状态。当收到了 1 档升 2 档的指令后，自动变速器控制单元控制奇数档的离合器 1 分离，偶数档的离合器 2 接合，完成档位切换。

双离合自动变速器没有使用液力变矩器，且采用了传统手动变速器的固定轴式齿轮传动系统，传递效率较高；采用两组离合器交替工作，换档时间非常短，发动机动力几乎没有中断。

7.2.2　DQ250 双离合自动变速器

大众 DQ250 变速器是一款湿式 6 速双离合自动变速器，外观结构如图 7-14a 所示。该变速器有独立的变速器油过滤器和冷却器，冷却器位于变速器上部，有水管连通发动机水箱，对变速器油进行低温加热和高温散热。

变速器油负责接合离合器、推动换档活塞完成档位切换、润滑齿轮组和散热等，由滑阀箱进行分配控制。

DQ250 采用内外嵌套布局两组湿式多片离合器结构。输入轴由两个空套输入轴组成，分别控制奇数档和偶数档，和主减速器/差速器连接的输出轴也有两个，分别实现 1/2/3/4 档和 5/6/倒档。该自动变速器还有一个倒档轴，实现倒档反向输出，各轴的布置位置如图 7-14b 所示。

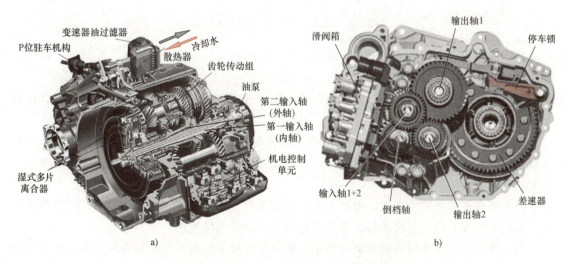

图 7-14　DQ250 外观结构图及各轴的分布

a）DQ250 外观结构图　b）DQ250 各轴分布图

【自主学习】

查阅资料，分析双离合自动变速器的技术特点。（　　）（多选）

A. 两个离合器分别控制奇数档和偶数档，换档速度快

B. 传动效率高，和手动变速器相当

C. 换档平顺性较好

D. 传递转矩大

E. 燃油经济性好

F. 有两个输入轴，分别连接两个离合器，完成奇数档和偶数档的动力输入

G. 有两个输出轴，分别完成奇数档和偶数档的动力输出

1. DQ250 的双离合器模块

DQ250 采用双质量飞轮输入发动机转矩，有良好的减振效果，如图 7-15 所示。

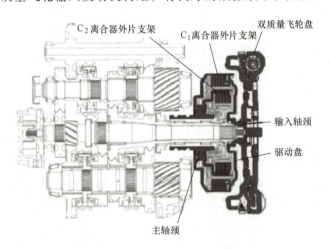

图 7-15　双质量飞轮和双离合器结构

发动机转矩由曲轴传递到双离合器输入轴毂上的双质量飞轮，双质量飞轮通过花键将转矩传递到多片式离合器。

当离合器接合时，动力传递到变速器输入轴（C_1 接合：输入到输入轴 1；C_2 接合：输入到输入轴 2）。

DQ250 的双离合器如图 7-16 所示。两个离合器采用嵌套形式安装。离合器 C_1 在 1 档起步和倒档时起作用，传递转矩比较大，因此在设计时，将其置于外侧，直径较大，摩擦面积较大。

每个离合器都由外片支架、内片支架、离合器片（钢片、摩擦片）、活塞、回位弹簧组成。外片支架和双质量飞轮连接，内片支架和变速器输入轴连接。

为了使换档时需要同步的质量尽量小，离合器将较重的钢片安装到外片支架，将较轻的摩擦片安装到内片支架上。

C_1 位于外侧，发动机动力通过 C_1 内片支架传给输入轴 1。当需要离合器接合时，离合

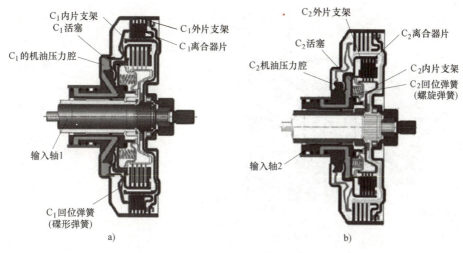

图 7-16 DQ250 双离合器（见彩图）

a) C_1 离合器接合，C_2 离合器分离 b) C_2 离合器接合，C_1 离合器分离

器 C_1 压力腔进油，发动机旋转，在离心力作用下，ATF 油压力升高，推动活塞将离合器 C_1 中的钢片和摩擦片压紧，动力传给输入轴 1，如图 7-16a 所示。

当需要离合器分离时，压力腔的液压油被泄掉，活塞在碟形弹簧作用下回到初始位置，离合器片处于分离状态，动力传递被中断，如图 7-16b 所示。

离合器 C_2 位于内侧，发动机动力通过 C_2 内片支架传递给输入轴 2。工作原理和 C_1 类似，接合过程如图 7-16b 所示，分离过程如图 7-16a 所示。

通过对双离合器的 ATF 油压力控制，可以改善变速器的换档品质，使汽车换档更加平顺、舒适。

【做中学】

DQ250 双离合器模块的认识

设备准备： 解剖的 DQ250 实训台。

一、在实训台上找到离合器 C_1 和离合器 C_2 的各组成部分

二、结合实训台，查阅资料完成以下问题

1. DQ250 双离合器采用（　　）布置形式。

   A. 嵌套　　　　　　B. 并行

2. 分析 DQ250 的离合器如何保证动力接合平稳，提高换档平顺性。

2. DQ250 齿轮变速机构的组成

DQ250 齿轮变速机构的总体结构如图 7-17a 所示，包括两个空套输入轴（如图 7-17b 所示，中间输入轴 1 连接奇数档，外套输入轴 2 连接偶数档）、两个动力输出轴（动力输出轴 1：1/2/3/4 档，动力输出轴 2：5/6/倒档）、倒档轴（图上未标示）、各档主动齿轮和从动齿轮、差速器及同步器接合套。

两个动力输出轴和差速器齿轮常啮合。输入轴 1 与两个动力输出轴的一部分齿轮啮合，

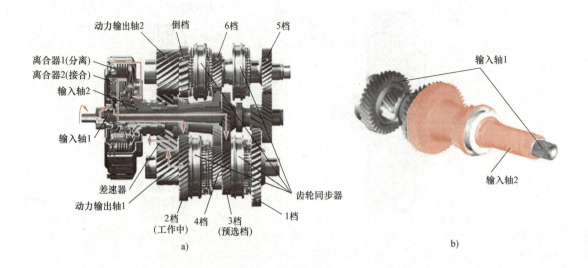

图 7-17 DQ250 的齿轮变速机构

a）齿轮变速机构（2 档工作，3 档预啮合）的结构　b）两个输入轴的相对位置

并经过差速器同向输出，形成 1 档、3 档、5 档。输入轴 2 和两个动力输出轴的另外一部分齿轮啮合，并经过差速器同向输出，形成 2 档、4 档、6 档。

输入轴 1 上的倒档齿轮与倒档轴齿轮啮合，倒档轴齿轮与动力输出轴 2 倒档齿轮啮合，并经过差速器反向输出，形成倒档。

(1) 输入轴　DQ250 的输入轴 1、输入轴 2 均为空心轴，两根输入轴空套安装，输入轴 1 空套在油泵驱动轴上。

输入轴 1 通过花键与离合器 C_1 联结，其上连接 1/3/倒档齿轮及 5 档螺旋齿轮，1 档和 3 档之间还有输入轴 1 转速传感器的脉冲信号轮，如图 7-18a 所示。

输入轴 2 同样通过花键和离合器 C_2 联结，其上有 2/4/6 档齿轮，在 2 档和 4 档之间也有输入轴 2 转速传感器脉冲信号轮，如图 7-18b 所示。1 档和倒档共用齿轮，4 档和 6 档共用齿轮，变速器尺寸比较紧凑。

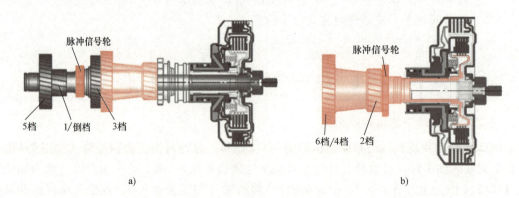

图 7-18 DQ250 的输入轴

a）输入轴 1　b）输入轴 2

(2) 动力输出轴　DQ250 有两个输出轴，如图 7-19 所示。

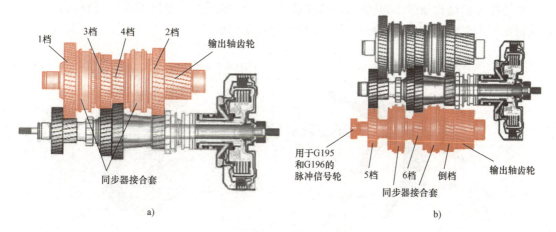

图 7-19　DQ250 的动力输出轴
a）动力输出轴 1　b）动力输出轴 2

动力输出轴 1 安装了 1/3 档同步器接合套、2/4 档同步器接合套、空套 1/2/3/4 档的档位齿轮及与主减速器常啮合的输出轴齿轮。

动力输出轴 2 包含 5/空档同步器接合套、6/倒档同步器接合套、空套的 5/6/倒档的档位齿轮、与主减速器常啮合的输出轴齿轮及变速器输出轴转速传感器（G195/G196）的脉冲信号轮。

(3) 同步器接合套　DQ250 变速器共有四个同步器接合套。

1/2/3 档采用三锥同步器接合套，其核心部分是由三个锥环（外环、中间环、内环）组成的接合套齿环，如图 7-20a 所示。该同步器接合套摩擦元件较多，增大了摩擦力矩，提高了同步器接合套的耐久性、可靠性和换档轻便性。

倒档使用双锥同步器接合套。4/5/6 档因为转速差别不是很大，比较容易同步，且传递转矩比较小，使用单锥同步器接合套，其结构如图 7-20b 所示。

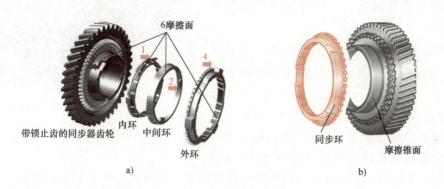

图 7-20　DQ250 上使用的同步器接合套
a）三锥同步器接合套的结构　b）单锥同步器接合套的结构

(4) 换档拨叉　DQ250 换档过程同手动变速器一样，由换档拨叉完成。和手动变速器不同的是，手动变速器的换档拨叉由变速杆操纵，而 DQ250 的换档拨叉由机电液压控制系统进行控制。

换档拨叉的结构如图 7-21 所示,其两端各有一个液压缸。如果不操作换档拨叉,换档拨叉则由一个安装在变速器内部的锁止机构保持在空档位置。

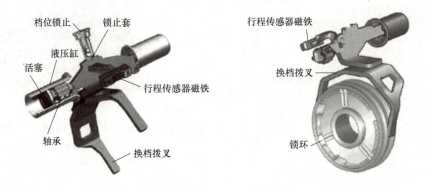

图 7-21 DQ250 换档拨叉的结构

换档时,换档油压通过油道输送到一侧液压缸,作用在活塞上形成推力,推动活塞向另一侧移动,拨叉和同步器接合套也随之移动,同步器接合套齿毂与档位齿轮啮合形成一个档位。

每个换档拨叉可以左右移动完成两个档位的切换,换档拨叉上有行程传感器,变速器控制单元可通过行程传感器准确获得拨叉的当前位置。

档位挂上后,换档拨叉切换到无油压状态。档位通过换档齿轮的倒角和换档拨叉的锁止机构保持在该位置。

DQ250 共有四个换档拨叉,分别是换档拨叉 3/1、换档拨叉 2/4、换档拨叉 R/6、换档拨叉 N/5。安装位置如图 7-22 所示。

为了保证换档时间恒定,换档拨叉两端的油压需要根据变速器温度、换档持续时间进行调节,换档压力最大可达 20MPa。

3. DQ250 齿轮变速机构的换档过程

(1) 汽车起步 当变速杆挂入 D 档时,汽车起步,自动变速器从空档切换到 1 档工作,此时换档执行机构的工作情况如图 7-23 所示。

在控制油压的作用下,1/3 档换档拨叉推动 1/3 档同步器接合套向右移动,将动力输出轴 1 与 1 档从动齿轮接合,同时 2/4 档换档拨叉在控制油压作用下推动 2/4 档同步器接合套向左移动,将动力输出轴 1 与 2 档从动齿轮接合。此时离合器 C_1 接合,离合器 C_2 分离,变速器进入 1 档。

图 7-22 DQ250 换档拨叉的安装位置

1 档的动力传递路线:发动机→双质量飞轮→离合器 C_1→输入轴 1→1 档主动齿轮→1 档从动齿轮→动力输出轴 1→动力输出轴 1 上的输出齿轮→差速器→两半轴→车轮,如图 7-24 所示。

此时，离合器 C_2 处于分离状态，2 档进入预啮合，为升档做准备。

图 7-23　汽车起步时 DQ250 换档执行机构的工作情况

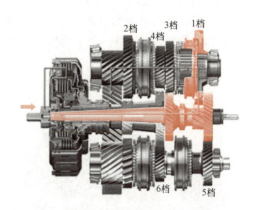

图 7-24　DQ250 1 档的动力传递路线

（2）**变速器升档**　下面以 1 档升 2 档为例介绍变速器的升档过程。

当驾驶人踩加速踏板时，汽车车速和发动机转速持续上升，到达 1 档升 2 档的换档点，变速器将从 1 档升到 2 档。

升档过程变速器换档执行机构的工作情况如图 7-25 所示。离合器 C_1 分离，离合器 C_2 接合。在控制油压的作用下，1/3 档换档拨叉推动 1/3 档同步器接合套向左移动，将动力输出轴 1 与 3 档从动齿轮接合，3 档进入预啮合状态。2/4 档同步器接合套保持在原位置，变速器进入 2 档。

2 档的动力传递路线：发动机→双质量飞轮→离合器 C_2→输入轴 2→2 档主动齿轮→2 档从动齿轮→动力输出轴 1→动力输出轴 1 上的输出齿轮→差速器→两半轴→车轮，如图 7-26 所示。

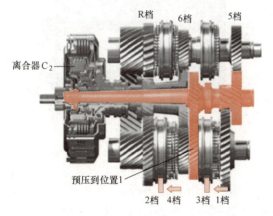

图 7-25　DQ250 1 档升 2 档时换档机构的工作情况

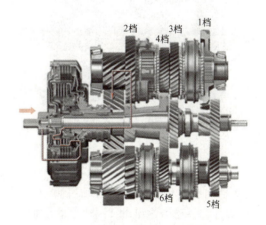

图 7-26　DQ250 2 档的动力传递路线

以此类推，变速器控制单元会在升降档过程中，将下一个档位进行预啮合，缩短换档时间。

在 4 档升 5 档过程中，6 档进入预啮合，因此 5 档升 6 档时，只需 C_1 离合器分离，C_2

159

离合器接合即可，此时5档保持啮合状态，为降档做准备。

同理，在降档过程中，3档降2档时，1档进入预啮合，因此2档降1档时，只需C_1离合器接合，C_2离合器分离，此时2档保持啮合，为升档做好准备。

由于倒档和1档共用一个主动齿轮和离合器，所以自动变速器工作在1档时，倒档不能进入预啮合，反之亦然。

3档/4档/5档/6档的动力传递路线如图7-27~图7-30所示。

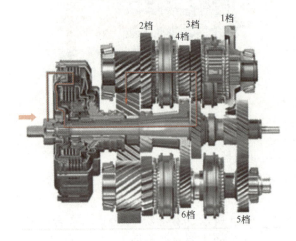

图7-27　DQ250 3档的动力传递路线

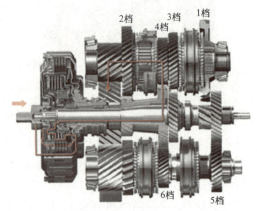

图7-28　DQ250 4档的动力传递路线

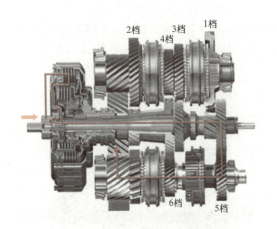

图7-29　DQ250 5档的动力传递路线

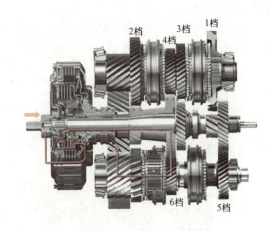

图7-30　DQ250 6档的动力传递路线

3档的动力传递路线：发动机→双质量飞轮→离合器C_1→输入轴1→3档主动齿轮→3档从动齿轮→动力输出轴1→动力输出轴1上的输出齿轮→差速器→两半轴→车轮。

4档的动力传递路线：发动机→双质量飞轮→离合器C_2→输入轴2→4档主动齿轮→4档从动齿轮→动力输出轴1→动力输出轴1上的输出齿轮→差速器→两半轴→车轮。

5档的动力传递路线：发动机→双质量飞轮→离合器C_1→输入轴1→5档主动齿轮→5档从动齿轮→动力输出轴2→动力输出轴2上的输出齿轮→差速器→两半轴→车轮。

6档的动力传递路线：发动机→双质量飞轮→离合器C_2→输入轴2→6档主动齿轮→6

档从动齿轮→动力输出轴 2→动力输出轴 2 上的输出齿轮→差速器→两半轴→车轮。

（3）倒档 当变速杆置于 R 位时，且车速低于一定数值，控制系统控制离合器 C_2 分离，离合器 C_1 接合。同时控制系统将液压油输送给控制 6/倒档同步器接合套的换档拨叉液压缸中，使拨叉推动接合套与倒档齿轮接合，变速器切换到倒档。

倒档动力传递路线：发动机→双质量飞轮→离合器 C_1→1/倒档主动齿轮→倒档轴惰轮 2→倒档轴→倒档轴惰轮 1→倒档从动齿轮→动力输出轴 2→动力输出轴 2 上的输出齿轮→差速器→两半轴→车轮，如图 7-31 所示。

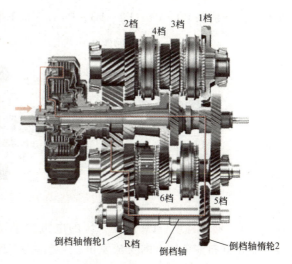

图 7-31 DQ250 倒档的动力传递路线

【做中学】

DQ250 齿轮变速机构的认识

设备准备：解剖的 DQ250 实训台。
一、在实训台上找到各档位主动齿轮、从动齿轮、同步器接合套、换档拨叉
二、结合实训台，查阅资料完成以下问题
1. 根据 DQ250 换档过程，将下列部件进行排序。（   ）
   A. 同步器接合套   B. 液压缸活塞   C. 换档拨叉
2. 简述 DQ250 1 档升 2 档时换档执行机构的工作情况。
三、在实训台上完成各档位动力传递路径分析

任务 3 混合动力汽车自动变速器

7.3.1 混合动力汽车自动变速器概述

混合动力汽车自动变速器目前主要有两种形式，一种是在传统自动变速器的基础上增加发电机，称为"传统自动变速器+附加方案"的混动系统；另一种是采用混合动力专用变速器（DHT，Dedicated Hybrid Transmission）。

1．"传统自动变速器+附加方案"的混动系统

"传统自动变速器+附加方案"的混动系统通过在传统变速器的基础上增加电机，解决了混合动力汽车动力传递的问题。根据电机相对于传统动力系统的位置，可以把混动系统分

为五大类，分别以 P0、P1、P2、P3、P4 命名（P：position），如图 7-32 所示。

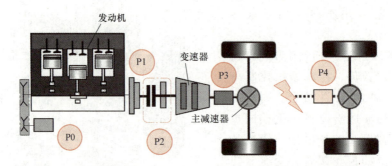

图 7-32 "传统自动变速器+附加方案"混动系统的电机布置位置

（1）P0 混动系统　P0 混动系统的电机位于发动机前端附件驱动系统上，即传统汽车为蓄电池充电和整车供电的交流发电机位置。和交流发电机一样，P0 电机一般也是利用带传递动力，所以也称为 BSG（Belt-driven Starter Generator）。P0 混动系统一般只适用于自动起停系统，以及 12~25V 微混和 48V 弱混。

（2）P1 混动系统　P1 混动系统的电机直接套在曲轴上，布置在发动机和变速器之间，即传统汽车起动机的安装位置，该电机也称作 ISG（Integrated Starter Generator）。P1 混动系统没有纯电行驶模式。本田第一代 IMA 混动、奔驰的 S400 混动都采用 P1 布局。

P0 和 P1 两种布置方式都不适合电机/电池更大的强混系统。此外，在制动能量回收和滑行模式下带动曲轴空转浪费动能，增加噪声和振动。

（3）P2 混动系统　P2 混动系统的电机也布置在发动机和变速器中间，不同的是，P2 在电机和发动机之间增加了一个离合器。动力传递路径是：发动机→离合器 1→电机→离合器 2→变速器→差速器→车轮。P2 是目前市场上混动车型采用最多的模式。P2 混动系统只有在变速器切换到空档，即电机切断与车轮的连接后，才能用于起动发动机。如果变速器不能很快地切换到空档，就需要一个额外的起动电机满足自动起停系统的要求。舍弗勒的 P2-PHEV-DHCVT 混动变速器采用的就是 P2 混动模式，在传统无级自动变速器的基础上增加了一个电机和一个离合器，如图 7-33 所示。

（4）P3 混动系统　P3 混动系统是将电机放在变速器末端，直接驱动主减速器。一般的动力传递路径是：发动机→离合器→变速器→电机→主减速器→车轮。相比电机在变速器前的 P0、P1 和 P2 布局，P3 保证了纯电驱动和动能回收的效率。P3 电机必须与车轴相连，无法用于起动发动机，必须额外安装起动机。P3 混动系统在现代混合动力汽车上应用较多，代表系统及车型包括本田 i-DCD、比亚迪-秦、长安逸动和法拉利的 LaFerrari 混动超跑等。

图 7-34 所示是本田 i-DCD 系统结构示意图。i-DCD 系统是一个单电机外加双离合变速器的 P3 混动系统，可实现三种不同的驾驶模式，即发动机

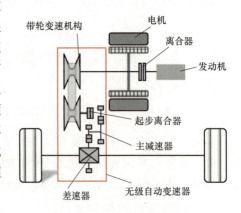

图 7-33 舍弗勒的 P2-PHEV-DHCVT 的结构简图

驱动模式、发动机和电机混合动力驱动模式以及仅使用电机的电驱动模式。

如图7-33所示的P2混动系统通过增加一套双离合器,可以实现P2和P3混合动力系统切换,提高电驱动里程和混合动力驾驶性能,如图7-35所示。当双离合器的离合器1接合时,该混动系统为P3混动系统,当离合器2接合时,切换到P2混动系统。

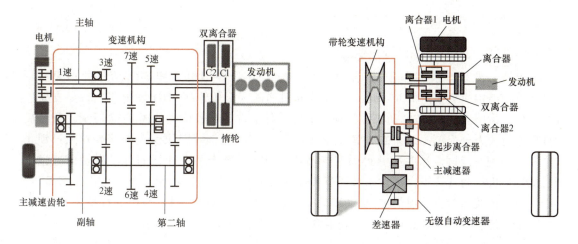

图 7-34 本田 i-DCD 系统结构示意图　　图 7-35 舍弗勒 P2/3-PHEV-DHCVT 结构示意图

(5) P4混动系统　P4混动系统的电机放在后桥上,另外轮边驱动也称作P4。这种混动系统主要用于跑车和越野SUV上。例如,保时捷918 Spyder、讴歌NSX和宝马i8等跑车。

> 【思考】
>
> "传统自动变速器+附加方案"的混合动力变速器存在的问题是什么?
>
> 1. 增加部件,增加系统复杂程度、车重和成本。
> 一个常见的P2插电式混合动力系统相较于传统驱动系统增加了一个离合器、1个高性能电机以及电池。变速器的电控系统也更复杂,此外需要进行变速器和电机的匹配。
> 2. 混合动力汽车不需要传统汽车的复杂档位。
> 由于电机有无级变速功能,混合动力汽车在车速较低时采用电驱动模式,高速行驶时使用纯油或者油电混合模式,所以变速器不需要减速档、直接档等复杂的档位。

2. 混合动力专用变速器

混合动力专用变速器(DHT, Dedicated Hybrid Transmission)是为混合动力运行环境专门设计的变速器。DHT摒弃了匹配式的变速器设计方式,将紧凑型电机与结构经过简化的变速器整合在一起。变速器档位数减少,结构简单,性能稳定,同时零部件数量、安装空间和质量减少,最终达到降低成本的目的。

有名的专用混合动力变速器有丰田混合动力系统(THS, Toyota Hybrid System)专用变速器,采用功率分流式(PS, Power Split)混动构型;另一个已经实现量产的DHT是通用公司的 Voltec 混合动力系统专用变速器，目前已经发展到第二代；中国在 2021 年也发布了四款混合动力专用变速器。

下面主要介绍丰田 THS 系统专用变速器、通用 Voltec 混动系统专用变速器以及中国自主品牌混动专用变速器。

7.3.2 丰田 THS 系统专用变速器

1. 丰田第一代 THS 系统专用变速器的结构

丰田第一代 THS 系统专用变速器由一个发电机 MG1、一个电动机 MG2 及一排行星齿轮机构组成，结构简图如图 7-36 所示。行星齿轮机构的太阳轮连接 MG1 发电机，行星支架连接发动机，齿圈连接 MG2 电动机作为动力输出，各部件的布置位置如图 7-37 所示。行星齿轮排也称为动力分配单元，完成功率、转矩和转速的分配。不同于传统行星齿轮排通过锁止某个零件（静止或固定速度）获得固定传动比，THS 系统专用变速器的行星齿轮排通过电动机或发动机控制其转矩比例，无级调节传动比，实现无级变速功能，因此也称为 E-CVT。E-CVT 没有传统无级变速器的主/从动带轮、起步装置及实现前进档/倒档的行星齿轮机构，结构简单、传动效率高、舒适性好，在混合动力汽车上的装车率比较高。

图 7-36 丰田第一代 THS 系统结构简图
S—太阳能 C—行星支架 R—齿圈
MG1—发电机 MG2—电动机

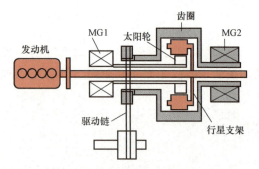

图 7-37 丰田第一代 THS 系统部件布置图
MG1—发电机 MG2—电动机

2. 丰田第一代 THS 系统工作模式

丰田第一代 THS 系统在实际工作过程中有四种模式：纯电模式、纯油模式、油电混合模式及制动能量回收模式。

（1）纯电模式 在汽车起步、低速行驶和倒车时使用。动力传递路径如图 7-38a 所示。只要电池有充足的能源，0~20km/h 以内 Prius 一般只使用 MG2 作为驱动源，而发动机不用起动，避免了发动机在低转速时的低功效和排放性能差等问题。当需要倒车时，电动机反向转动。

纯电模式下汽车起步后，如果 HV 蓄电池电量不足，需要起动发动机，MG1 通过行星齿轮机构带动发动机起动，动力传递路径如图 7-38b 所示。当发动机起动后，发动机开始通过 MG1 向 HV 蓄电池充电，如图 7-38c 所示。

（2）纯油模式 在高速行驶状态下使用。该模式下发动机起动，并只有发动机作为驱动源，发动机的能量一方面传输给汽车的驱动轮，一方面传递给 MG1 发电，电能再由 MG2

转化成驱动力传输到驱动轮上。动力传递路径如图7-38d所示。

（3）**油电混合模式** 在急加速状态下使用。急加速过程通常需要更大驱动力，因此在此状态下，发动机和MG2同时运转，以获得最大的转矩，动力传递路径如图7-38e所示。Prius的1.5L发动机的功率只有56kW，而且始终是以优化功效的工作模式运行。然而加上电机的辅助，最大输出功率可以超过100kW，最大输出转矩可以超过500N·m。

（4）**制动能量回收模式**（动能转化成电能模式） 在制动过程中，Prius停止发动机喷油，利用MG2将动能转化成电能向电池充电。

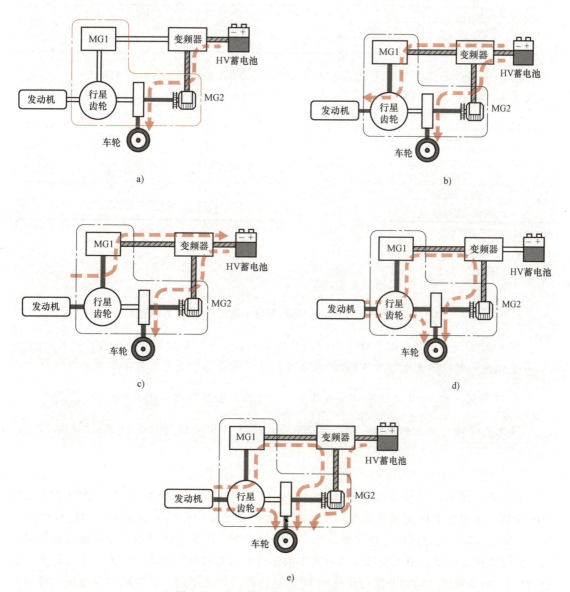

图7-38 丰田第一代THS系统的工作模式

a）纯电模式 b）纯电模式 HV蓄电池电量不足，起动发动机 c）纯电模式，发动机向HV蓄电池充电
d）纯油模式 e）油电混合模式
MG1—发电机 MG2—电动机

【自主学习】

查阅资料完成以下问题。

1. 分析丰田第一代 THS 系统在各工作模式下，专用变速器的动力输入点，填入表 7-1（在对应框内打"√"）。

表 7-1　丰田第一代 THS 系统在各工作模式下，专用变速器的动力输入点

工作模式	动力输入		
	发动机	MG1	MG2
纯电			
纯油			
油电混合			

2. 分析丰田第一代 THS 系统在各工作模式下，MG1 和 MG2 是驱动电机还是发电机，填入表 7-2 中。

表 7-2　丰田第一代 THS 系统在各工作模式下，MG1 和 MG2 的工作情况

工作模式	MG1	MG2
纯电		
纯油		
油电混合		
制动能量回收		

【思考】

1. 丰田第一代 THS 系统的 MG1 是否参与动力输出？

根据上述分析可以看出，MG1 的作用是在发动机需要起动时作为起动机；当 HV 蓄电池电量比较低时给其充电并为 MG2 提供电能，在工作过程中并没有直接参与动力输出。

2. 丰田第一代 THS 系统在纯电模式下，一个电机直接连接车轮驱动有什么问题？

单电机驱动，且电机和驱动轮之间没有减速装置，对 MG2 的功率和转矩要求很高。

3. THS 系统专用变速器的改进

由于第一代 THS 系统单电机直接驱动方式存在的问题，丰田于 2009 年推出了第二代 THS 系统。丰田的 THS 混动系统专用变速器的改进主要集中在动力分配单元的结构以及和 MG1、MG2、发动机之间的连接关系。第二代混动系统专用变速器的动力分配单元采用两排行星齿轮机构，两个行星齿轮排同轴布置，前排行星齿轮机构用作动力分配，后排行星齿轮机构用作 MG2 减速。动力分配行星排和 MG2 减速行星排共用同一个齿圈作为输出。和第一代 THS 相比，MG2 的转速经后排行星齿轮机构的太阳轮输入，齿圈减速输出（此时行星支架固定）到车轮。MG1 和发动机的连接和第一代相同，各部件的位置如图 7-39 所示。

由于行星齿轮机构的传动效率等问题，在第二代 THS 系统基础上，2015 年推出改进型，

将 MG2 的减速机构（后排行星齿轮机构）改为直齿轮传动，同时将原来发动机、MG1/MG2 平行轴布置形式改为将 MG2 侧置，以减小变速器的轴向尺寸，如图 7-40 所示。

THS 第二代改进型可实现纯电动模式（MG2 驱动）、纯电动模式（MG1、MG2 共同驱动）、纯油模式、油电混合模式以及制动能量回收模式。

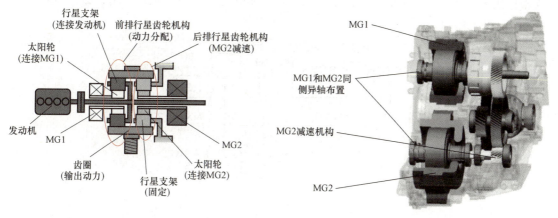

图 7-39　丰田第二代 THS 系统部件布置图　　　图 7-40　丰田第二代 THS 系统改进型的 MG1 和 MG2 布置位置

【自主学习】

查阅资料，完成以下问题。

1. 分析 THS 第二代改进型系统的各工作模式下变速器的工作情况。

2. 图 7-41 所示为改进的丰田 THS 系统结构简图，翻译各部件的名称并分析其作用（PSD-动力分配单元/功率分流装置）。

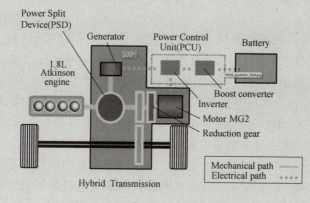

图 7-41　丰田改进型 THS 系统的结构简图

7.3.3　通用的 Voltec 混动系统专用变速器

1. 通用 Voltec 第一代混合动力系统专用变速器的组成

通用 Voltec 第一代混合动力系统于 2011 年推出，其专用变速器由发电机 A、驱动电机

B、一排行星齿轮机构、两个离合器、一个制动器 B_1 及扭转减振器组成，如图 7-42 所示。其中行星齿轮机构和离合器、制动器统称为动力分配单元。和丰田 THS 系统一样使用行星齿轮组实现了动力的综合分配。所不同的是，在 Voltec 系统中，行星齿轮机构的太阳轮连接到驱动电机 B，齿圈根据情况通过制动器 B_1 固定或者通过离合器 C_2 连接到发电机 A，行星支架连接主减速器和差速器，输出动力到车轮。发电机 A 和发动机通过离合器 C_3 连接。

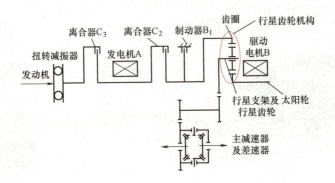

图 7-42 通用 Voltec 第一代混动系统专用变速器结构简图

通用 Voltec 混动系统专用变速器有两个大功率的三相交流电机。电机定子为三相绕组，产生变化的磁力，用于吸引转子旋转。电机控制模块通过电流传感器检测每个电机电流。

发电机 A 可作为电动机驱动发动机（在某些工况下驱动车辆行驶），也可作为发电机，为驱动电机 B 提供电能，为高压电池组充电以及回收制动能量。

驱动电机 B 用于驱动车辆行驶。在制动过程中，驱动电机 B 作为发电机，回收制动能量，为车辆进行充电。

2. 通用 Voltec 第一代混动系统的工作模式

通用 Voltec 第一代混动系统有四种主要的前进档工作模式（E1、E2、S、LS）和一些附加工作模式。

(1) E1 工作模式 汽车电源接通，释放制动踏板并踩下加速踏板，汽车进入 E1 工作模式，动力传递路径如图 7-43a 所示。在该工作模式下，车辆运行所需电能来自于高压电池组，由驱动电机 B 提供动力。

此时，制动器 B_1 接合，行星齿轮机构齿圈静止。高压电池组为驱动电机 B 提供动力，驱动太阳轮，齿圈被 B_1 固定，行星支架减速同向输出到差速器和主减速器。

在该工作模式下，通过调节驱动电机 B 的转速实现无级传动。

(2) E2 工作模式 当车辆需要较大转矩，且高压电池组电量较高时，汽车进入 E2 模式。动力传递路径如图 7-43b 所示。此时发电机 A 和驱动电机 B 同时驱动汽车行驶，发动机处于停机状态，汽车运行所需要的能量全部来自高压电池组。

在该模式下，离合器 C_2 工作，将行星齿轮机构齿圈和发电机 A 相连，行星齿轮机构太阳轮和驱动电机 B 相连。

混合动力控制模块（HPCM）通过控制发电机 A 的转速和驱动电机 B 的转速，实现两个电机之间的负载平衡及无级传动。

(3) S 工作模式 当车辆需要较小转矩，且高压电池组电量较低时，变速器进入 S 模

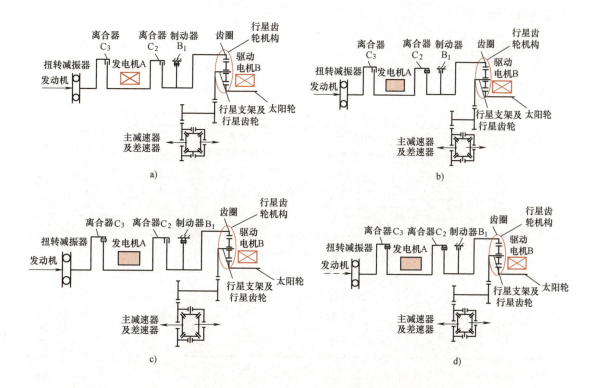

图 7-43 通用 Voltec 第一代混动系统工作模式

a) E1 工作模式　b) E2 工作模式　c) S 工作模式　d) LS 工作模式

式。动力传递路径如图 7-43c 所示。此时，C_3 离合器接合，发电机 A 首先起动发动机，然后发动机驱动发电机 A 发电，为高压电池组充电，并为驱动电机 B 提供电能。车辆行驶所需电能来自发电机 A，动力由驱动电机 B 提供，和 E1 模式相同，需要制动器 B_1 接合。通过调节驱动电机 B 转速，实现无级传动。

(4) **LS 工作模式**　当车辆需要较大转矩，且高压电池组电量较低时，变速器进入 LS 模式。动力传递路径如图 7-43d 所示。发动机工作，驱动发电机 A 给高压电池组充电，同时也驱动车辆。驱动电机 B 和发动机都输出转矩，这种情况通常不易产生。

此时，离合器 C_2 和 C_3 都工作。离合器 C_2 工作，连接齿圈和发电机 A；离合器 C_3 工作，连接发动机和发电机 A。发动机控制齿圈转速，驱动电机 B 控制太阳轮转速，实现变速器的无级传动。

(5) **附加工作模式**　通用 Voltec 混动系统的附加工作模式包括倒档和制动能量回收。

1) 倒档工作模式。当变速杆切换到倒档位置时，制动器 B_1 接合，齿圈静止，驱动电机 B 反向旋转，实现倒档。

2) 制动能量回收工作模式。释放加速踏板或踩下制动踏板后，制动能量回收系统首先使汽车减速，离合器 C_2 接合，汽车惯性驱动电机 B、发电机 A 转动，此时驱动电机 B 和发电机 A 均作为发电机，为高压电池组充电。

【自主学习】

查阅资料完成以下问题。

1. 分析通用 Voltec 第一代混动系统在各工作模式下，离合器、制动器的工作情况，填入表 7-3 中。

表 7-3 通用 Voltec 第一代混动系统各工作模式下的离合器、制动器的工作情况

工作模式	制动器 B_1（接合/分离）	离合器 C_2（接合/分离）	离合器 C_3（接合/分离）
E1			
E2			
S			
LS			
倒档			
再生制动			

2. 分析通用 Voltec 第一代混动系统在各工作模式下，变速器的动力输入（在表 7-4 的对应框内打"√"）。

表 7-4 通用 Voltec 第一代混动系统各工作模式下的变速器的动力输入

工作模式	动力输入		
	发动机	发电机 A	电动机 B
E1			
E2			
S			
LS			
倒档			

3. 分析通用 Voltec 第一代混动系统在各工作模式下，发电机 A 和驱动电机 B 是电动机还是发电机，填入表 7-5 中。

表 7-5 通用 Voltec 第一代混动系统各工作模式下的发电机 A 和驱动电机 B 的工作情况

工作模式	发电机 A	驱动电机 B
E1		
E2		
S		
LS		
倒档		
再生制动		

4. 分析通用 Voltec 第一代混动系统专用变速器如何实现倒档。

5. 比较通用 Voltec 第一代混动系统和丰田第一代 THS 混动系统的相同点和不同点。

3. 通用 Voltec 系统专用变速器的改进

通用推出的 Voltec 第一代系统由于丰田 THS 系统的专利壁垒的限制、使用体验和节能效果不佳等问题，于 2015 年推出第二代 Voltec 混动系统。

通用 Voltec 第二代混动系统的结构简图如图 7-44 所示，采用两排行星齿轮排、1 个离合器、1 个单向离合器以及 1 个制动器。前排行星齿轮机构的齿圈（R）连接发动机，并连接单向离合器（OWC），避免发动机反方向旋转，太阳轮（S）连接发电机 A（MG2）。后排行星齿轮机构的太阳轮连接驱动电机 B（MG1），输出齿圈（R）通过制动器（BK）固定，或者通过离合器 CL 连接到前排太阳轮。两排行星齿轮的行星支架（C）相连并输出。

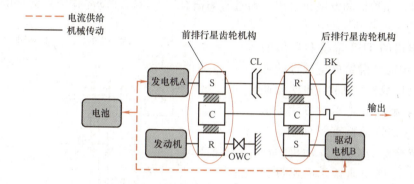

图 7-44 通用 Voltec 第二代混合动力系统结构简图

S—太阳轮　C—行星支架　R—齿圈　CL—离合器　BK—制动器　OWC—单向离合器

【自主学习】

查阅资料完成以下问题。

1. 根据表 7-6 和图 7-42 所示分析通用 Voltec 第二代混动系统的工作过程。

表 7-6 通用 Voltec 第二代混动系统不同模式下制动器、离合器、单向离合器的工作情况

工作模式	制动器	离合器	单向离合器
纯电动（一个电机工作）	接合	分离	无负载
纯电动（两个电机工作）	接合	分离	锁止
低增程模式（Low Extended Range）	接合	分离	自由旋转
固定速比增程模式（Fixed Ratio Extended Range）	接合	接合	自由旋转
高增程模式（High Extended Range）	分离	接合	自由旋转

2. 比较通用 Voltec 混动系统第一代和第二代工作模式的相同点和不同点。

7.3.4 中国自主品牌混合动力专用变速器

在 2021 年，中国自主品牌车企发布了四款混合动力专用变速器，分别是比亚迪 DM-i、

长城柠檬 DHT、吉利雷神 DHT 以及奇瑞鲲鹏 DHT。吉利雷神 DHT 整合了双电机、变速器、电控和逆变器系统，双电机的其中一个电机负责发电，另一个负责驱动，动力分配使用了离合器和双行星齿轮结构。

长城柠檬 DHT 和比亚迪 DM-i 都是以电驱动为主，采用双电机切换串并混动系统结构，充分利用电动机的大转矩优势，发动机在高效转速区发电，也可以在高速区直接驱动车轮降低油耗。

下边主要介绍长城柠檬 DHT 和奇瑞鲲鹏 DHT。

1. 长城柠檬 DHT 的结构和工作模式分析

（1）长城柠檬 DHT 的结构　长城柠檬 DHT 的结构如图 7-45 所示，发动机和驱动电机各自独立工作，发动机和发电机直连，通过直驱离合器和汽车驱动轮连接；驱动电机也和驱动车轮直连。

不同于丰田的 THS 系统和通用的 Voltec 系统采用行星齿轮机构进行动力分配和减速，长城柠檬 DHT 和比亚迪 DM-i 一样均采用直齿轮驱动方式。但是比亚迪 DM-i 的发动机直驱只有一个档位，而长城柠檬 DHT 的发动机输出端增加了一个两档变速器，可通过档位的选择，使其更好地发挥发动机性能优势。

（2）长城柠檬 DHT 的工作模式　长城柠檬 DHT 可实现 EV 纯电驱动、串联驱动、发动机直驱和制动能量回收四大模式，如图 7-46 所示。

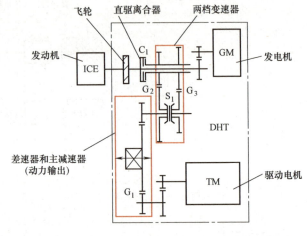

图 7-45　长城柠檬 DHT 的结构

1）EV 纯电驱动模式。其动力传递路径如图 7-46a 所示。此时电池电量充足，电池给驱动电机供电，驱动电机驱动车轮。

2）串联驱动模式。其动力传递路径如图 7-46b 所示。此时电池电量不够，发动机起动，带动发电机发电，为驱动电机提供电能，驱动电机驱动车轮。

3）发动机直驱模式。其动力传递路径如图 7-46c 所示。如果当前车速可以保证发动机工作在高效区，发动机起动，通过两档变速器直接驱动汽车。此时根据电池电量情况以及汽车所需的驱动力矩，决定驱动电机及发电机是否需要协同发动机共同驱动车轮。

4）制动能量回收模式。其动力传递路径如图 7-46d 所示。车辆制动时，车辆的动能传递到驱动电机，驱动电机将动能转化成电能，存储到电池。

长城柠檬 DHT 节油的核心就是让发动机工作在高效工作区域。在一般的市区低速行驶时，柠檬 DHT 会在 EV 模式和串联模式中切换，在市郊与高速行驶时，采用发动机直驱，并将发动机维持在最高效区；大负荷时，采用发动机+电动机的并联驱动模式，不仅保持高效率，还提供了足够的动力。

2. 奇瑞鲲鹏 DHT

奇瑞鲲鹏 DHT 同样采用发动机+双电机的组合。但与目前大部分 DHT"一台电机驱动

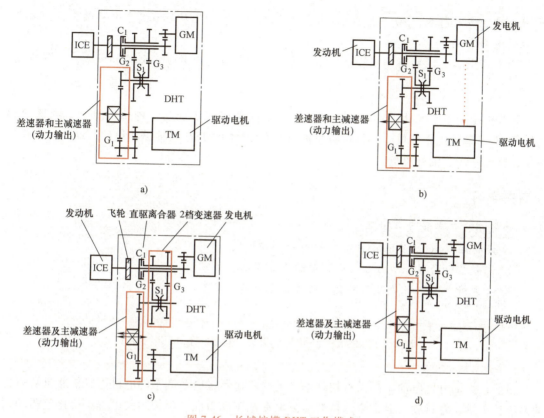

图 7-46 长城柠檬 DHT 工作模式
a) EV 纯电驱动模式 b) 串联驱动模式 c) 发动机直驱模式 d) 制动能量回收模式

车辆,一台电机增程模式下发电起动发动机"的双电机架构不同,奇瑞鲲鹏 DHT 采用双电机驱动技术,使用两台中低功率电机替换一台高功率电机,在综合性能相同的情况下,两台电机的组合搭配可以让整个混动系统更容易运行在高效率区间。

鲲鹏 DHT 有三个各自独立的动力源(双驱动电机、独立直驱运行的发动机),可以通过各种功能排列组合,实现包括纯电驱动、增程模式驱动、并联模式驱动、发动机直驱等在内的九种工作模式,可以更好地平衡全场景下的油耗和动力需求。

鲲鹏 DHT 另一个优势就是在发动机上配置 3 个档位,拓宽了发动机驱动性能,比长城柠檬 DHT 发动机直驱变速器多一个档位,其中一档速比设置比较大,用来起步加速;3 档速比非常小,保证高速行驶时,发动机转速低,油耗低,降低噪声;2 档速比保证换档平顺性,同时兼顾中低速工况的油耗。

【思考】

发动机直驱变速器的档位数和驱动电机直接驱动的变速器档位数应如何选择?

大陆公司做了一个简单专用混合动力变速器的结构、功能和成本分析。给定发动机和电动机不同的档位数,对比功能和成本,选出最优方案为 4(ICE)+0(ED)。"4"表示发动

机直驱变速器档位数,"0"表示电动机的档位数(0表示电动机与汽车驱动轴以一个固定传动比直接相连)。

档位数越多,换档越平顺,油耗相对更低,但增加系统的复杂程度和成本,控制难度增加。

双电机驱动以及发动机直驱3档变速装置的配置能够实现几十种档位组合,鲲鹏DHT选择了11个最优工作档位。高档位数量配合鲲鹏DHT的TSD双轴驱动设计,动力切换没有中断,更加平顺,油耗更低。

【自主学习】

查阅资料,完成以下问题。
1. 分析比亚迪DM-i混动系统的结构和工作模式。
2. 试分析中国混合动力专用变速器的产业现状。
3. 试分析中国混合动力专用变速器的技术现状。

拓展任务4　纯电动汽车自动变速器

目前,大部分纯电动车都没有物理意义上的变速器,电动汽车的电机可以依靠自身完善的系统让车辆正常行驶。但是变速器对提高电动汽车动力性、延长续驶里程、优化电驱动系统总成性能、改善驾乘感受等方面具有重要作用。

纯电动车不能搭载普通的变速器,原因是电池组占据整个底盘空间,普通变速器的体积和重量相对于电动车而言太大;其次是传统变速器传动效率不够高,导致电动汽车的实际续航里程下降。

纯电动汽车短期内由于技术原因,以单速变速器(减速器)为主,如特斯拉、宝马i3、北汽电动车、启辰晨风、比亚迪e5、帝豪EV、腾势等。其优点是成本低、结构简单易安装、故障率小、动力损失小、体积小;缺点是当电动汽车的速度达到极限之后没有提升空间,所以电动车的速度受到制约,高速经济性不高。

长期来看,单速变速器难以满足消费者对电动汽车性能不断提高的要求。为了能够更好地提高电机效率,纯电动汽车采用多档位自动变速器是趋势,其中主要以两档自动变速器为主。

2010年,Zeroshift公司开发了一款用于电动汽车的三档自动变速器;2011年,德国IAV公司开发出两档行星变速电驱动单元Drive PacEV80(2AT);Oerlikon/Graziano公司也开发出可用于乘用车和轻型商用车的两档自动变速器(2AMT);2012年,韩国现代汽车公司与韩国成均馆大学联合设计了一款类似于DCT的多轴式两档自动变速电驱动总成(2DCT)。德国舍弗勒公司将研制出的两档DCT进行装车试验,结果发现两档DCT纯电动车比单速变速器纯电动车提高了10%的续驶里程。

2014年,宝马i8率先采用两档自动变速器,其加速性能,特别是中速段加速性能得到很大改善。

附　　录

附录 A　自动变速器的拆解与组装

A.1　自动变速器拆解和组装的注意事项

1. 自动变速器拆解时注意事项

1）拆解时，应注意推力轴承、止推垫片和滚道的安装位置。

2）拆下的所有零件用煤油或柴油清洗干净，压缩空气吹干。

3）一些离合器和制动器的拆解需要用到压力机或专用工具，压下回位弹簧取出弹性挡圈。

4）取出离合器或制动器活塞时，需在进油孔处通压缩空气。

5）拆单向离合器时，应注意其安装方向。

6）如果功能正常，一般不建议对单向离合器做进一步的拆解。

7）拆解过程中注意拍照记录，为装配做准备。

2. 自动变速器装配时注意事项

1）所有零件均已清洗干净，各离合器、制动器、阀板、油泵均已检测、装配、调整完成。

2）更换所有的密封圈和密封环。

3）安装推力轴承、垫片、密封环时，可涂上少量润滑脂或凡士林，以免滑落。

4）安装时，特别注意推力轴承、止推垫片和滚道的位置方向不能错乱。

5）新摩擦片、制动带应在自动变速器油中浸泡 30min。

6）安装之前所有零件涂上 ATF 油。

7）一些离合器和制动器的安装需要用到压力机或专用工具，压下回位弹簧安装弹性挡圈。

8）安装单向离合器应注意方向。

01M变速器的拆解

A.2　01M 的拆解组装步骤

1. 01M 的拆解步骤

01M 的拆解步骤见表 A-1。

表 A-1　01M 的拆解步骤

拆解步骤		注意事项
1. 拆卸油底壳和滤清器	—	—
2. 拆卸阀体	（1）拆下阀体上的线束 （2）拆卸阀体	（1）拆电磁阀和油温传感器线束时，需要使用专用工具，用力要适度，避免造成印制线束短路 （2）拆卸阀体螺栓的顺序是由里到外
3. 取出 B_1 密封塞（壳体上的油道孔内）	B_1 密封塞的位置如图 A-1 箭头所示	拆卸单向离合器之前必须取出密封塞
4. 拆卸油泵	—	取出油泵时，需要将专用螺栓拧入两个有螺纹的对角孔中
5. 取出带有隔离管、B_2 制动片、弹簧和弹簧盖的所有离合器	（1）拆卸 B_2 制动片 （2）取出隔离管 （3）拆卸 C_2 离合器 （4）拆卸 C_1/C_3 离合器总成	（1）注意推力轴承和垫片的位置 （2）拆出的离合器包括 C_1、C_2 和 C_3 （3）如果需要继续拆解 C_1 和 C_3，需要使用压力机压下回位弹簧，取出弹性挡圈
6. 拆卸小输入轴（包括 C_3 离合器内毂）	（1）拆卸后端盖 （2）将螺钉旋具插入大太阳轮的孔内，使其固定 （3）拆卸小输入轴后端的螺栓、调整垫圈和推力滚针轴承 （4）拆卸小输入轴	（1）后端盖压入变速器后端孔上，拆卸后需更换新盖 （2）拔出小输入轴时，应注意推力轴承等的位置
7. 拆卸大太阳轮和大输入轴（包括 C_1 离合器内毂）	—	—
8. 拆卸单向离合器、行星支架及 B_1 制动器的钢片和摩擦片	（1）拆卸变速器转速传感器 G38 （2）拆卸隔离管弹性挡圈和单向离合器弹性挡圈 （3）用钳子从变速器壳体上拔下定位楔上的单向离合器 （4）取出带碟形弹簧的行星支架 （5）拆下 B_1 制动器钢片和摩擦片	（1）弹性挡圈的开口位置对准单向离合器的定位销 （2）行星支架和单向离合器之间的碟形缓冲片的方向：凸面向着单向离合器
9. 取出推力轴承、垫片	—	—
10. 拆卸后轴承，取出齿圈	—	—

图 A-1　B_1 密封塞的安装位置

01M的零件分解图分为四个部分，如图A-2~图A-5所示。

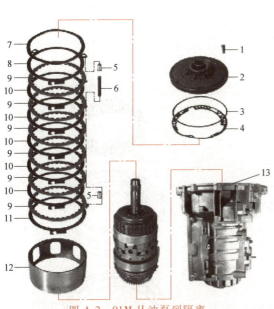

图A-2 01M从油泵到隔离管的零件分解图

1—螺栓 2—带B_2活塞的自动变速器油泵 3—O形圈（必须更换） 4—密封垫 5—弹簧帽 6—弹簧 7—垫圈 8—调整垫片 9—B_2摩擦片 10—B_2钢片 11—B_2调整钢片 12—隔离管 13—变速器壳体

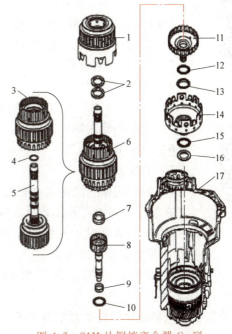

图A-3 01M从倒档离合器C_2到大太阳轮的零件分解图

1—倒档离合器C_2 2—调整垫圈 3—1/2/3档离合器C_1 4—密封圈 5—带涡轮轴的3/4档离合器C_3 6—1/2/3档离合器C_1和3/4档离合器C_3总成 7—带垫片的推力滚针轴承 8—小输入轴 9—滚针轴承 10、12、15—推力滚针轴承 11—大输入轴 13、16—推力滚针轴承垫片 14—大太阳轮 17—变速器壳体

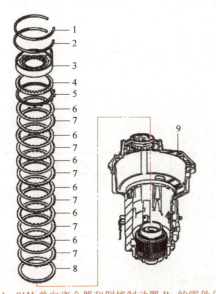

图A-4 01M单向离合器和倒档制动器B_1的零件分解图

1—隔离管弹性挡圈 2—单向离合器弹性挡圈 3—带B_1活塞的单向离合器 4—膜片回位弹簧 5—B_1压盘 6—B_1摩擦片 7—B_1钢片 8—调整垫片 9—变速器壳体

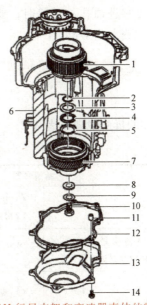

图A-5 01M行星支架和变速器壳体的零件分解图

1—行星支架 2—O形圈 3、5—推力滚针轴承垫片 4—推力滚针轴承 6—变速器壳体 7—主动齿轮 8—行星支架调整垫片 9—垫圈 10—螺栓（力矩为30N·m） 11—隔套 12—密封垫 13—端盖 14—螺栓（力矩为8N·m）

01M变速器的组装

01M变速器的调整

2. 01M 的装配步骤

按照拆解的相反顺序进行组装，简单的装配顺序如下。

1）装配行星齿轮变速机构。
2）装配 B_1 制动器。
3）装配单向离合器。
4）把 $C_1/C_2/C_3$ 作为一个整体装配。
5）拧紧小输入轴固定螺栓。
6）装配 B_2 制动器。
7）装配油泵。
8）装配阀体、滤网、油底壳。

在装配过程中需要注意以下事项：

1）安装油泵时，先将油泵和壳体的进出油孔对正，再用十字槽螺钉旋具定位。

2）安装油泵时，均匀交叉拧紧螺栓，拧紧力矩为 8N·m，拧紧后再拧转 90°。

3）小输入轴螺栓的拧紧力矩为 30N·m。

4）阀体螺栓的拧紧力矩为 5N·m，且从外向里侧对角拧紧。

5）油底壳螺栓的拧紧力矩为 12N·m。

6）端盖螺栓的拧紧力矩为 8N·m。

7）单向离合器（结构如图 A-6 所示）的固定支架上有 B_1 制动器活塞进油孔，安装时，要和壳体朝向油底壳方向的 B_1 制动器密封塞对准。

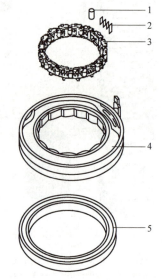

图 A-6 带制动器 B_1 活塞的单向离合器的组成

1—滚柱 2—弹簧 3—保持架
4—固定支架 5—B_1 活塞

A.3 A341E 的拆解组装步骤

1. A341E 的拆解步骤

A341E 的拆解步骤见表 A-2。

表 A-2 A341E 的拆解步骤

拆解步骤		注意事项
1. 拆卸空档起动开关	（1）拆卸档位控制轴杠杆 （2）拆卸空档起动开关	—
2. 拆卸车速传感器、超速档离合器转速传感器及变速器前壳体	—	传感器的位置如图 A-7 所示
3. 拆卸变速器后壳体及车速表主动齿轮、传感器转子	（1）专用工具拆下输出轴大螺母，取下传动凸缘 （2）拆卸后壳体 （3）拆卸主动齿轮、传感器转子	—

（续）

拆解步骤		注意事项
4. 拆卸变速器油底壳和滤清器	(1)拆卸19个油底壳紧固螺栓 (2)用维修专用工具的刃部插入变速器与油底壳之间,切开密封胶拆下油底壳 (3)松开滤清器与阀板之间的固定螺栓,从阀板上拆下滤清器	(1)拆卸油底壳时,不能向上翻转变速器 (2)小心不要损坏油底壳凸缘 (3)拆卸油底壳后需检查油底壳中磁铁上吸附的颗粒,——拆下磁铁,观察其收集的金属颗粒。若是钢(磁性)材料,说明轴承、齿轮、离合器钢片磨损,若是黄铜(非磁性)材料,说明是衬套磨损
5. 拆卸阀体	(1)拆卸电磁阀导线 (2)拆下节气门拉索 (3)拆卸紧固阀体的20个螺栓,取下阀体 (4)取出壳体上的单向阀、蓄压器活塞及弹簧	(1)阀体螺栓的拆卸顺序是从里向外 (2)不要拆下上下阀板之间的连接螺栓及分解阀板 (3)取出蓄压器活塞时,需要用手指按住活塞,从活塞周围相应的油孔中吹入压缩空气,将活塞吹出
6. 拆卸锁止机构	—	—
7. 拆卸油泵	(1)拆卸油泵 (2)从油泵上取下滚道	取出油泵时,需要使用专用拉具
8. 拆卸超速行星齿轮排和离合器 C_0、单向离合器 F_0	(1)拆卸超速行星齿轮排 (2)取下齿圈上的推力轴承及滚道 (3)取下齿圈和行星支架之间的推力轴承及滚道	如果需要进一步分解离合器 C_0,需要将离合器放在压力机上,压下回位弹簧,拆下弹性挡圈,取出回位弹簧
9. 拆卸制动器 B_0		如果需要进一步分解制动器 B_0,需要将制动器放在压力机上,压下回位弹簧,拆下弹性挡圈,取出回位弹簧
10. 拆卸超速传动支架(B_0 制动鼓)	(1)取下弹性挡圈 (2)使用专用工具,取下超速传动支架总成 (3)从支架上取下滚道	—
11. 拆卸制动器 B_1、离合器 C_1、C_2	(1)取下弹性挡圈,从 B_1 活塞腔进油孔处加压缩空气,吹出 B_1 活塞盖、活塞总成、弹簧、O 形密封圈 (2)拆卸离合器 C_1/C_2 (3)取下推力轴承与滚道 (4)拆下 C_1 离合器及止推垫片、推力轴承 (5)拆卸 B_1 制动带	—
12. 拆卸前行星齿轮排	(1)拆卸前行星齿轮排齿圈,取下滚道和推力轴承 (2)拆卸输出轴:取出前行星支架前端弹性挡圈,从壳体后端取出输出轴 (3)拆卸前行星支架,取出推力轴承及滚道 (4)拆卸太阳轮和单向离合器 F_1,取出止推垫片	—
13. 拆卸后行星齿轮排及制动器 B_2/B_3	(1)拆卸 B_2 制动器摩擦片总成 (2)拆卸 B_2/B_3 及后行星齿轮排:压下弹性挡圈,装上输入轴,从前端取出 B_2/B_3、后行星齿轮排 (3)取出推力轴承及制动器 B_2 进油管、油封及齿圈后轴承	(1)拆卸 B_2/B_3 及后行星齿轮排时,需要装上输入轴 (2)如果需要进一步分解制动器 B_3,需要使用专用工具压下复位弹簧座圈,拆下弹性挡圈,取出复位弹簧 (3)B_3 制动器有大小两个活塞

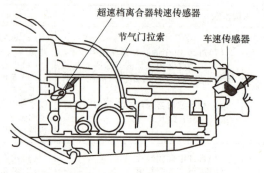

图 A-7　A341E 超速档离合器转速传感器、车速传感器和节气门拉索位置

A341E 行星齿轮变速机构的零件分解图如图 A-8 所示。

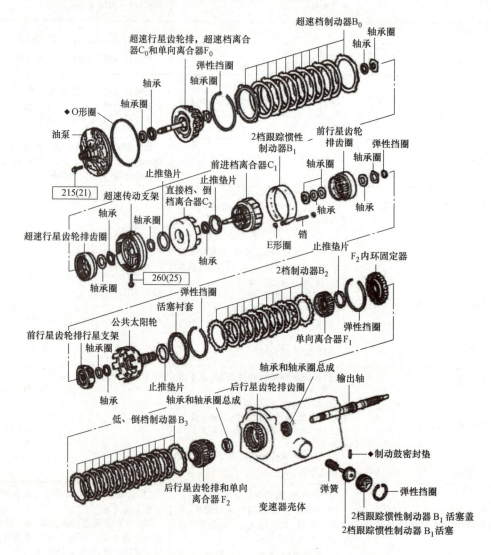

图 A-8　A341E 行星齿轮变速机构的零件分解图

2. A341E 的装配步骤

A341E 的装配步骤见表 A-3。

表 A-3　A341E 的装配步骤

装配步骤		注意事项
1. 安装后行星齿轮排及制动器 B_2/B_3	(1) 安装 B_2 制动器导油管、弹性挡圈及推力轴承 (2) 将后行星齿轮排总成、制动器 B_3 压盘（紧挨齿圈）、B_3 的钢片/摩擦片及制动器 B_2 活塞支架组装为一个整体，装到输出轴上，放入壳体内，装上弹性挡圈 (3) 安装 B_2 活塞传动套、钢片和摩擦片 (4) 安装压盘、弹性挡圈	(1) 检查制动器 B_3 的间隙：0.7～1.22mm (2) B_2 进油孔和壳体油孔对正 (3) 检查制动器 B_2 间隙：0.62～1.98mm
2. 安装前行星齿轮排	(1) 安装止推垫片、太阳轮和太阳轮毂 (2) 将滚道及推力轴承装入前排行星支架，装到太阳轮上 (3) 将弹性挡圈装到输入轴上 (4) 装上推力轴承及滚道，将齿圈装到行星支架上	—
3. 安装 B_1、C_1、C_2	(1) 安装 B_1 制动带 (2) 将推力轴承与滚道装到 C_1 上，将止推垫片装到 C_2 上 (3) 将 C_1/C_2 装到一起，再装到变速器上（难点） (4) 安装 B_1 制动器活塞、推杆、弹簧、活塞盖、弹性挡圈	安装 B_1 制动器之后，需要检查 B_1 活塞行程：通入 172～241kPa 气压，测量推杆行程，应为 2.0～3.0mm
4. 安装超速行星齿轮排（带离合器 C_0 和单向离合器 F_0）及制动器 B_0	(1) 安装超速传动支架：装上止推垫片、推力轴承 (2) 安装制动器 B_0：安装钢片、摩擦片、压盘及压盘弹性挡圈 (3) 在超速传动支架前安装推力轴承 (4) 在齿圈前装上滚道和推力轴承 (5) 将超速行星齿轮排装入壳体	(1) 安装超速传动支架时将油道孔对正安装 (2) 安装制动器 B_0 后，测量 B_0 活塞行程，通入 172～241kPa 气压，活塞行程应为 1.75～2.05mm (3) 组装 C_0 和 B_0 时，需要将其放在压力机上，放上回位弹簧，压力机压下回位弹簧，再安装弹性挡圈
5. 安装油泵	(1) 将滚道装到油泵后端 (2) 安装油泵到壳体	—
6. 安装锁止机构	(1) 安装手动阀轴 (2) 插上弹簧销子、锁紧 (3) 安装停车锁杆 (4) 安装 P 位锁定棘爪扭簧 (5) 拧紧锁定架 3 个螺栓	(1) 更换手动阀轴油封 (2) 锁定架螺栓的拧紧力矩为 7N·m

(续)

装配步骤		注意事项
7. 安装阀体	(1)安装 C_0、B_0、C_2、B_2 蓄压器 (2)安装单向阀及弹簧 (3)安装阀体,拧紧20个螺栓 (4)安装节气门拉索 (5)安装电磁阀导线,连接电磁阀插头、导线固定夹	(1)阀体螺栓的拧紧力矩为 10N·m (2)从外侧向里侧对角拧紧
8. 安装滤清器和油底壳	(1)安装滤清器,拧紧3个螺栓 (2)油底壳上涂上密封胶,将磁铁放到油底壳中,安装油底壳,拧紧19个螺栓	油底壳螺栓的拧紧力矩为 8N·m
9. 安装传感器转子、车速表齿轮	装上半圆键、车速传感器转子钢球、速度表主动齿轮弹性挡圈	—
10. 安装前后壳体	(1)后壳体涂上密封胶,拧紧6个螺栓 (2)拧紧前壳体螺栓 (3)安装节气门拉索卡子	后壳体螺栓的拧紧力矩为 34N·m
11. 安装车速传感器和超速档离合器转速传感器	—	—
12. 安装空档起动开关及档位控制轴杠杆	—	N位对上空档线

附录 B　福特翼虎 6F35 自动变速器

6F35 包括液力变矩器、行星齿轮变速机构、电液控制系统三部分。各档位的传动比见表 B-1。

表 B-1　6F35 各档位传动比

档位	1档/低速	2档	3档	4档	5档	6档	倒档
传动比	4.584	2.964	1.912	1.446	1	0.746	2.94

液力变矩器的结构和项目 2 介绍的类似。下面主要对行星齿轮变速机构及电液控制系统进行详细介绍。

B.1　6F35 行星齿轮变速机构的组成

行星齿轮变速机构包括行星齿轮机构和换档执行元件,连接简图如图 B-1 所示。变速器由三排行星齿轮机构（前行星齿轮排、中央行星齿轮排、后行星齿轮排）和六个换档执行元件组成,提供倒档和六个前进档。其中前行星齿轮排太阳轮和 CB1234（FWD CL）制动器（1/2/3/4 档制动器）的内鼓连为一体,后行星齿轮排太阳轮和 CB26（INT CL）制动器（2/6 档制动器）内鼓及 C35R（DIR CL）离合器（3/5/R 档离合器）外鼓连为一体。

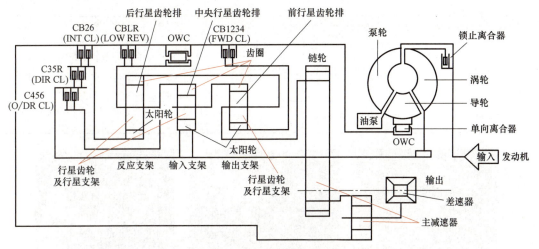

图 B-1　6F35 行星齿轮变速机构的连接简图

1. 行星齿轮机构

6F35 三排行星齿轮机构的连接特点如下：

1）前行星齿轮排行星支架和后行星齿轮排齿圈连接。
2）前行星齿轮排齿圈和中央行星齿轮排行星支架连接。
3）中央行星齿轮排齿圈和后行星齿轮排行星支架连接。

因此，行星齿轮机构共有六个独立元件，分别是前行星齿轮排太阳轮、中央行星齿轮排太阳轮、后行星齿轮排太阳轮、前行星齿轮排行星支架和后行星齿轮排齿圈、前行星齿轮排齿圈和中央行星齿轮排行星支架、中央行星齿轮排齿圈和后行星齿轮排行星支架。

行星齿轮机构共有三个动力输入点。分别是：

1）直接输入到中央行星齿轮排太阳轮。
2）通过离合器 C456（O/DR CL）（4/5/6 档离合器）输入到中央行星齿轮排齿圈和后行星齿轮排行星支架。
3）通过离合器 C35R（DIR CL）（3/5/R 档离合器）输入到后行星齿轮排太阳轮。

动力从后行星齿轮排齿圈和前行星齿轮排行星支架经过链轮输出。

行星齿轮组实物图如图 B-2 所示。

2. 换档执行元件

6F35 有六个换档执行元件，包括两个离合器、一个单向离合器、三个制动器。各换档执行元件的作用见表 B-2。

表 B-2　6F35 换档执行元件的作用

换档执行元件的类型	换档执行元件的名称	作　　用
制动器	CB1234（FWD CL）制动器（1/2/3/4 档制动器）	制动前行星齿轮排太阳轮
	CB26（INT CL）制动器（2/6 档制动器）	制动后行星齿轮排太阳轮
	CBRL（LOW REV）制动器（低速倒档制动器）	制动后行星齿轮排行星支架和中央行星齿轮排齿圈

(续)

换档执行元件的类型	换档执行元件的名称	作　用
离合器	C35R（DIR CL）离合器（3/5/R档离合器）	连接输入轴和后行星齿轮排太阳轮
离合器	C456（O/DR CL）离合器（4/5/6档离合器）	连接输入轴、后行星齿轮排行星支架和中央行星齿轮排齿圈
单向离合器	单向离合器（OWC）	单向锁止后行星齿轮排行星支架和中央行星齿轮排齿圈

图 B-2　6F35 行星齿轮机构实物图

a）前行星齿轮排太阳轮　b）前行星齿轮排行星支架/后行星齿圈总成　c）中央行星齿轮排太阳轮
d）中央行星齿轮排行星支架/前行星齿轮排齿圈总成　e）后行星齿轮排行星支架/中央
行星齿轮排齿圈总成　f）后行星齿轮排太阳轮

B.2　6F35 各档位的动力传递路径

6F35 各档位换档执行元件的工作情况见表 B-3。

表 B-3　6F35 各档位换档执行元件的工作情况

档　位	驻车档（P位）	空档（N位）	倒档（R位）	L位1档或D位1档（车速<8km/h）	D 位					
					1档（车速>8km/h）	2档	3档	4档	5档	6档
CB1234（FWD CL）制动器	—	—	—	H	H	H	H	H	—	—
C35R（DIR CL）离合器	—	—	D	—	—	—	D	—	D	—
CB26（INT CL）制动器	—	—	—	—	—	H	—	—	—	H
CBRL（LOW REV）制动器	H	H	H	H	—	—	—	—	—	—

（续）

档位	驻车档（P位）	空档（N位）	倒档（R位）	L位1档或D位1档（车速<8km/h）	D位					
					1档（车速>8km/h）	2档	3档	4档	5档	6档
C456（O/DR CL）离合器	—	—	—	—	—	—	—	D	D	D
单向离合器（OWC）	—	—	—	H	H	—	—	—	—	—

注：D表示驱动，H表示锁定。

下边分析各档位的动力传递路径。

1. 倒档

倒档：C35R（DIR CL）离合器、CBRL（LOW REV）制动器工作。

C35R（DIR CL）离合器工作，动力从涡轮轴传递到后行星齿轮排太阳轮，CBRL（LOW REV）制动器工作，制动后行星齿轮排行星支架。此时，后行星齿轮排工作，动力从太阳轮输入，齿圈反向减速输出，实现倒档。如图B-3所示。

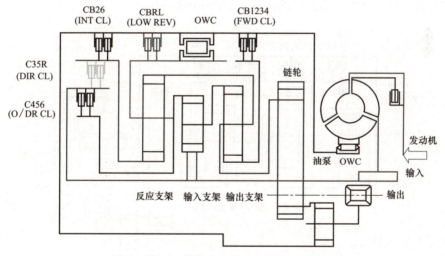

图B-3　6F35倒档动力传递路径（见彩图）

2. 1档

1）D位1档（车速>8km/h）：CB1234（FWD CL）制动器、单向离合器OWC工作。

动力从涡轮轴输入中央行星齿轮排太阳轮，意图带动中央行星齿轮排齿圈逆时针旋转，单向离合器OWC单向制动中央行星齿轮排齿圈，对于中央行星齿轮排来说，动力从太阳轮输入，行星支架输出，减速同向输出。

由于中央行星齿轮排行星支架和前行星齿轮排齿圈连接，动力输入到前行星齿轮排齿圈，CB1234（FWD CL）制动器工作，制动前行星齿轮排太阳轮。对于前行星齿轮排来说，动力从齿圈输入，行星支架输出，减速同向传动。

经过中央行星齿轮排和前行星齿轮排两级减速，实现1档，如图B-4所示。

2）L位1档或D位1档（车速<8km/h）正向传递时和D位1档（车速>8km/h）相同，但L位1档或D位1档（车速<8km/h）由于CBRL（LOW REV）制动器工作，制动中

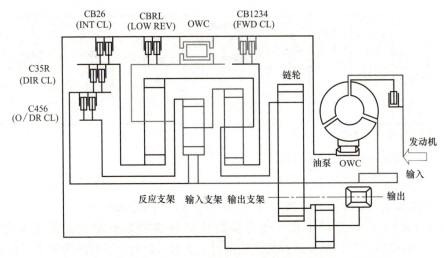

图 B-4　6F35 D 位 1 档（车速>8km/h）的动力传递路径（见彩图）

央行星齿轮排齿圈，具有发动机制动功能，如图 B-5 所示。

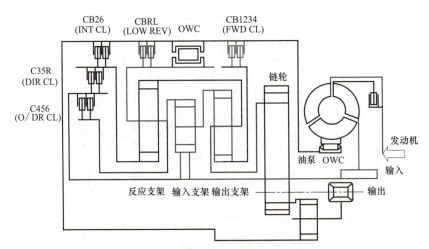

图 B-5　6F35 L 位 1 档或 D 位 1 档（车速<8km/h）的动力传递路径（见彩图）

3. 2 档

D 位 2 档：CB1234（FWD CL）制动器、CB26（INT CL）制动器工作。

动力从涡轮轴输入中央行星齿轮排太阳轮，分两条路径传递到前/后行星齿轮排。

1) 中央行星齿轮排行星支架将动力传递到前行星齿轮排齿圈，CB1234（FWD CL）制动器工作，制动前行星齿轮排太阳轮，对于前行星齿轮排来说，太阳轮固定，齿圈输入，行星支架输出，减速同向传递，同 1 档。

2) 中央行星齿轮排齿圈将动力传递到后行星齿轮排支架，CB26（INT CL）制动器工作，制动后行星齿轮排太阳轮，对于后行星齿轮排来说，太阳轮固定，齿圈和输出轴连接同向旋转，带动行星支架顺时针旋转。

相对于 1 档，增加了第二条动力流路径，由于后排行星齿轮机构的增速作用，输出转速增加，变速器处于 2 档，如图 B-6 所示。

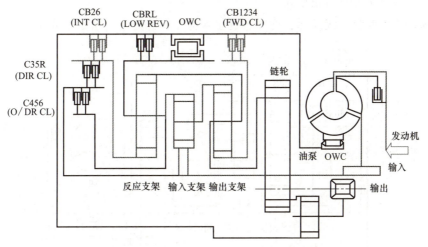

图 B-6　6F35 2 档的动力传递路径（见彩图）

4. 3 档

D 位 3 档：C35R（DIR CL）离合器、CB1234（FWD CL）制动器工作。

动力传递路径同 D 位 2 档。但区别于 D 位 2 档，D 位 3 档是 C35R（DIR CL）离合器工作，所以在第二条动力传递路径上，后行星齿轮排太阳轮作为动力输入，提高了整个后行星齿轮排的输出转速，变速器处于 3 档，如图 B-7 所示。

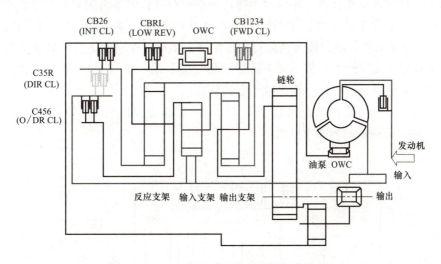

图 B-7　6F35 3 档的动力传递路径（见彩图）

5. 4 档

D 位 4 档：C456（O/DR CL）离合器、CB1234（FWD CL）制动器工作。

C456（O/DR CL）离合器将动力传递到中央行星齿轮排齿圈和后行星齿轮排行星支架，对于中央行星齿轮排，相当于把齿圈和太阳轮连接，中央行星齿轮排以 1∶1 传递动力，中央行星齿轮排行星支架将动力传递到前行星齿轮排齿圈，CB1234（FWD CL）制动器工作，制动前行星齿轮排太阳轮。对于前行星齿轮排来说，齿圈输入，太阳轮固定，行星支架减速同向输出，后行星齿轮排自由旋转。

经过前行星齿轮排一级减速，变速器处于 4 档，动力传递路径如图 B-8 所示。

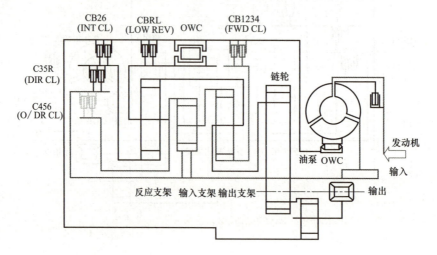

图 B-8　6F35 4 档的动力传递路径（见彩图）

6. 5 档

D 位 5 档：C35R（DIR CL）离合器、C456（O/DR CL）离合器工作。

C456（O/DR CL）离合器工作，动力传递到中央行星齿轮排齿圈和后行星齿轮排行星支架。对于中央行星齿轮排来说，相当于太阳轮和齿圈连为一体，以 1∶1 动力传递；C35R（DIR CL）离合器工作，动力传递到后行星齿轮排太阳轮，相当于把后行星齿轮排太阳轮和后行星齿轮排行星支架连为一体。对于后行星齿轮排来说，也是 1∶1 动力传递，动力从后行星齿轮排齿圈输出，前行星齿轮排处于空转状态。

此时中央行星齿轮排和后行星齿轮排 1∶1 传递动力，传动比为 1，变速器处于 5 档（直接档）。动力传递路径如图 B-9 所示。

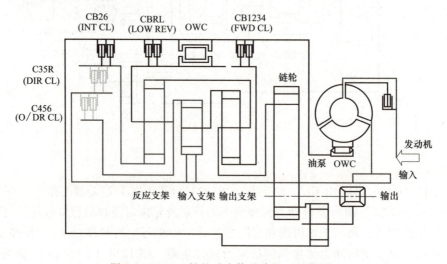

图 B-9　6F35 5 档的动力传递路径（见彩图）

7. 6 档

D 位 6 档：CB26（INT CL）制动器、C456（O/DR CL）离合器工作。

C456（O/DR CL）离合器工作，动力传递到中央行星齿轮排齿圈和后行星齿轮排行星支架，对于中央行星齿轮排，相当于把太阳轮和齿圈连为一体，以 1∶1 动力传递；CB26（INT CL）制动器工作，制动后行星齿轮排太阳轮，对于后行星齿轮排来说，太阳轮固定，动力从行星支架输入，齿圈增速同向输出，变速器处于 6 档，动力传递路径如图 B-10 所示。

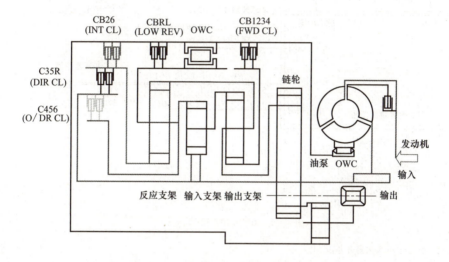

图 B-10　6F35 6 档的动力传递路径（见彩图）

B.3　6F35 电子控制系统的组成

6F35 电控系统由 ECU、输入信号和执行器组成。6F35 通过硬线连接的输入信号及执行器如图 B-11 所示。电路图如图 B-12、图 B-13 所示。

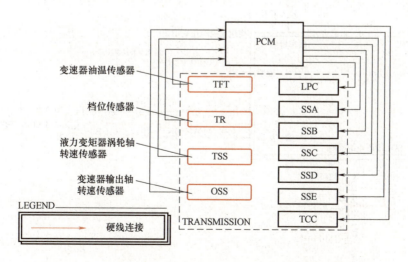

图 B-11　6F35 电控系统通过硬线连接的输入信号和执行器

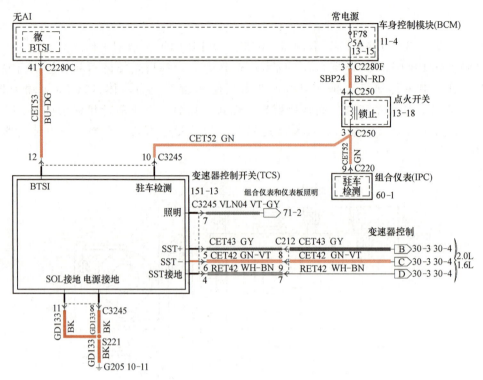

图 B-12　6F35 电控系统电路图

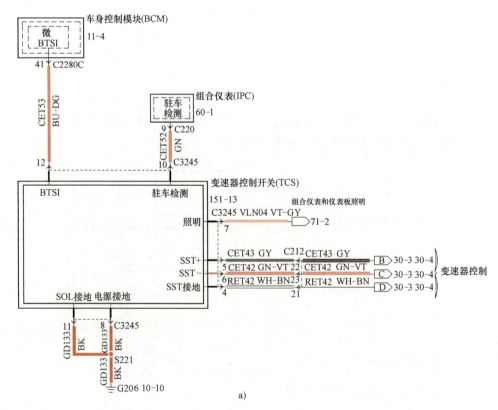

图 B-13　6F35 电控系统电路图

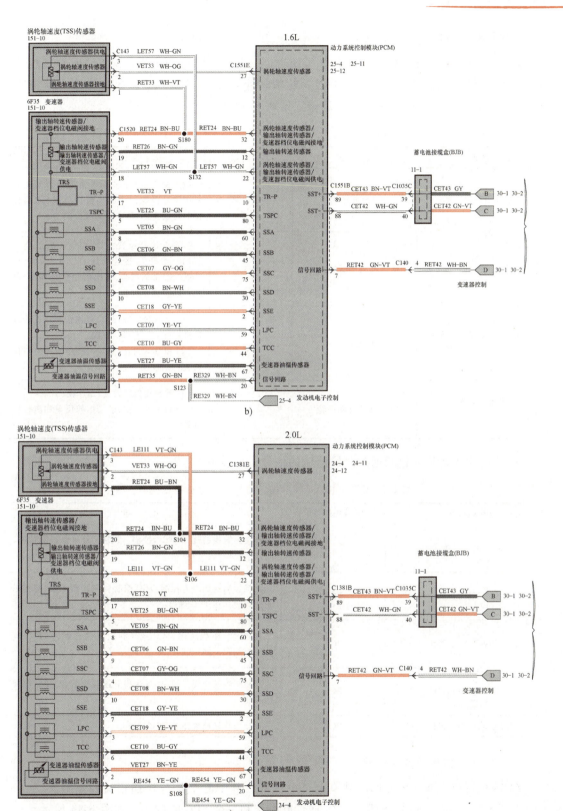

图 B-13 6F35 电控系统电路图（续）

1. 6F35 电控系统的输入信号

6F35 通过硬线连接的输入信号包含了四个传感器,分别是 TFT(变速器油温)传感器、TR(档位)传感器、TSS(液力变矩器涡轮轴转速)传感器和 OSS(变速器输出轴转速)传感器。各传感器的作用、类型和安装位置见表 B-4。

表 B-4 6F35 电控系统的输入信号(硬线连接)

传感器	位 置	类 型	作 用
变速器油温传感器	电磁阀体内	热敏电阻	检测变速器油温,PCM 根据初始温度信号决定是否执行冷起动换档规律(油温较低时延迟换档、禁止液力变矩器锁止)
档位传感器	变速器内的变速杆处	开关	检测变速杆位置。TR 档位传感器是一组(四个)开关,变速杆置于不同位置时,改变四个开关的状态,并把信号给到 PCM,以此判断变速杆位置
液力变矩器涡轮轴转速传感器	涡轮轴上	霍尔式传感器	(1)检测涡轮轴转速,将该转速和发动机转速对比,确定 TCC 性能 (2)和 OSS 对比,确定换档质量和换档执行元件的性能
变速器输出轴转速传感器	传动轴的驱动齿轮上		(1)检测输出轴转速,用于换档 (2)和 TSS 对比,确定换档质量和离合器性能

6F35 的输入信号还包括通过总线传输的信号,见表 B-5。

表 B-5 6F35 电控系统的输入信号(通过总线传输)

传输信号	原始模块	作 用
发动机转速	PCM	直接影响换档规律、TCC 控制、线路压力和变速器诊断,间接影响换档压力控制
发动机转矩估算	PCM	直接影响换档压力控制、TCC 控制和变速器诊断,间接影响换档规律和 TCC 规律
APP(加速踏板位置信号)	PCM	直接影响换档规律、TCC 规律和变速器诊断,间接影响 TCC 控制和换档控制
指令发动机转矩	PCM	直接影响换档规律、TCC 规律和变速器诊断,间接影响换档控制
BPP(制动踏板位置信号)	PCM	直接影响换档规律和 TCC 规律

2. 6F35 电控系统的执行器

6F35 执行器主要是电磁阀,共有七个电磁阀,其中五个是与换档相关的电磁阀,分别为 SSA、SSB、SSC、SSD、SSE,一个 TCC 电磁阀和一个 LPC 电磁阀。如图 B-14 所示。

各电磁阀的类型、作用及电阻值见表 B-6。

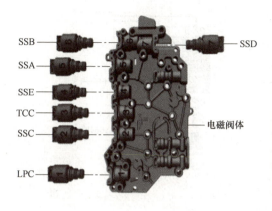

图 B-14　6F35 的电磁阀体

表 B-6　6F35 的电磁阀

电磁阀名称	类型	电阻/Ω	作　用
LPC	脉冲型电磁阀	5.5	通过液压阀调节管路油压
TCC	脉冲型电磁阀	5.5	通过控制一个液压阀，为变矩器提供不同的工作油压
SSE	开关型电磁阀	19.2	(1) 和 SSD 联合控制低速倒档制动器和 4/5/6 档离合器油路：SSE 断电，SSD 断电——4/5/6 档离合器接合，低速倒档制动器分离；SSE 通电，SSD 断电——4/5/6 档离合器分离，低速倒档制动器接合 (2) 控制 3/5/R 档离合器的油路：变速杆置于 R 位时，SSE 通电——离合器的油路由手动阀提供的 REVERSE(倒档)回路供给；当变速杆置于 D 位，SSE 断电——离合器油路由手动阀提供的 DRIVE(驱动)回路供给
SSA	脉冲型电磁阀	5.5	控制 1/2/3/4 档制动器：断电——分离；通电——接合
SSB	脉冲型电磁阀	5.5	控制 3/5/R 档离合器：断电——接合；通电——分离
SSC	脉冲型电磁阀	5.5	控制 2/6 档制动器：断电——分离；通电——接合
SSD	脉冲型电磁阀	5.5	和 SSE 联合控制低速倒档制动器或 4/5/6 档离合器，SSD 通电——4/5/6 档离合器、低速倒档制动器分离

6F35 采用了三种类型的电磁阀：开关型电磁阀（一般情况下关闭，常闭型）、脉冲型电磁阀（一般情况下低油压的电磁阀，常低电磁阀）、脉冲型电磁阀（一般情况下高油压的电磁阀，常高电磁阀）。

(1) 开关型电磁阀（常闭电磁阀）　图 B-15 所示为常闭开关型电磁阀。电磁阀断电（图 B-15a），阀球落坐在阀座上，关闭变速器油供给，SSE 回路和泄油口相通；电磁阀通电，电磁阀推动阀球克服液压油作用力，打开油液通道，出口（SSE 回路）和变速器油液供给相通，如图 B-15b 所示。6F35 的 SSE 电磁阀属于常闭阀。

SSE 断电时，关闭 SSE 回路的 SOL FD 压力，ON/OFF SIG 油压释放，用于确定离合器控制旁通阀的位置，将 CBRL/C456 压力引导到 4/5/6 档离合器。

SSE 通电时，打开 SSE 回路的 SOL FD 压力，ON/OFF SIG 油压作用在离合器控制旁通

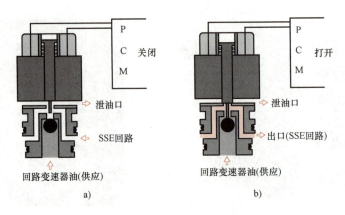

图 B-15　常闭开关型电磁阀
a）电磁阀断电　b）电磁阀通电

阀上，改变其位置，将 CBRL/C456 压力引导到低速倒档制动器。

（2）**脉冲型电磁阀（常低电磁阀）**　脉冲型电磁阀（常低电磁阀）的工作原理如图 B-16 所示。当给电磁阀施加小电流时，电磁阀开度较小，出口压力较低；当给电磁阀施加大电流时，电磁阀开度较大，出口压力升高。6F35 的 SSA、SSC、TCC 属于这种类型的电磁阀。

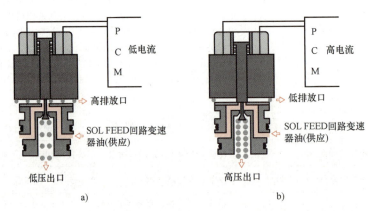

图 B-16　脉冲型电磁阀（常低电磁阀）的工作原理
a）电磁阀施加小电流　b）电磁阀施加大电流

1) SSA。

当提供的电流较低时，SOL FD 到 VBS C1234 的回路压力被 SSA 阻隔。

当有大电流通过时，VBS C1234 压力升高，作用在 1/2/3/4 档调节阀和 1/2/3/4 档保持阀上改变其位置。C1234 的压力被激活，1/2/3/4 档制动器接合。

2) SSC。

当提供的电流较低时，SOL FD 到 VBS CB26 压力被 SSC 阻隔。

当有大电流通过时，VBS CB26 压力升高，作用在 CB26 调节阀和 CB26 保持阀上改变其位置，CB26 压力被激活，2/6 档制动器接合。

3) TCC。

TCC 电磁阀主要用于调制、释放和控制变矩器锁止离合器。

当提供的电流较低时，SOL FD 到 VBS TCC 的压力被 TCC 电磁阀阻隔。

当有大电流通过时，VBS TCC 作用在 TCC 控制阀上改变其位置，TCC REG APPLY 和 REG APPLY 回路连通，液力变矩器锁止。

(3) 脉冲型电磁阀（常高电磁阀） 脉冲型电磁阀（常高电磁阀）的工作原理如图 B-17 所示。当给电磁阀施加小电流时，阀芯离开阀座，流通截面积较大，输出压力高；当给电磁阀施加大电流时，阀芯向阀座移动，流通截面积较小，输出压力较低。6F35 的 SSB、SSD、LPC 属于这种类型的电磁阀。

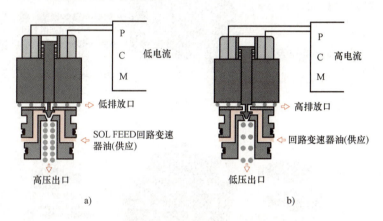

图 B-17 常高电磁阀的工作原理
a) 电磁阀施加小电流 b) 电磁阀施加大电流

1) SSB。

当给电磁阀施加小电流时，SSB 向 VBS C35R 回路提供 SOL FD 压力，用于确定 3/5/R 档调节阀和 3/5/R 档保持阀的位置，使离合器接合。

当有大电流通过时，VBS C35R 被 SSB 阻隔，离合器分离。

2) SSD。

当给电磁阀施加小电流时，SSD 向 VBS CBRL/C456 回路提供 SOL FD 压力，用于确定低速倒档/4/5/6 档调节阀和低速倒档/4/5/6 档保持阀的位置，使 CBRL/C456 和线路压力相通。

当有大电流通过时，VBS CBRL/C456 被 SSD 阻隔，使 CBRL/C456 和 EXH BF（回油）相通。

3) LPC。

LPC 电磁阀向 VBS 线路回路提供 SOL FD 压力，作用在主调节阀上，改变阀的位置，以调整线路压力，线路压力与施加到 LPC 电磁阀上的电流成反比。电流降低，线路压力逐渐升高。

B.4 6F35 液压控制系统的组成

6F35 液压控制系统阀体组成如图 B-18 所示。6F35 液压控制系统对线路压力的要求见表 B-7。

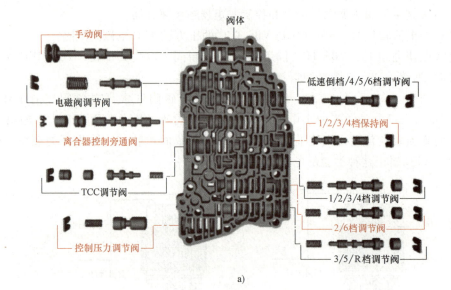

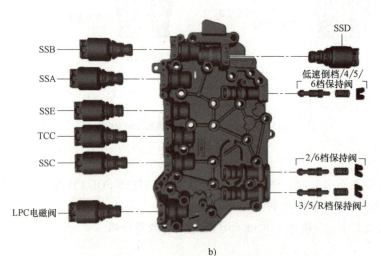

图 B-18　6F35 的液压阀体和电磁阀
a）6F35 的上阀板　b）6F35 的下阀板

表 B-7　不同工况下 6F35 液压控制系统的线路压力标准值

变速杆位置	急速时的线路压力/kPa		节气门全开失速时的线路压力/kPa	
	最小值	最大值	最小值	最大值
P/N	338	379	—	—
R	621	689	1868	2068
D	517	586	1868	2068

B.5　6F35 的油路分析

各油路说明见表 B-8，液压回路图例如图 B-19 所示。

1. 主油压供给

发动机运转时，油泵向主压力调节阀提供压力，主压力调节阀的线路（LINE）压力通过 SOL FD 回路引导到各个换档电磁阀、TCC 和 LPC 电磁阀，由 PCM 控制的电磁阀引导变速器油进入其所控制的液压阀。

表 B-8　6F35 油路说明

回路名称	描述
BYPASS	从主压力调节阀到泵总成吸入回路，对线路压力进行控制的压力
C1234	从 1/2/3/4 档调节阀向 1/2/3/4 档制动器提供的用于接合制动器的调节线路压力
C1234 FDBK	从 1/2/3/4 档保持阀向 1/2/3/4 档调节阀提供的，用于阻止在 1/2/3/4 档制动器接合过程中 VBS C1234 压力产生的阀门运动，减小换档冲击
C35R	从 3/5/R 档调节阀向 3/5/R 档离合器提供的用于接合离合器的调节线路压力
C35R FD	由离合器控制旁通阀从倒档（REVERSE）回路向 DRIVE 2/ C35R FD 换向阀提供，用于向 3/5/R 档调节阀提供倒档时的线路压力
C35R FDBK	从 3/5/R 档保持阀向 3/5/R 档调节阀提供的线路压力，用于阻止在 3/5/R 档离合器接合过程中 VBS C35R 压力产生的阀门运动，减小换档冲击
C456	由离合器控制旁通阀从低速倒档/4/5/6 档调节阀引导到 4/5/6 档离合器使其接合的调节线路压力。C456 还向离合器控制旁通阀提供保持压力
CB26	从 2/6 档调节阀向 2/6 档制动器提供的，用于接合制动器的调节线路压力
CB26 FDBK	从 2/6 档保持阀向 2/6 档调节阀提供的线路压力，用于阻止在 2/6 档制动器接合过程中 VBS CB26 压力产生的阀门运动，减缓换档冲击
CBRL	由离合器控制旁通阀从低速倒档/4/5/6 档调节阀引导到低速倒档制动器，使其接合的调节线路压力
CBRL/C456	从低速倒档/4/5/6 档调节阀到离合器控制旁通阀的调节线路压力
CBRL/C456 FDBK	从低速倒档/4/5/6 档保持阀向低速倒档/4/5/6 档调节阀提供的线路压力，用于阻止在低速倒档制动器或 4/5/6 档离合器接合过程中 VBS CBRL/456 压力产生的阀门运动，减缓换档冲击
COMP FD	向 4/5/6 档离合器和 3/5/R 档离合器活塞端面提供的压力，用于阻止离合器离心力导致的异常接合
CONV FD	从主压力调节阀向 TCC 控制阀提供的用于 TCC 释放的线路压力
COOLER FD	在 TCC 释放过程中变矩器的返回压力，由 TCC 控制阀引导到变速器油冷却器
DRIVE（驱动）	当变速杆位于 DRIVE 位置时，手动阀将线路压力引导到离合器控制旁通阀、1/2/3/4 档调节阀和 2/6 档调节阀的线路压力
DRIVE 2（驱动 2）	由离合器控制旁通阀引导到 TCC 调节阀和 DRIVE 2/C35R FD 换向阀的 DRIVE（驱动）压力，用于向 3/5/R 档调节阀提供第 3 档和第 5 档的线路压力
DRIVE 2/C35R FD	在 3/5/R 档离合器接合过程中，从 DRIVE 2/C35R FD 换向阀到 3/5/R 档调节阀提供的 DRIVE 2 或 C35R FD 压力
EXH	从阀门排出进入储油槽区的变速器油
EXH BF	从手动阀流入的未受压变速器油
LINE（线路）	线路压力，从泵送到控制压力调节阀、电磁阀调节阀、手动阀和低速倒档/4/5/6 档调节阀的压力，由主压力调节阀进行调节
LUBE	变速器润滑回路（穿过输入轴）
ON/OFF SIG	SSE 向离合器控制旁通阀和 TCC 调节阀的电磁阀施加的压力。ON/OFF SIG 压力确定离合器控制旁通阀的位置，以接合低速倒档制动器或 4/5/6 档离合器；ON/OFF SIG 压力改变 TCC 调节阀的位置，在变速杆置于 R 位时切断 DRIVE 2 的油压供给
REG APPLY	由 TCC 调节阀向 TCC 控制阀提供的用于 TCC 接合的压力，由 DRIVE 2 压力调节产生

（续）

回路名称	描　　述
REVERSE	当变速杆置于 R 位时,手动阀引导到离合器旁通阀的线路压力
SOL FD	向换档、TCC 和 LPC 电磁阀提供的调节线路压力
TCC APPLY（TCC 应用）	由 TCC 控制阀向变矩器提供的用于接合锁止离合器的压力,TCC APPLY 也是 TCC RELEASE 的回路
TCC RELEASE（TCC 释放）	由 TCC 控制阀向变矩器提供的用于分离锁止离合器的压力,TCC RELEASE 回路也是 TCC APPLY 的回路
VBS C1234	由 SSA 向 1/2/3/4 档调节阀和 1/2/3/4 档保持阀提供的用于定位阀门,接合 1/2/3/4 档制动器的可变 SOL FD 压力
VBS C35R	由 SSB 向 3/5/R 档调节阀和 3/5/R 档保持阀提供的用于定位阀门,接合 3/5/R 档离合器的可变 SOL FD 压力
VBS CB26	由 SSC 向 2/6 档调节阀和 2/6 档保持阀提供的用于定位阀门,接合 2/6 档制动器的可变 SOL FD 压力
VBS CBRL/C456	由 SSD 向低速倒档/4/5/6 档调节阀和低速倒档/4/5/6 档保持阀提供的用于定位阀门,接合低速倒档制动器或 4/5/6 档离合器的可变 SOL FD 压力
VBS LINE（VBS 线路）	由 LPC 电磁阀向主压力调节阀提供的用于控制线路压力的可变 SOL FD 压力
VBS TCC	向 TCC 调节阀和 TCC 控制阀提供的用于定位阀门,接合 TCC 的可变 SOL FD 压力

回路/压力		符号/部件	
	泵吸		止回球
	线路压力359-1965kPa(52-285psi)		往复球
	调节压力0-717kPa(0-104psi)		电磁阀阻尼器
	补偿器压力83kPa(12psi)		变速器油方向
	变速器油冷却器供给/润滑0-758kPa(0-110psi)		孔口
	液力变矩器锁止离合器压力0-1138kPa(0-165psi)		孔塞
	无压力(回路未使用/阀门排放)		排放
	排放回路约21kPa(3psi)	NC	正常情况下关闭
	电磁阀供给回路/全额电磁阀压力552kPa(80psi)	NH	正常情况下高压
	可变电磁阀压力0-552kPa(0-80psi)	NL	正常情况下低压
	反馈压力0-407kPa(0-59psi)		阀门/球/活塞

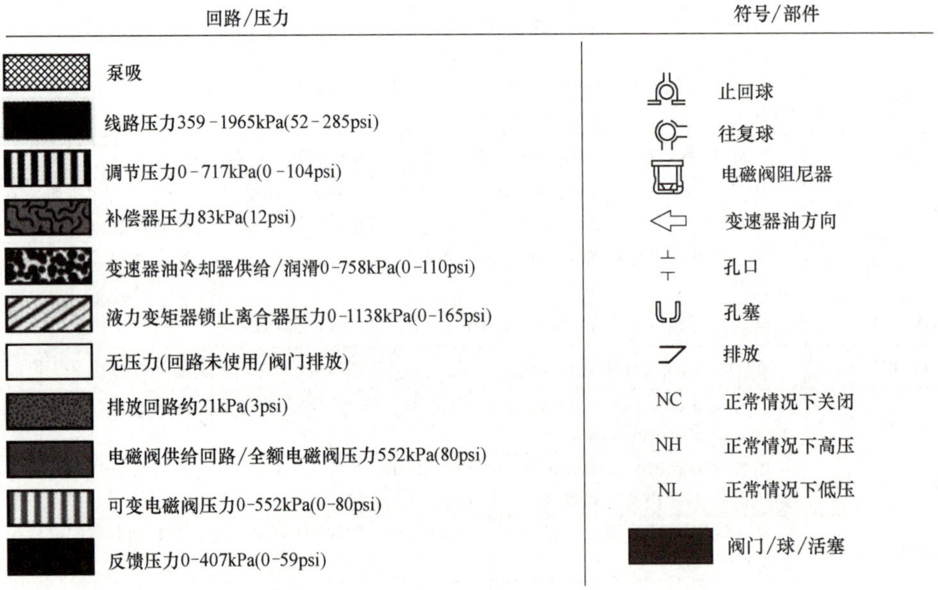

图 B-19　6F35 液压回路图例

LPC 电磁阀向主压力调节阀提供可变压力,控制到线路回路的线路（LINE）压力,LINE（线路）回路将压力供给手动阀、电磁阀调节阀、控制压力调节阀,如图 B-20 所示。

2. 换档执行元件的油路分析

当变速杆置于 D 位或 L 位时,手动阀引导线路压力从 LINE（线路）回路到达 DRIVE（驱动）回路,从而向下述阀提供线路压力：

离合器控制旁通阀、1/2/3/4 档调节阀、2/6 档调节阀、TCC 调节阀、3/5/R 档调节阀、

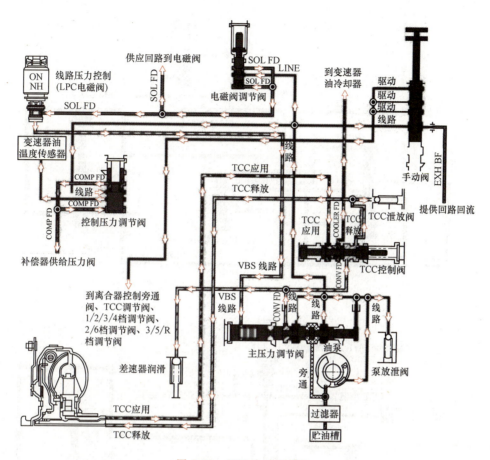

图 B-20　6F35 主油压供给

如图 B-20 所示。

当变速杆置于 R 位时，手动阀引导线路压力从 LINE（线路）回路到达 REVERSE（倒档）回路，向离合器控制旁通阀提供线路压力。

下面分析各换档执行元件油路。

(1) 1/2/3/4 档制动器　当变速器工作在 D 位 1 档、2 档、3 档、4 档和 L 位时，1/2/3/4 档制动器接合，在 5 档和 6 档时分离，由 SSA 电磁阀控制。SSA 通电，制动器接合，SSA 断电，制动器分离。

当变速杆置于 D 位或 L 位时，手动阀向 1/2/3/4 档调节阀提供线路压力。

当需要 1/2/3/4 档制动器接合时，SSA 通电，向 1/2/3/4 档调节阀和 1/2/3/4 档保持阀施加可变电磁阀压力 VBS C1234 档。1/2/3/4 档调节阀移动，通过 C1234 档回路向 1/2/3/4 档制动器和 1/2/3/4 档保持阀提供调节的线路压力，1/2/3/4 档制动器接合。1/2/3/4 档保持阀产生经过调节的 C1234 档 FDBK 油压，施加在 1/2/3/4 档调节阀的上端，以逐步接合 1/2/3/4 档制动器。油路图如图 B-21 所示。

当需要 1/2/3/4 档制动器分离时，SSA 断电，切断 1/2/3/4 档调节阀上施加的可变电磁阀压力 VBS C1234。调节阀位置改变，阻断线路压力，C1234 回路和回油（手动阀提供的 EXH BF 回路）相通，制动器分离，如图 B-22 所示。

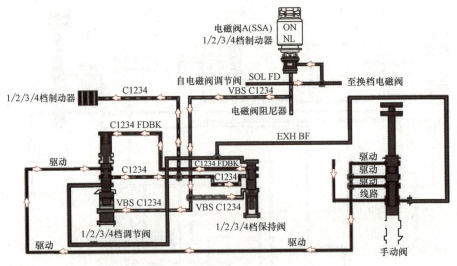

图 B-21 1/2/3/4 档制动器的接合油路

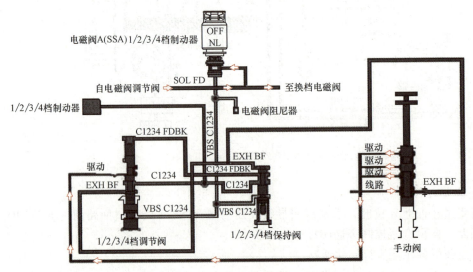

图 B-22 1/2/3/4 档制动器的分离油路

（2）3/5/R 档离合器 当变速器工作在 R 位或 D 位的 3 档、5 档时，该离合器接合。由 SSE、SSB 电磁阀联合控制，SSB 通电，离合器分离，SSB 断电，离合器接合。SSE 电磁阀改变作用于离合器活塞的液压油路径，R 位时，SSE 通电，离合器活塞液压油来自于手动阀提供的 REVERSE（倒档）油路；D 位时，SSE 电磁阀断电，离合器活塞液压油来自于手动阀提供的 DRIVE（驱动）油路。

当变速杆置于 R 位时，LINE（线路）压力通过倒档（REVERSE）回路引导到离合器控制旁通阀，SSE 通电，ON/OFF SIG 油路作用在离合器控制旁通阀上，确定其位置，从而接通 REVERSE（倒档）和 C35R FD 回路，经过往复球进入 3/5/R 档调节阀的 C35R FD 油路；SSB 通电，向 3/5/R 档调节阀和 3/5/R 档保持阀施加可变电磁阀压力 VBS C35R，3/5/R 档调节阀移动，C35R FD 回路通过 C35R 回路向 3/5/R 档离合器和 3/5/R 档保持阀提供线路压力，3/5/R 档离合器接合。3/5/R 档保持阀产生经过调节的 C35R FDBK 油压，施加在 3/5/R 档调节阀的上端，以逐步接合 3/5/R 档离合器，如图 B-23 所示。

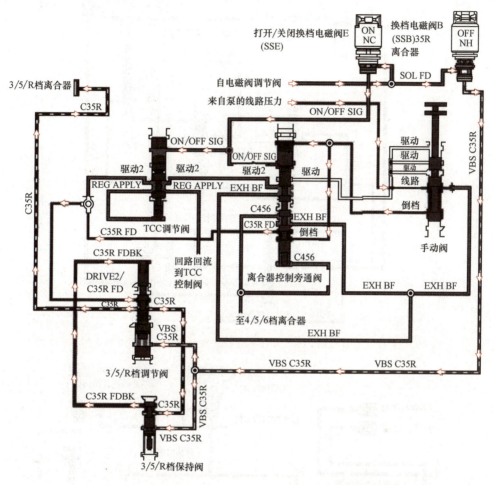

图 B-23　变速杆置于 R 位时，3/5/R 档离合器的接合油路

当变速器工作在 D 位的 3 档和 5 档时，LINE（线路）压力通过 DRIVE（驱动）回路引导到离合器控制旁通阀。SSE 断电，ON/OFF SIG 油路被阻断，改变离合器控制旁通阀和 TCC 调节阀的位置，离合器控制旁通阀接通 DRIVE（驱动）油压和 DRIVE 2 回路，TCC 调节阀又将 DRIVE 2 油压经过往复球和 C35R FD 回路送到 3/5/R 档调节阀。

当需要离合器接合时，SSB 断电，向 3/5/R 档调节阀和 3/5/R 档保持阀施加可变电磁阀压力 VBS C35R，3/5/R 档调节阀移动，C35R FD 回路通过 C35R 回路向 3/5/R 档离合器和 3/5/R 档保持阀提供线路压力，3/5/R 档离合器接合。3/5/R 档保持阀产生经过调节的 C35R FDBK 油压作用在 3/5/R 档调节阀的上端，逐步接合离合器。如图 B-24 所示。

当需要离合器分离时，SSE 断电，切断 ON/OFF SIG 油路；SSB 通电，VBS C35R 从 3/5/R 档调节阀和 3/5/R 档保持阀上释放，改变阀的位置，阻隔 C35R 回路和 C35R FD 油路，使 C35R 回路和回油（COMP FD：83kPa）相通，离合器分离。如图 B-25 所示。

补偿器反馈压力从控制压力调节阀通过 COMP FD 回路送到 3/5/R 档调节阀的同时，也

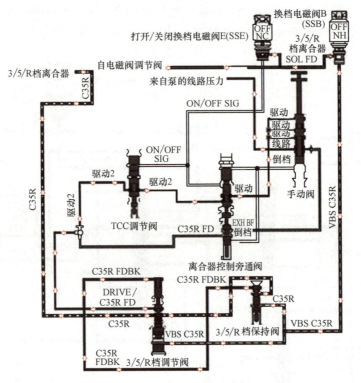

图 B-24　变速杆置于 D 位时，3/5/R 档离合器的接合油路（应用于第 3 档和第 5 档）

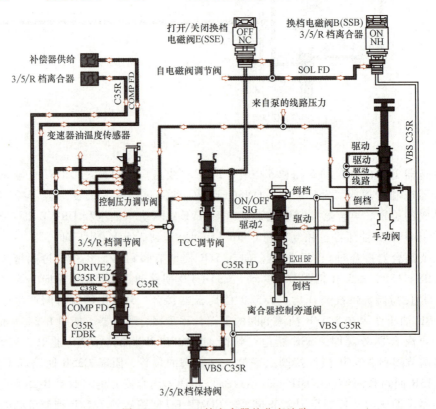

图 B-25　3/5/R 档离合器的分离油路

送到3/5/R档离合器和4/5/6档离合器活塞的端面，避免离合器活塞内残余油液的离心力作用使离合器异常接合。

(3) **2/6档制动器** 当变速器工作在D位的2档和6档时，2/6档制动器接合，由SSC电磁阀控制，SSC通电，制动器接合，SSC断电，制动器分离。

当变速杆置于D位和L位时，手动阀向2/6档调节阀提供线路压力。

当需要2/6档制动器接合时，SSC通电，向2/6档调节阀和2/6档保持阀提供可变电磁阀压力VBS CB26。2/6档调节阀移动，驱动压力通过CB26回路向2/6档制动器和2/6档保持阀提供线路压力，制动器接合，2/6档保持阀产生经过调节的CB26 FDBK压力进入2/6档调节阀的上端，以逐步接合2/6档制动器，如图B-26所示。

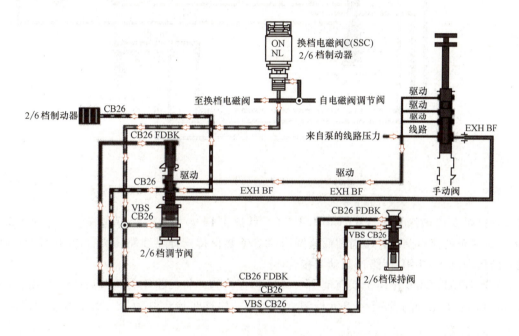

图B-26 2/6档制动器的接合油路（应用于第2档和第6档）

当需要制动器分离时，SSC断电，VBS CB26从2/6档调节阀和2/6档保持阀上释放，改变阀门位置，阻隔线路压力，CB26回路和回油（EXH BF）相通，制动器分离。如图B-27所示。

(4) **低速倒档制动器** 当变速器工作在驻车档（P）、倒档（R）、空档（N）、D位1档（速度<8km/h）和低速（L）档时，低速倒档制动器接合。由SSD、SSE电磁阀联合控制。当SSE断电，离合器控制旁通阀阻断CBRL/C456回路到CBRL的油路，制动器分离；当SSD通电，CBRL/C456回路和回油（EXH BF）相通，制动器也分离。因此，只有当SSE通电，且SSD断电时，制动器才能接合。

油泵将线路压力送到低速倒档/4/5/6档调节阀和手动阀。

SSE通电，线路压力和ON/OFF SIG回路接通，并作用在离合器控制旁通阀上，改变旁通阀的位置，CBRL/C456回路和CBRL回路相通。

当需要制动器接合时，SSD断电，向低速倒档/4/5/6档调节阀和低速倒档/4/5/6档保

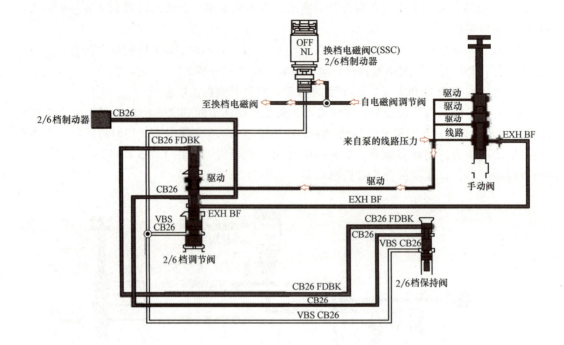

图 B-27　2/6 档制动器的分离油路

持阀提供可变电磁阀压力 VBS CBRL/C456。低速倒档/4/5/6 档调节阀移动,通过 CBRL/C456 回路向离合器控制旁通阀和低速倒档/4/5/6 档保持阀提供线路压力,CBRL/C456 回路的线路压力进入 CBRL 回路,制动器接合。

VBS CBRL/C456 作用于低速倒档/4/5/6 档保持阀,将线路压力调节后产生 CBRL/C456 FDBK 压力作用在低速倒档/4/5/6 档调节阀上端,以逐步接合制动器。如图 B-28 和图 B-29 所示。

该制动器接合的线路压力由油泵直接提供,而不是手动阀提供。

当变速杆置于 R 位时,离合器控制旁通阀的位置由 ON/OFF SIG 回路和倒档回路确定。如图 B-28 所示。当变速杆置于 D 位时,离合器控制旁通阀的位置仅由 ON/OFF SIG 回路确定,如图 B-29 所示。

当需要制动器分离时,分为以下两种情况:

1) 当变速器工作在 D 位 1 档(车速>8km/h)、D 位 2 档、D 位 3 档时。

SSE 断电,作用在离合器控制旁通阀上方的压力释放,旁通阀的位置改变,CBRL 回路和回油(EXH BF)相通,制动器分离,此时,CBRL/C456 回路和 C456 回路相通。

但是由于 SSD 通电,将 VBS CBRL/C456 从低速倒档/4/5/6 档调节阀和保持阀释放,改变了阀的位置,阻隔线路压力,CBRL/C456 回路和回油(EXH BF)相通,4/5/6 档离合器不能接合,如图 B-30 所示。

2) 当变速器工作在 D 位 4 档、D 位 5 档和 D 位 6 档时。

和上述情况一致,SSE 断电,CBRL 回路和回油(EXH BF)相通,制动器分离;CBRL/C456 回路和 C456 回路相通。

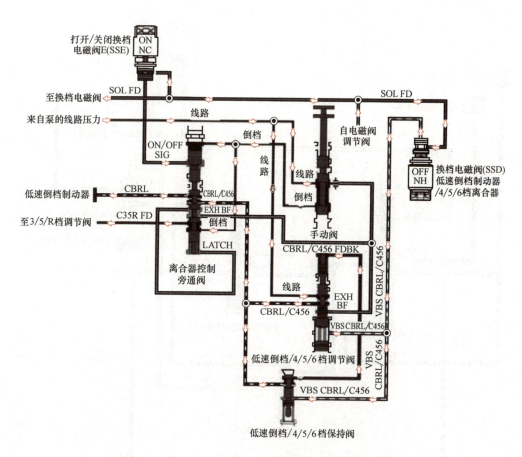

图 B-28　变速杆置于 R 位时，低速倒档制动器的接合油路

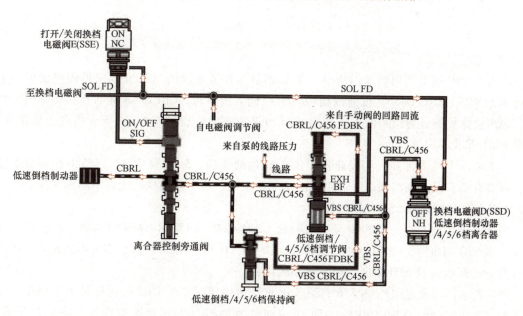

图 B-29　当变速杆置于 P/N/L/D（1 档，车速<8km/h）位，低速倒档制动器的接合油路

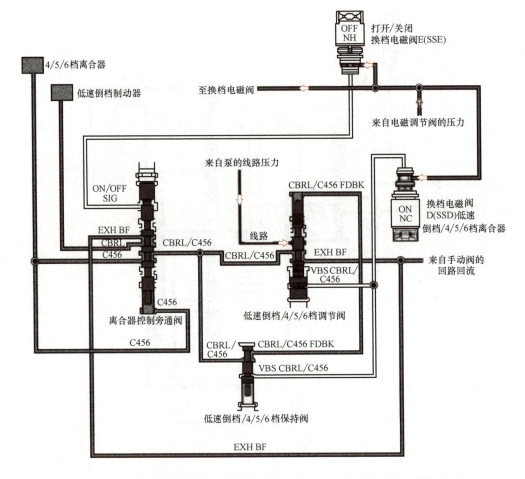

图 B-30 当变速器工作在 D 位 1 档（车速>8km/h）、D 位 2 档、D 位 3 档时，低速倒档制动器和 4/5/6 档离合器的分离油路

但由于 SSD 断电，向低速倒档/4/5/6 档调节阀和低速倒档/4/5/6 档保持阀提供可变电磁阀压力 VBS CBRL/C456。低速倒档/4/5/6 档调节阀移动，CBRL/C456 回路和线路压力相通，向离合器控制旁通阀和低速倒档/4/5/6 档保持阀提供线路压力，4/5/6 档离合器接合，如图 B-31 所示。

(5) 4/5/6 档离合器 当变速器工作在 D 位的 4 档、5 档、6 档时，4/5/6 档离合器接合。该离合器和低速倒档制动器使用相同的油路系统，两个换档执行元件不能同时接合。4/5/6 档离合器由 SSD 和 SSE 共同控制。

当 SSE 通电时，离合器控制旁通阀阻断 CBRL/C456 回路到 C456 的油路，离合器不能接合。当 SSD 通电时，CBRL/C456 回路和回油（EXH BF）相通，离合器也不能接合。因此只有当 SSE 断电，且 SSD 断电，离合器才能接合。

SSD 断电，向低速倒档/4/5/6 档调节阀和低速倒档/4/5/6 档保持阀提供可变电磁阀压力 VBS CBRL/C456，VBS CBRL/C456 作用在低速倒档/4/5/6 档调节阀上，改变其位置，CBRL/C456 回路和线路压力接通，并作用在低速倒档/4/5/6 档调节阀和离合器控制旁通阀

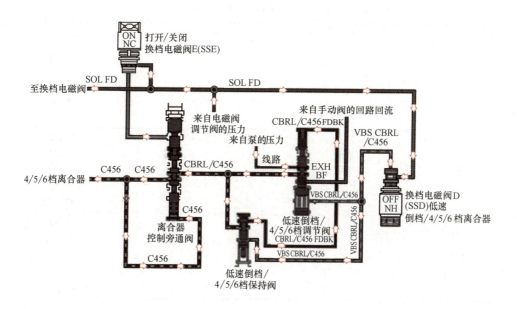

图 B-31 当变速器工作在 D 位的 4 档、5 档、6 档时，低速倒档制动器的分离油路及 4/5/6 档离合器的接合油路

上；SSE 断电，作用在离合器控制旁通阀上的压力 ON/OFF SIG 释放，旁通阀的位置改变，CBRL/C456 回路和 C456 回路相通，线路压力进入 C456 回路，离合器接合，如图 B-33 所示。

VBS CBRL/C456 作用于低速倒档/4/5/6 档保持阀，将线路压力调节后产生 CBRL/C456 FDBK 压力，作用在低速倒档/4/5/6 档调节阀上端，以逐步接合离合器。同样，该离合器的接合压力由油泵直接提供，不经过手动阀。

当需要离合器分离时，分以下两种情况：

1) 当变速器工作在 D 位 1 档（车速>8km/h）、D 位 2 档、D 位 3 档时。

SSD 通电，VBS CBRL/C456 从低速倒档/4/5/6 档调节阀和保持阀上释放，改变阀的位置，阻隔线路压力，CBRL/C456 回路和回油（EXH BF）相通，C456 回路也和回油相通，离合器分离，如图 B-30 所示。

2) 当变速器工作在 P 位、R 位、N 位、L 位和 D 位 1 档（车速<8km/h）时。

SSD 断电，向低速倒档/4/5/6 档调节阀和低速倒档/4/5/6 档保持阀提供 VBS CBRL/C456。低速倒档/4/5/6 档调节阀移动，通过 CBRL/C456 回路向离合器控制旁通阀和低速倒档/4/5/6 档保持阀提供线路压力。SSE 通电，打开 CBRL/C456 回路和 CBRL 回路，线路压力引导到低速倒档制动器，4/5/6 档离合器分离，低速倒档制动器接合，如图 B-29 所示。

B.6　6F35 电液控制系统的控制内容

1. 换档控制

6F35 的换档控制和其他自动变速器一样，是以车速和节气门开度为主要换档信号，升档车速见表 B-9。

表 B-9 6F35 的升档车速表

节气门开度(%)	范 围	档 位	车速/(km/h)
10	D	1~2	11~16
	D	2~3	21~27
	D	3~4	29~37
	D	4~5	45~56
	D	5~6	72~90
50	D	1~2	27~43
	D	2~3	42~55
	D	3~4	58~77
	D	4~5	77~106
	D	5~6	135~177
100	D	1~2	51~66
	D	2~3	79~100
	D	3~4	113~143
	D	4~5	150~190
	D	5~6	201~245

换档过程中电磁阀的工作情况见表 B-10。

表 B-10 6F35 各档位电磁阀的工作情况

变速杆位置	P/N	R	D	D/L	D	D	D	D	D
档位	驻车档/空档	倒档	1档(车速>8km/h)	D位1档(车速<8km/h)或者L位1档	2档	3档	4档	5档	6档
SSA NL(1、2、3、4)	off	off	on	on	on	on	on	off	Off
SSB NH(3、5、R)	on	off	on	on	on	off	on	off	on
SSC NL(2、6)	off	off	off	off	on	off	off	off	on
SSD NH(1、R、4、5、6)	off	off	on	on	off	off	on	on	on
SSE(打开/关闭(on/off))NC	on	on	off	off	off	off	off	off	off
TCC NL	off	off	off	off	off	off	off/on	off/on	off/on

注：NC 表示常闭；NH 表示常高；NL 表示常低；off 表示关；on 表示开。

下面对各档位电磁阀的工作情况及液压回路进行分析。

(1) 驻车档和空档 SSD 断电，通过 VBS CBRL/C456 液压回路向低速倒档/4/5/6 档调节阀施加可变电磁阀压力，改变其位置，接通线路压力和 CBRL/C456 回路。SSE 通电，引导 ON/OFF SIG 压力作用在离合器控制旁通阀上，引导调节线路压力从低速倒档/4/5/6 档调节阀到低速倒档制动器，低速倒档制动器接合，具体如图 B-32 所示。

(2) 倒档 SSD 断电，SSE 通电，低速倒档制动器接合，油路同驻车档和空档。
SSE 通电，离合器控制旁通阀通过 C35R FD 回路引导线路压力从 REVERSE 倒档回路到 3/5/R 档调节阀。SSB 断电，通过 VBS C35R 液压回路向 3/5/R 档调节阀施加可变电磁阀压力，接通 C35R FD 回路和 C35R 回路，3/5/R 档离合器接合。具体如图 B-33 所示。

(3) 1 档 当变速器工作在 1 档时，SSA 通电，通过 VBS C1234 液压回路向 1/2/3/4 档调节阀施加可变电磁阀压力，1/2/3/4 档调节阀移动，通过 C1234 回路向 1/2/3/4 档制动器

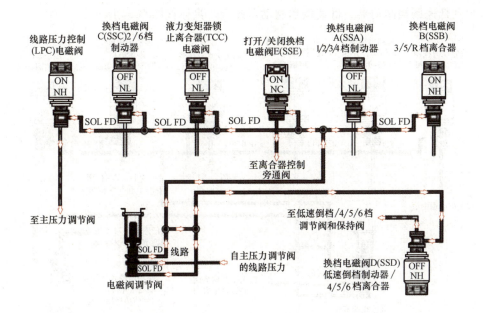

图 B-32　6F34 驻车档和空档时电磁阀液压回路

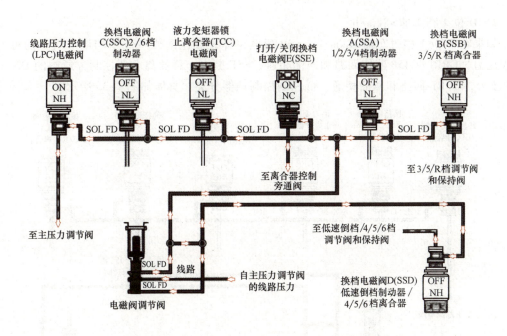

图 B-33　6F35 倒档时电磁阀液压回路

提供调节的线路压力，1/2/3/4 档制动器接合。

1) 当 D 位 1 档（车速<8km/h）或者当变速杆置于 L 位时。

SSD 断电，通过 VBS CBRL/C456 液压回路向低速倒档/4/5/6 档调节阀施加可变电磁阀压力，CBRL/C456 回路和线路压力相通，向离合器控制旁通阀提供线路压力。SSE 通电，引导 ON/OFF SIG 压力作用在离合器控制旁通阀上，引导调节的线路压力从低速倒档/4/5/6

档调节阀到低速倒档制动器，低速倒档制动器接合。具体如图 B-34 所示。

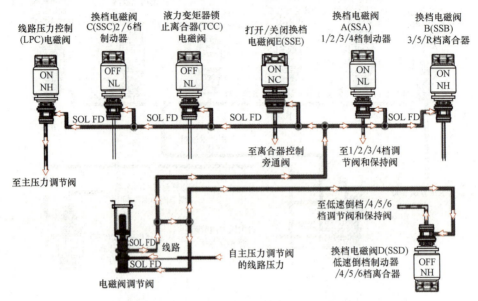

图 B-34　6F35 L 位 1 档/D 位 1 档车速<8km/h 时电磁阀液压回路

2）D 位 1 档车速>8km/h。

如果在 D 位 1 档时车速>8km/h，SSD 通电，释放低速倒档/4/5/6 档调节阀上的可变电磁阀压力，CBRL/C456 液压回路和回油相通；SSE 断电，释放离合器控制旁通阀的 ON/OFF SIG 压力，CBRL 回路和回油相通，低速倒档制动器分离。具体如图 B-35 所示。

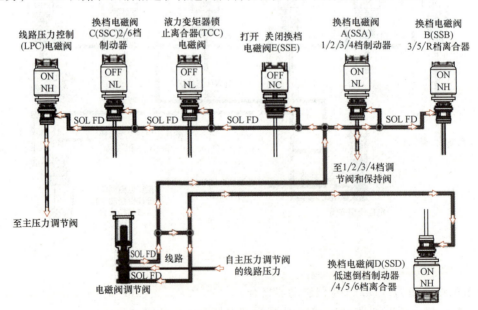

图 B-35　6F35 D 位 1 档车速>8km/h 时电磁阀液压回路

（4）2 档　当变速器工作在 2 档时，SSA 通电，1/2/3/4 档制动器保持接合，同 1 档；SSC 通电，通过 VBS CB26 液压回路向 2/6 档调节阀施加可变电磁阀压力，以接合 2/6 档制动器。如图 B-36 所示。

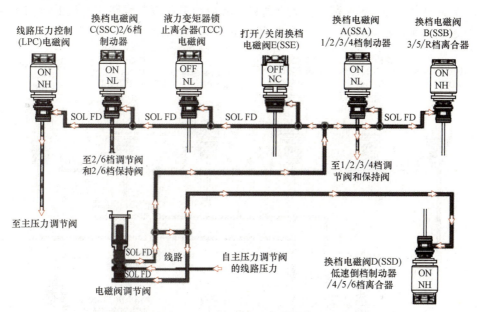

图 B-36　6F35 D 位 2 档时电磁阀液压回路

(5) 3 档　当变速器工作在 3 档时，SSA 通电，1/2/3/4 档制动器保持接合，同 1 档；SSC 断电，释放作用在 2/6 档调节阀上的可变电磁阀压力，以分离 2/6 档制动器；SSB 断电，通过 VBS C35R 液压回路向 3/5/R 档调节阀施加可变电磁阀压力，以接合 3/5/R 档离合器，如图 B-37 所示。

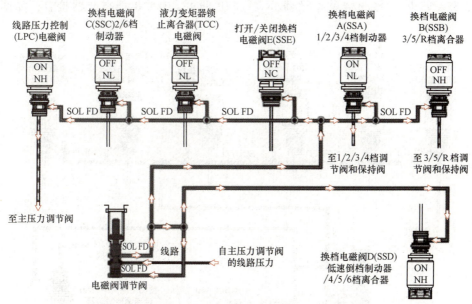

图 B-37　6F35 D 位 3 档时电磁阀液压回路

(6) 4 档　当变速器工作在 4 档时，SSA 通电，1/2/3/4 档制动器保持接合，同 1 档；SSB 通电，释放作用在 3/5/R 档调节阀上的可变电磁阀压力，以分离 3/5/R 档离合器；SSD

断电，通过 VBS CBRL/C456 液压回路向低速倒档/4/5/6 档调节阀施加可变电磁阀压力。SSE 断电，关闭 ON/OFF SIG 油路，离合器控制旁通阀引导调节线路压力从低速倒档/4/5/6 档调节阀进入 4/5/6 档离合器，离合器接合，如图 B-38 所示。

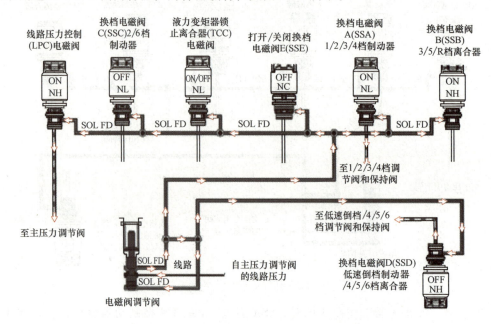

图 B-38　6F35 D 位 4 档时电磁阀液压回路

(7) 5 档　当变速器工作在 5 档时，SSD 断电，SSE 断电，4/5/6 档离合器保持接合，同 4 档；SSA 断电，1/2/3/4 档制动器分离；SSB 断电，3/5/R 档离合器接合，如图 B-39 所示。

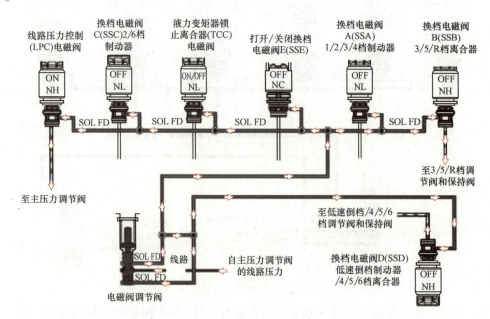

图 B-39　6F35 D 位 5 档时电磁阀液压回路

(8) 6档 当变速器工作在6档时，SSD断电，SSE断电，4/5/6档离合器保持接合，同4档；SSB通电，3/5/R档离合器分离；SSC通电，2/6档制动器接合，如图B-40所示。

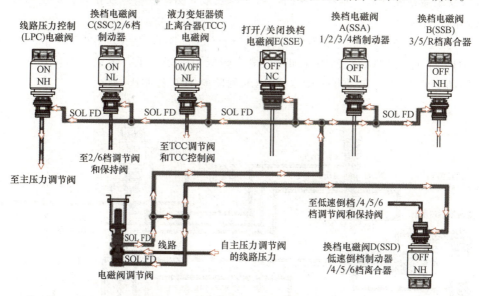

图B-40　6F35 D位6档时电磁阀液压回路

(9) 当变速杆置于D位，发生机械或液压故障的电磁阀液压回路（5档）　当变速杆在D位时，发生机械或液压故障，变速器默认回到5档。当变速器位于5档故障安全位置时，PCM不会控制换档电磁阀，所有电磁阀回到断电初始状态（常闭、常高、常低），LPC电磁阀将系统油压调至最高，TCC电磁阀将液力变矩器压力调至最低。SSA/SSC提供最低压力，SSB/SSD提供最高压力，SSE关闭油路。

此时，SSB断电，3/5/R档离合器接合；SSE断电，4/5/6档离合器接合，变速器进入5档，油路如图B-41所示。

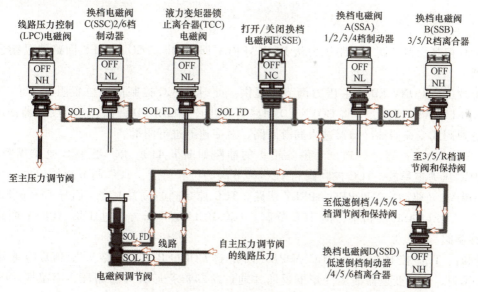

图B-41　6F35变速杆在D位，发生机械或液压故障时电磁阀液压回路

213

2. 液力变矩器的锁止控制

液力变矩器在变速器工作在第4档、第5档或第6档，且所有锁止条件满足时锁止，其他位置解除锁止。

(1) **液力变矩器的锁止** 液力变矩器锁止油路如图B-42所示，锁止时，TCC电磁阀通电，向TCC调节阀和TCC控制阀施加可变电磁阀压力VBS TCC，确定阀门位置，调节线路压力经驱动2由TCC调节阀通过REG APPLY回路向TCC控制阀提供。

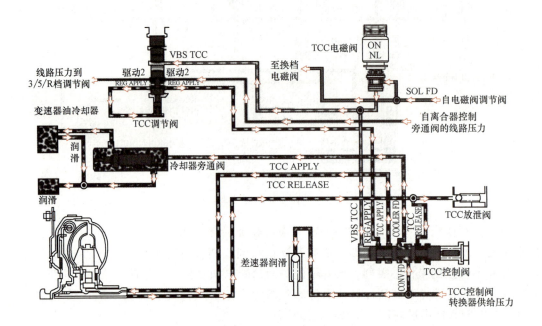

图B-42 液力变矩器锁止的油路图（锁止和润滑油路）

TCC控制阀引导调节线路压力从REG APPLY回路进入TCC APPLY回路，以接合锁止离合器。

释放压力CONV FD由主压力调节阀提供。此时，TCC控制阀的位置阻断了CONV FD和TCC RELEASE回路，并将COVN FD回路引导到COOLER FD回路，允许变速器油通过冷却器旁通阀或变速器油冷却器进入润滑回路，对变速器进行润滑。

(2) **液力变矩器解除锁止** 解除锁止的油路如图B-43所示。当TCC电磁阀断电时，VBS TCC压力被释放，TCC控制阀和TCC调节阀的位置改变。TCC调节阀的位置改变，阻断了DRIVE（驱动）2和REG APPLY回路，TCC控制阀的位置改变，引导COVN FD压力进入TCC RELEASE回路中，使TCC分离。TCC RELEASE压力经过TCC APPLY回路返回TCC控制阀。

同时，TCC控制阀打开TCC APPLY回路到COOLER FD回路，当TFT传感器的温度<93℃时，允许变速器油从变矩器返回并通过冷却器旁通阀回路循环；当温度>93℃时，变速器油通过变速器油冷却器循环。

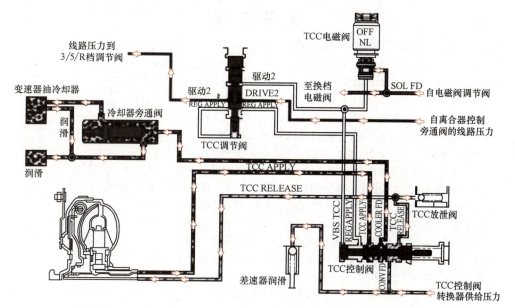

图 B-43 液力变矩器解除锁止的油路图（锁止系统和润滑回路）

参 考 文 献

[1] 胡光辉,仇雅莉. 汽车自动变速器的原理与检修[M]. 3版. 北京:机械工业出版社,2012.
[2] 王正旭. 汽车自动变速器检修一体化教程[M]. 2版. 北京:机械工业出版社,2017.
[3] 徐家顺,郑志中. 汽车自动变速器原理与检修[M]. 2版. 北京:机械工业出版社,2015.
[4] 张月相,张卫. 自动变速器原理与诊断维修[M]. 北京:机械工业出版社,2016.
[5] 史文库,姚为民. 汽车构造:下册[M]. 6版. 北京:人民交通出版社,2013.
[6] 吴文琳. 汽车传感器的原理与检修[M]. 北京:机械工业出版社,2013.
[7] 余志生. 汽车理论[M]. 6版. 北京:机械工业出版社,2018.
[8] 尤明福,尤扬. 汽车底盘电控技术[M]. 北京:清华大学出版社,2016.
[9] 李伟. DSG变速器结构原理与故障检修彩色图解[M]. 北京:化学工业出版社,2016.
[10] 李伟. 新型汽车自动变速器的原理与检修[M]. 北京:机械工业出版社,2012.
[11] PETER H. 混合动力汽车技术[M]. 耿彤,译. 北京:机械工业出版社,2017.
[12] 崔胜民. 混合动力汽车技术解析[M]. 北京:化学工业出版社,2021.
[13] 王鹏. AT自动变速器电液控制系统分析及优化[D]. 长沙:湖南大学,2017.
[14] 李春明. 汽车底盘电控技术[M]. 4版. 北京:机械工业出版社,2020.
[15] 驱动视界. 国内外12款专用混合动力变速箱结构原理介绍和优缺点分析[EB/OL]. (2018-10-25)[2018-10-25]. http://www.sohu.com/a/271236050_99959042.
[16] 动力君. 奇瑞鲲鹏DHT混动系统技术解析[EB/OL]. (2021-12-20)[2021-12-20]. https://baijiahao.baidu.com/s?id=1719672959905591110&wfr=spider&for=pc.
[17] 动力君. 长城柠檬DHT深度解析[EB/OL]. (2020-12-15)[2020-12-25]. https://baijiahao.baidu.com/s?id=1687049201097438249&wfr=spider&for=pc.

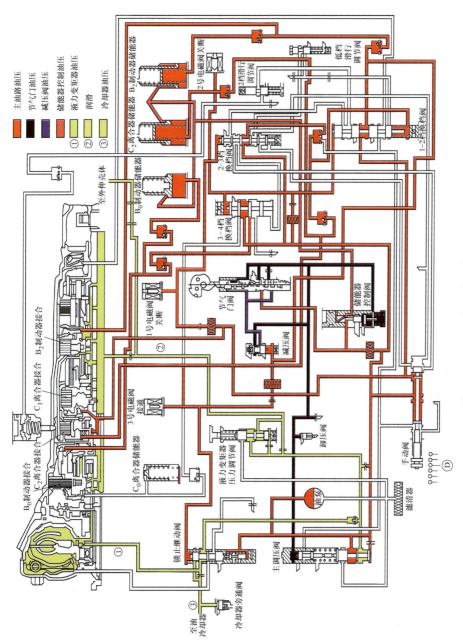

图 4-39 A341 D 位 4 档油路图

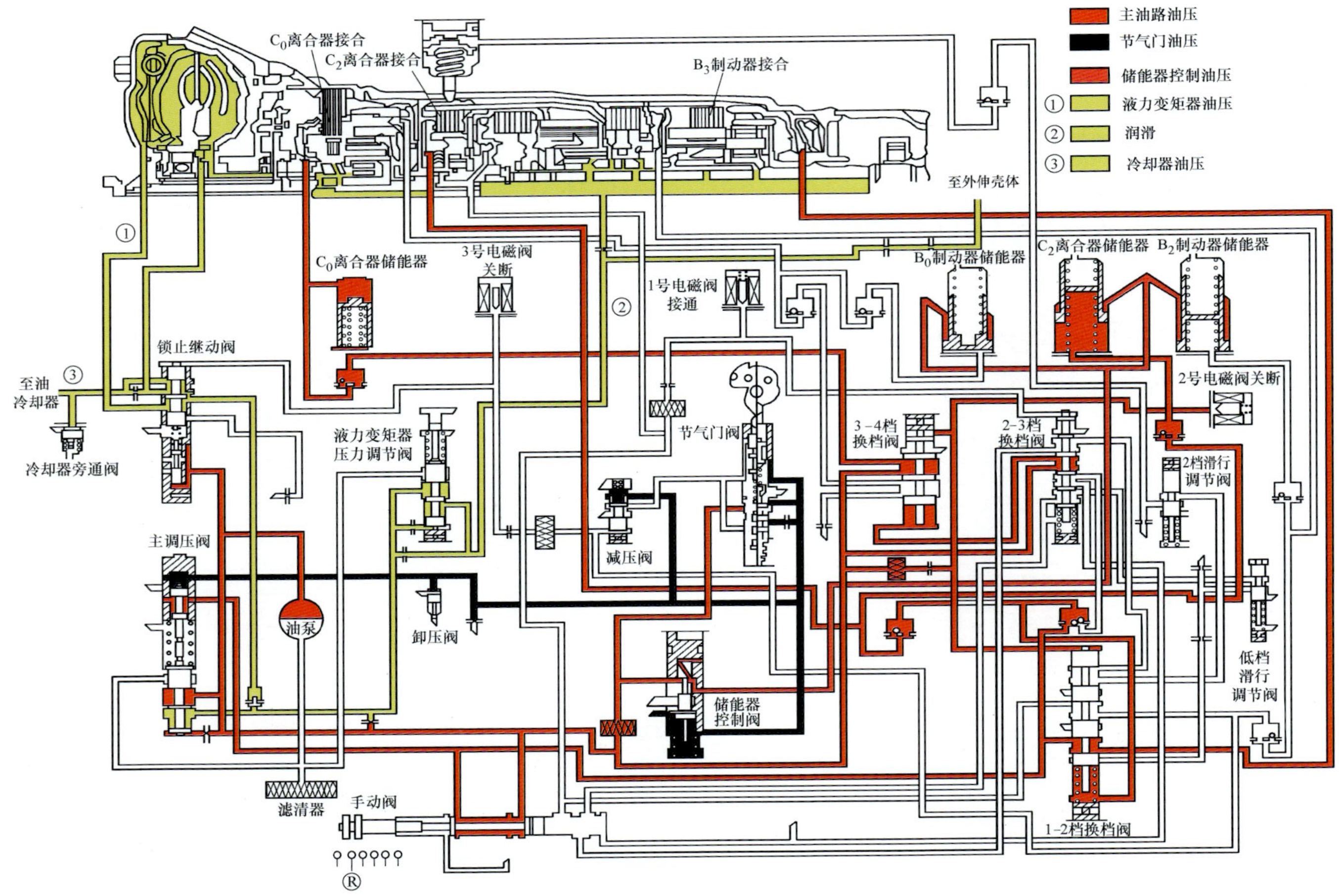

图 4-41 A341 倒档油路图

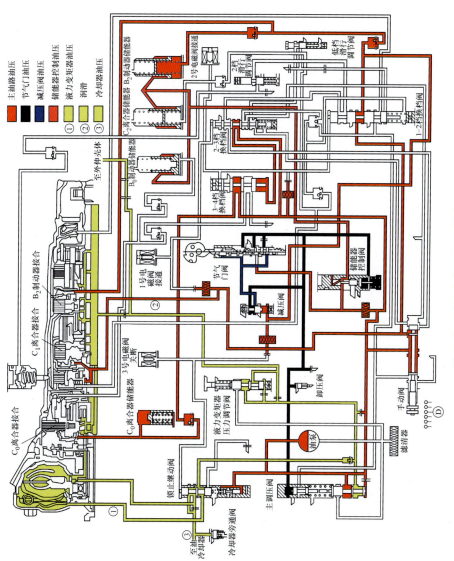

图 4-43 A341 D位2档油路图

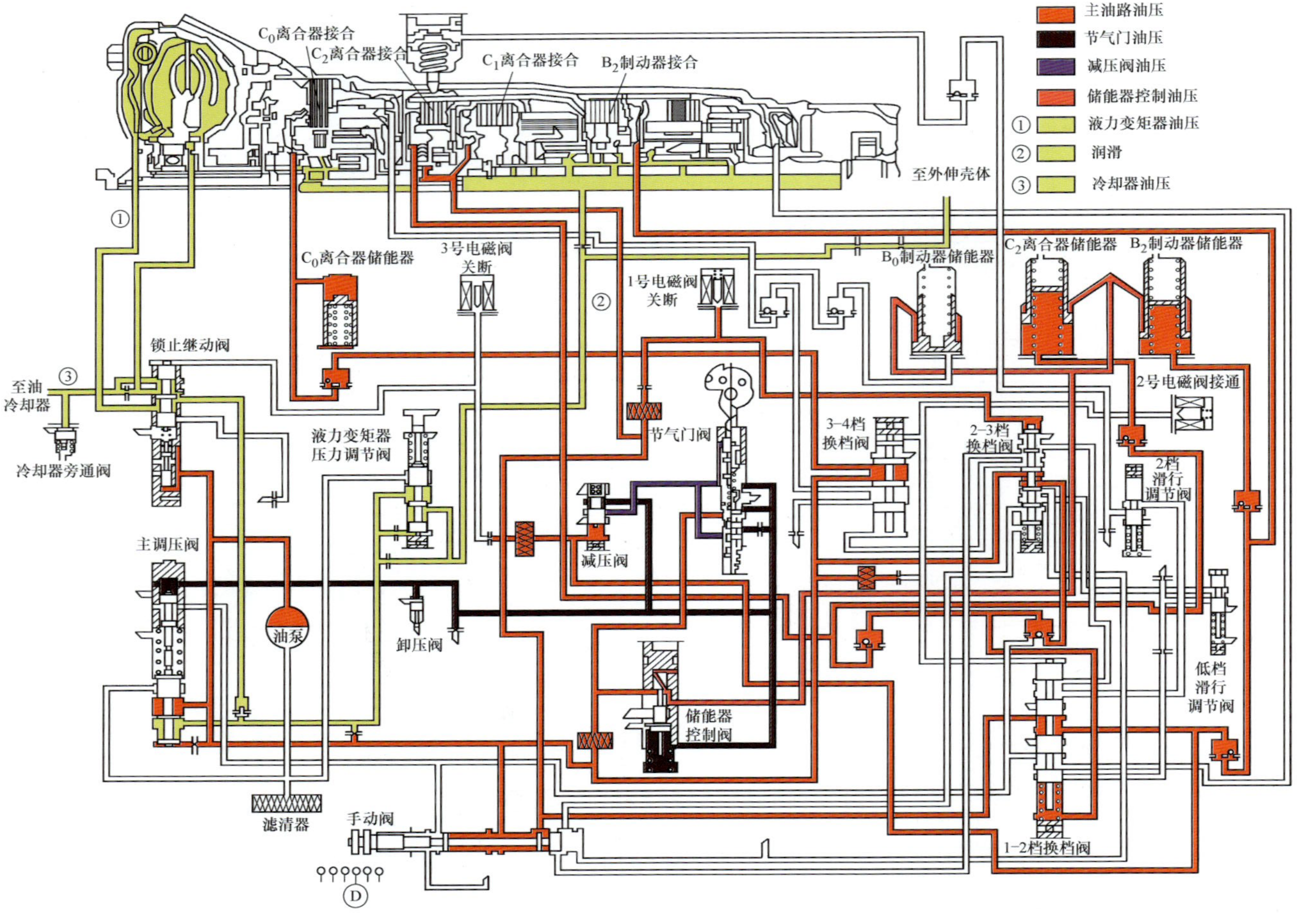

图 4-44　A341 D 位 3 档油路图

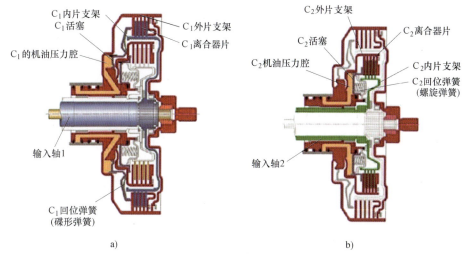

图 7-16 DQ250 双离合器

a) C_1 离合器接合，C_2 离合器分离　b) C_2 离合器接合，C_1 离合器分离

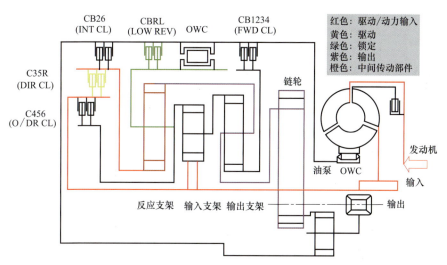

图 B-3　6F35 倒档动力传递路径

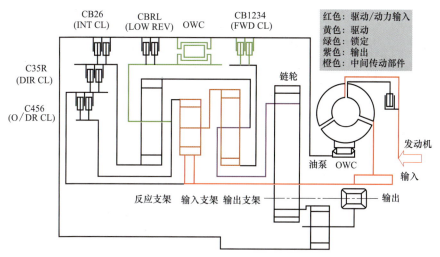

图 B-4　6F35 D 位 1 档（车速>8km/h）的动力传递路径

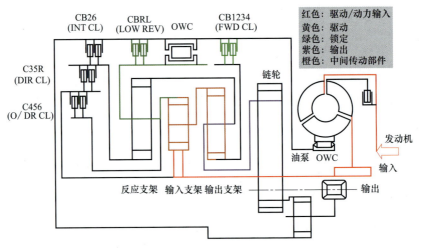

图 B-5　6F35 L 位 1 档或 D 档 1 档（车速<8km/h）的动力传递路径

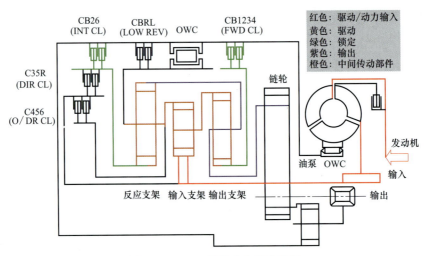

图 B-6　6F35 2 档的动力传递路径

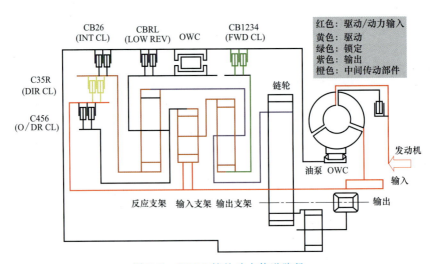

图 B-7　6F35 3 档的动力传递路径

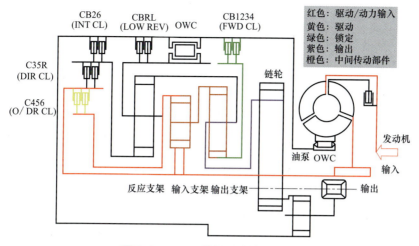

图 B-8　6F35 4 档的动力传递路径

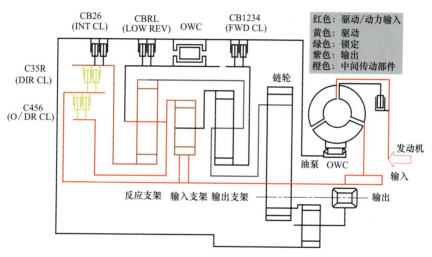

图 B-9　6F35 5 档的动力传递路径

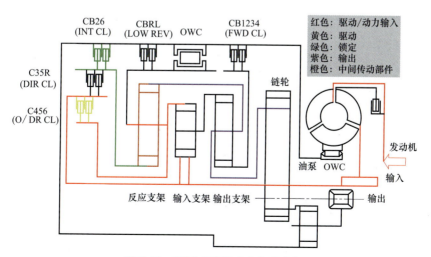

图 B-10　6F35 6 档的动力传递路径